CORPVS CHRISTIANORVM

1953-2003

CORPVS CHRISTIANORVM
1953-2003

XENIVM
NATALICIVM

Fifty Years of Scholarly Editing

Edited by

Johan LEEMANS

With the assistance of Luc JOCQUÉ

BREPOLS

D/2003/0095/117
ISBN 2-503-51481-2

Preface

In 1953 the first fascicle of the first volume of the *Corpus Christianorum* was published. Now, fifty years later, this series has established itself as one of the great scientific enterprises in the field of patristic and medieval studies. We offer this birthday-present to ourselves, our old and new collaborators and our friends as a celebration of what has been achieved, as a survey of where we currently stand and as an insight into our future.

The book opens with an essay on fifty years of *Corpus Christianorum*. It tells the story of how the enterprise started as an ambitious yet limited project and how it developed into what it is today: a conglomerate of many different research projects located in different places all over the world. These projects are presented by their editors-in-chief, who describe how and why they started, what the main goals for each project are, what has been achieved so far and what they have in store for the future.

The second part presents a florilegium of patristic and medieval texts, all of which have been edited in the series, some only recently, others long ago. The selection has been made by a group of scholars representing the variety of interests reflected in the subseries of the *Corpus Christianorum*: the *Series Latina, Series Graeca, Series Apocryphorum* and the *Continuatio Mediaeualis*. These scholars were asked to select from this treasure-trove one fragment which held a special significance for them: because of personal memories attached to it; because of its stylistic beauty, theological contents or spiritual wisdom; because this particular text represents a research project dear to their heart ... Accompanying each text is a translation and a commentary in which the scholars explain why they picked that particular fragment. At the end of the volume we have added an Onomasticon which gives a complete survey of all the text-editions published to date and we hope that this "mini-clavis" will make it easier to find one's way in the library of the *Corpus Christianorum*.

We have also included pictures of some sculptures by the contemporary, religiously inspired artist, Toni Zenz. A brief text from the Church Fathers, selected by Adelbert Davids (Nijmegen), accompanies each of these illustrations. Thus, the Fathers become engaged in a conversation with contemporary art. Though worlds apart, both the Fathers and the sculptures are, each in their own way, reflecting on the same biblical, theological and spiritual themes. Like the florilegium, this reminds us that these very old texts can still speak to us in ever new ways.

Fifty Years of *Corpus Christianorum* (1953-2003)

From Limited Edition Project to Multi-located Scholarly Enterprise

1. Introduction

During the 1940s and 1950s, the foundation was laid for what became an unprecedented expansion and flowering of the field of patristic studies. The reaction against the Neo-scholastic hermeneutical framework, most notable in France with the *nouvelle théologie*, caused a *ressourcement*: a return to the Fathers (including the medieval ones) as sources of theological inspiration. The period following World War II was imbued with a genuine enthusiasm, based on the belief that it was possible to develop a 'new' theology which would bring faith and life into conversation with one another. Because their theology had grown out of a dialogue with their social and cultural environment, the Fathers were considered to be excellent guides for such an enterprise. This period also saw the declericalisation and deconfessionalisation of patristics, trends which opened the door for a reading of the Fathers from humanist and historical perspectives. These new perspectives, in turn, encouraged the introduction and greater utilisation of historical-critical and literary methods. The growing feeling for ecumenism also contributed to this renewed interest in the Fathers, as did the realisation that, in this interesting and challenging field, there remained a massive amount of research to be done.

It is no coincidence, then, that many important enterprises in patristic studies were launched in this period. One of the earliest was the series *Sources Chrétiennes*. Founded in the 1940s by Daniélou and De Lubac, this series, now heading towards its 500th volume, endeavoured to make the treasures of the patristic and medieval tradition accessible to a wide readership by offering the original text, a French translation and an accessible introduction and explanatory notes. ([1]) Other important projects which started during these seminal

---

(1) The history of *Sources Chrétiennes* is described in E. Fouilloux, *La collection Sources chrétiennes: éditer les Pères de l'Eglise au* xxe *siècle* (Paris: Éditions du Cerf, 1995).

decades were the *Reallexikon für Antike und Christentum*, ([2]) the *Gregorii Nysseni Opera*, a thoroughly revised edition of Bauer's *Lexicon* for the New Testament and Early Christian literature, A.-M. La Bonnardière's *Biblia Augustiniana* and the *Prosopographie Chrétienne du Bas-Empire*. Ongoing projects reaching fruition in this period were the *Patristic Greek Lexicon*, finalised by G. W. H. Lampe and Guido Müller's *Lexicon Athanasianum*. ([3]) It was during this period of renaissance in Patristics, that Eligius Dekkers founded the *Corpus Christianorum*.

2. A Monk's Dream ([4])

Dom Eligius Dekkers was a Benedictine monk of the Abbey of Steenbrugge (near Bruges). ([5]) As a monk, his life was centered on the liturgy. His open study-room, his *armarium*, was also an *oratorium*: a place for prayer and meditation. It is no wonder then, that he was

---

(2) For the creation and development of the Dölger-Institut and the RAC, see E. Dassmann, 'Entstehung und Entwicklung des "Reallexikons für Antike und Christentum" und des Franz Dölger-Instituts in Bonn', in *Jahrbuch für Antike und Christentum*, 40 (1997), 5-18 (with references to older literature). See also the documentation brought together by N. M. Borengässer, 'Briefwechsel Theodor Klauser - Jan Hendrik Waszink, 1946-1951. Ein zeitgeschichtlicher Beitrag zur Fortführung des RAC nach dem II. Weltkrieg', in *Jahrbuch für Antike und Christentum*, 40 (1997), 18-38.

(3) For a description of these projects, see W. Burghardt, 'Current Patristic Projects', in *Theological Studies*, 11 (1950), 259-274.

(4) For an excellent and much more extensive overview of the first years of the *Corpus Christianorum*, see M. Lamberigts, 'Corpus Christianorum (1947-1955). The Laborious Journey from Dream to Reality', in *Sacris Erudiri*, 38 (1998-1999), 47-73.

(5) For a brief biographical presentation of Eligius Dekkers, see M. Lamberigts, 'In Memoriam Dom Eligius Dekkers (1915-1998)', in *Ephemerides Theologicae Lovanienses*, 75 (1999), 251-254. Portraits of Eligius Dekkers as patrologist, liturgist and participant in the Flemish movement are offered in the contributions by Georges Folliet, Silveer de Smet SJ and Romain Vanlandschoot in *Sacris Erudiri*, 38 (1998-1999): an issue which commemorates the life and work of Dom Dekkers. His involvement in the Flemish Movement is also highlighted in R. Vanlandschoot, art. 'Dekkers, Jan', in *Encyclopedie van de Vlaamse Beweging* (Tielt: Lannoo, 1998), 888-889.

engaged in the liturgical movement, which was particularly strong at that time in Flanders, or that much of his own research was focussed on the liturgy. Under the influence of Romano Guardini and Odo Casel, whom he styled 'my revered Master', Dom Dekkers discovered the rich legacy of the Church Fathers and their importance for liturgical studies. He considered their writings, letters, treatises, sermons, and travel-stories to be 'sacred sources for the study of the liturgy'. ([6]) Thereafter, though Dekkers was to write many contributions on liturgical studies in general, the Fathers came to serve as his main angle of approach to liturgy. ([7]) This is not to say that his study of the Early Church was focussed solely on the liturgy: from the beginning of his scholarly career Dom Dekkers had been a patrologist and a Church historian. The combination of all these elements shaped his life; his passion for liturgy binding together his life and work as a monk, as a patrologist and as a Church historian. ([8])

As his bibliography shows, ([9]) Dekkers began his scholarly career in the 1940s with three important publications. First of all he edited *Sacris Erudiri*, a volume of collected studies by Mgr. Callewaert, one of his predecessors as Chair of Liturgy at the Seminary of Bruges and

(6) E. Dekkers, *Odo Casel, Heilige bronnen. XII opstellen over liturgie en monnikendom* (Pretiosas margeritas, 1), Steenbrugge; Brussels; Amsterdam; Sint-Pietersabdij: Desclée De Brouwer, 1947.

(7) See, for example, his study on Tertullian as a liturgical source: *Tertullianus en de geschiedenis van de liturgie*, Catholica, 6/2 (Brussels; Amsterdam: De Kinkhoorn-Desclée De Brouwer, 1947); or his important article on early monasticism and liturgy: 'Les anciens moines cultivaient-ils la liturgie?', in A. Mayer, J. Quasten and B. Neunheuser (eds.), *Vom christlichen Mysterium. Gesammelte Arbeiten zum Gedächtnis von Odo Casel OSB* (Düsseldorf: Patmos Verlag, 1951), 97-114.

(8) On Dekkers' contribution to liturgical studies, see S. De Smet, 'De liturgie beschouwd vanuit de tuin van de patristiek', in *Sacris Erudiri*, 38 (1998-1999), 15-35.

(9) A complete bibliography can be found in T.-E. Schockaert, *Bibliografie van Dom Eligius Dekkers OSB, hem aangeboden bij gelegenheid van het verschijnen van de derde editie van de Clavis Patrum Latinorum*, Instrumenta Theologica, 15 (Leuven: Bibliotheek van de Faculteit Godgeleerdheid, K.U. Leuven, 1995).

at the Louvain Faculty of Theology. Soon after, he wrote an *Introduction to Liturgy* and a book on Tertullian as a source for the liturgy of the early Church. ([10]) In 1948, when he had already made a name for himself as a specialist in Early Christian liturgy, the first issue of the journal *Sacris Erudiri* was published. In this issue, following all the other scholarly articles and just before the concluding Onomasticon, a contribution appeared, bearing the conspicuous and laconic title: *A Proposed New Edition of Early Christian Texts.* ([11]) The article was signed by 'The Editors — Établissements Brepols, Turnhout (Antwerp) and Monachi S. Petri, Steenbrugge (Bruges)', but clearly Dom Dekkers, at that time thirty-three-years-old, had been holding the pen.

In that article Dekkers gave a realistic description of five difficulties inherent to the editions of patristic writings which scholars had had to deal with in the middle of the previous century. ([12]) The first obvious difficulty was judging which text was the best available text-edition for a given work ([13]) or, when only one edition existed, how to judge its value. Given the great divergence in the quality of existing edi-

---

(10) E. Dekkers (ed.), *Sacris Erudiri: fragmenta liturgica collecta a monachis Sancti Petri de Aldenburgo in Steenbrugge ne pereant* (Steenbrugge: Sint-Pietersabdij, 1940); Id., *Inleiding tot de liturgiek* (Brussels; Antwerp: Standaard Uitgeverij, 1942); Id., *Tertullianus en de geschiedenis van de liturgie*, Catholica, 6/2 (Brussels; Amsterdam: De Kinkhoorn-Desclée De Brouwer, 1947).

(11) *Sacris Erudiri*, 1 (1948), 405-414. A French translation was published under the title *Pour une nouvelle édition des anciens textes chrétiens* (Steenbrugge; Sint-Pietersabdij: 1948). A slightly different German version appeared as 'Eine neue Ausgabe Altchristlicher Texte', in *Theologische Literaturzeitung*, 74 (1949), 159-163.

(12) This is not to suggest that these difficulties have since disappeared, but, today, scholars are in a much better situation with regard to such problems than they were three generations ago.

(13) *A Proposed New Edition*, 405: 'All who have, at any time, been concerned with patristic studies, will know how difficult it is to find a good critical edition of early Christian texts. In almost all cases there are, in existence today, several editions of these texts, ancient or modern. But of these, which is the best, and on which can we rely? Very often it will not be the most recent.'

tions, and the fact that the quality of text-editions obviously affects research, this was a thorny and crucial issue and all the more since, as the contribution says, 'the editions of the great Vienna or Berlin collections are not always to be preferred'. ([14]) The second difficulty was even greater: how to obtain these editions? When they had been published in a well-established patristic collection there was no problem; but when this was not the case − and all too often it wasn't − scholars were completely at a loss. Who but a very few specialists would know that the best editions of several writings of Victorinus of Pettau and Marius Victorinus were published in the Annual of the Cistercian College of Withering? How many libraries would have a copy of Dom Germain Morin's edition of the sermons of Caesarius of Arles, given the fact that it was published by the Abbey of Maredsous and had gone out of print very soon after its publication? ([15]) If one was fortunate enough to work in a library in which all the necessary editions were available, there still remained the annoying problem of retrieving the correct volume from the shelves. An example of this was the *Corpus scriptorum ecclesiasticorum latinorum*, the volumes of which were numbered in the order in which they were published. The lack of a general index made it very cumbersome to locate the particular volume needed (for example, in 1948 the volumes two, four and six of Ambrosius' opera omnia had been published, as numbers thirty-two, sixty-two and sixty-four in the *CSEL*). A fourth problem was that, though the two major collections existing in 1948, in other words, the

---

(14) *A Proposed New Edition*, 408. As an example, I quote the judgment passed on the existing editions of the *Peregrinatio Egeriae*, published by P. Geyer in Vol. 29 of the Vienna Corpus (1892). 'As regards the text, we must give preference to the little edition of W. Heraeus in the *Sammlung vulgärlateinischer Texte* (Heidelberg); since its third reprinting in 1929, it also includes the Madrid fragments, published in 1909 by Dom De Bruyne, and the quotation cited in the *Liber Glossarium*. Yet to this should now be added the letter of Valerius of Bergidum,"de beatissimae Aetheriae laude", re-edited by P. Garcia-Villada in *Analecta Bollandiana* [sc. 39 (1910) 393 ss].'

(15) *A Proposed New Edition*, 405-406.

Vienna and the Berlin Corpora, ([16]) were making steady and sure progress, the completion of their respective projects still seemed very distant. ([17]) Moreover, a considerable number of texts, especially conciliar documents, liturgical and hagiographical texts had been edited in the seventeenth or eighteenth centuries but had not been reprinted since. As a result, these texts, even if they were not always reliable (for example, Mansi's collection of conciliar documents) were often hard to find. ([18])

To cope with these problems, Dekkers made a radically new proposal. First of all a start was to be made with the preparation of a *Manuductio ad litteraturam patristicam*, 'which will indicate the best editions extant of all the written documents of Christian Antiquity, as well as those critical studies that supply any necessary emendations'. ([19]) Building on the foundation provided by this 'guide', the next step was 'the issue, with the consent of the publishers and their eventual compensation, of a new collection of all early Christian texts, according to the best existing editions, more or less on the lines laid down by Dom Pitra and the Abbé Migne, now a hundred years ago.' ([20]) Each volume of this 'New Migne' would offer the Latin text, an apparatus of variant readings, a very concise introduction in Latin on the most necessary matters (essential data on the author, authenticity, date, manuscript tradition) and a select bibliography and

---

(16) This is not to forget the *Sources Chrétiennes*, which were, at that time, still expanding and building in reputation.

(17) The article makes this point only for the *CSEL* but it applies equally to the *GCS*, which, in those decades, was suffering from, *inter alia*, a lack of material support – a situation only partly alleviated in the final decade of the century (Cf. C. Markschies, 'Origenes in Berlin und Heidelberg', in *Adamantius*, 8 (2000), 135-145; see pp. 139-140 esp.).

(18) As a particularly telling illustration of all these difficulties, a detailed *status quaestionis* was offered with regard to the edition of the writings of Tertullian (*A Proposed New Edition*, 408-410).

(19) *A Proposed New Edition*, 411.

(20) *A Proposed New Edition*, 411.

indices. Throughout the text, reference would be made to the pagination of the reproduced edition and, in instances where this was not possible, to the edition in the *CSEL*-series or in another widely distributed collection. The *Corpus Christianorum* would contain *every* early Christian text, including dispersed material such as conciliar documents, inscriptions, liturgical texts and the like. Anti-christian authors would also be included, as would pagan historians who discuss Christian history, such as Procopius and Ammianus Marcellinus. The Corpus would be organised on a chronological, geographical and systematic basis and include all known Christian texts down to the Carolingian period. Later authors would also be included, if their writings contained information shedding light on the period covered by the Corpus. Initially, Dekkers envisaged a *Series Latina* and a *Series Graeca*, while a *Series Orientalis* might follow later. Whenever an ancient Greek translation of a Latin author existed, this would be included in the *Series Latina* and vice versa. Moreover, the *Series Graeca* would also contain a Latin translation or a translation into a modern international language. The best available translation would be selected to that end, 'if possible, one from the version of the text reproduced'.

This, in all its boldness, was Dekkers' dream, or rather, his project. In his daily research he had encountered stumbling blocks and now he was initiating an attempt to remove them. His purpose was a very practical one: to put within reach of every scholar or student a complete series of early Christian texts, as far as possible in modern critical editions. He also expected that many libraries would seize the opportunity to have the complete patristic literature available on their shelves, simply by taking out a subscription to the *Corpus Christianorum*. Efficiency and speed were, therefore, imperative: Dekkers planned to put 120 octavo volumes of 600 pages each on the market within ten years. He also planned to publish only a limited number of copies of each volume, so as to more easily incorporate, within subsequent reprints, improved editions which had been published elsewhere in the interim. In sum: it was not Dekkers' dream to come up with the definitive critical edition of every single early Christian text but 'only' to give scholars a more secure and accessible foundation from which to work. Because Dekkers realised very well that he could not execute this audacious enterprise on his own, he concluded his project proposal with an urgent call for collaboration:

> There is no need to point out how much work and equipment such an enterprise demands. It is no less indispensable to know precisely the *desiderata* of the learned public. So we should gladly receive the opinions of specialists and we shall readily consider every suggestion, whether technical or scientific. The initiators of the C.C. will be grateful to all who will in this way facilitate their task and will eagerly welcome any criticism, guidance or advice that anyone might be good enough to send them. ... Hence we beg all those who are interested in this matter to make known to us their objections and their wishes concerning our proposal. We hope, also, to receive criticism, as penetrating as it will be kindly, once the *Manuductio ad litteraturam patristicam* has appeared; for it will, so to speak, serve as the detailed working-plan of the *Corpus Christianorum* which we hope to produce. ([21])

Thus ends the short article which marked the official beginning of the adventure of the *Corpus Christianorum*. Before the project was made public, however, two major obstacles had been negotiated. The first concerned obtaining permission from authors, editors, publishers and series' committees to re-edit their texts. As the plan was to start with the *Series Latina*, the Scientific Board of the *CSEL*-enterprise, based at the Österreichische Akademie der Wissenschaften in Vienna, was the major dialogue-partner in this regard. On 3 December, 1947, Dekkers received from the board a response which was, overall, positive. Prof. Dr. Meister, then head of the Kirchenväter-Kommission, wrote Dekkers that they had no objections to the new enterprise and that the *CSEL* did not consider it to be in conflict with its own pro-

---

(21) *A Proposed New Edition*, 414.

ject. On the other hand, the Vienna-enterprise didn't see any reason to change its own plans in view of this new initiative. For Dekkers, however, the most important element in Meister's reply was surely that, in principle at least, permission had been granted for the *Corpus Christianorum* to make use of the *CSEL*-editions. The only conditions were that this be clearly indicated and that further particulars be negotiated on a case-by-case basis.

The second dialogue-partner to convince was Brepols publishers. After a few early, unsuccessful attempts, some common ground was found during a meeting in Turnhout on 14 August, 1947, during which the initial plans became more concrete. Brepols agreed to test the water by issuing a project-description in French and English. If reactions to this initial proposal were favourable, the following step would be the production of the *Manuductio*. If reactions to this book were favourable, then Brepols would consent to become engaged in the enterprise of publishing the *Corpus Christianorum*.

Overall, the reaction in the scientific world to the proposal were positive indeed, though many also expressed their concerns and called for caution. A very encouraging and laudatory reaction came from the American Jesuit J. Burghardt, in an overview of 'Current Patristic Projects' which he wrote for the widely circulated *Theological Studies*. [22] The Jesuit J. de Ghellinck, though not concealing his doubts, was also cautiously optimistic and sympathetic towards the enterprise. He made some suggestions and wished the enterprise well. [23] Asked for an opinion by Dekkers, Cardinal Mercati, a widely respected scholar in the field of patristic and medieval textual criticism, answered that the *Corpus Christianorum* was certainly very useful but he doubted whether many libraries and scholars would be able to afford to buy it, and was concerned that such an immense work would

---

(22) W. Burghardt, 'Current Patristic Projects', in *Theological Studies*, 11 (1950), 259-274.

(23) J. de Ghellinck, 'Un nouveau Migne en perspective', in *Nouvelle Revue Théologique*, 70 (1948), 512-516.

require the most competent of collaborators and was so ambitious that it might never be finished. (^{24}) A more negative voice in the choir of approval and encouragement came from Professor Peterson (Rome), who doubted the usefulness of publishing a text-edition without an accompanying translation, 'given that scholars these days do not know Latin well enough' (^{25}). One who had been downright negative since 1945 when first consulted by Dekkers, and who had remained so throughout the whole preparation phase, was Paul Peeters SJ, the famous Bollandist. He criticised the project as 'impossible to realise' and even 'dangerous', because of the technical difficulties and financial risks involved. (^{26}) Equally dismissive was the Dutch patrologist, J.H. Waszink. In particular, he had difficulty envisaging the relationship between the *CSEL* and the new Corpus. What would be the scientific value of such re-editions? In his view, the time was not yet ripe for harvesting a new Migne. Surely it would be better to focus on editing various as yet unpublished writings which were urgently needed? (^{27}) Nevertheless, despite these negative reactions, Dekkers generally received a good deal of encouragement from his peers.

Thus, the first obstacles on the way to the *Corpus Christianorum* were overcome: the *CSEL* did not object and Brepols had, in principle, become engaged in the enterprise. The definitive contract for the *Corpus Christianorum* between Brepols and the Abbey of Steenbrugge was signed on 25 January, 1950 (even before the *Manuductio* was published). (^{28}) For Dekkers, it must have been a great relief that most of his colleagues and fellow-patrologists were supporting him, while most

---

(24) Letter from Mercati to Dekkers, 25 June, 1948. Cf. M. Lamberigts, 'Laborious Journey', 52.

(25) Letter from Dekkers to Brepols, 23 July, 1948, quoted in M. Lamberigts, 'Laborious Journey', 51.

(26) Letter from Peeters to Dekkers, 26 May, 1945. Cf. M. Lamberigts, 'Laborious Journey', 52.

(27) J. H. Waszink, 'Current Topics: A New Migne', in *Vigiliae Christianae*, 3 (1949), 186-187.

of the criticisms about the project were objections he himself must have considered and reconsidered before initiating the project. Moreover, Dekkers had never had any illusions about the 'definitive character' of his project. He only wanted to offer scholars a tool with which to work but he fully realised that, within a hundred years, a new series would probably be needed to replace the one he was now about to begin. (^{29}) The groundwork thus laid, Dekkers could move on to the next phase of the project: the preparation of the *Manuductio*, an enterprise that would bring its own difficulties.

3. Realising the Dream: The *Clauis* and the First Editions

In the 1950s, there were already quite a few good general handbooks on the Early Church, some focusing on the history of Late Antique Christian literature, others presenting a history of doctrine. However, these surveys, though excellent, didn't pay much attention to the aspect of textual criticism. This was precisely the lacuna Dekkers aimed to fill with his *Manuductio*: it was to be

> a 'nomenclature' of every ancient Christian text, not only patristic, but also hagiographical, liturgical and judicial, which would point out the best available editions and indicate suggested corrections or emendations proposed in specialised articles and reviews. Furthermore, it could refer to manuscripts as yet unknown to the publishers or not used by them. (^{30})

Besides being a guide for the *CC* enterprise, the *Manuductio* would also serve to legitimise it, because it would demonstrate the progress made by patristic textual criticism since Migne: for approximately

---

(28) About the negotiations between Dekkers and Brepols, see M. Lamberigts, 'Laborious Journey', 54-55.

(29) Letter from Dekkers to Mercati, 7 July, 1948; see M. Lamberigts, 'Laborious Journey', 53.

(30) M. Lamberigts, 'Laborious Journey', 55-56.

two-thirds of the Christian texts in Latin prior to the Carolingian Renaissance, a better edition was available in the 1950s than the one printed in the *PL*. Moreover, several hundred texts included in the *Manuductio* were not available in the *PL*, partly because of oversight and partly because they hadn't yet been discovered. [31] Hence the need for a 'new Migne'.

The preparatory work on the *Manuductio* was done in close co-operation with the *CSEL* in Vienna and in particular with Aemilius Gaar. The correspondence between Dekkers and Gaar runs from the summer of 1948 to the summer of 1951, the time the *Manuductio* went to the publisher. [32] Apparently, Dekkers had contacted Gaar because he had learnt of a bibliography in Vienna which might be useful for his work. In fact, Gaar's bibliography was an alphabetical list of all authors and every patristic work in Latin down to the eighth century. The list was presented in eleven columns, containing the following elements: the period from which each document dated; the name of the authors; the title; the edition in *PL*, the edition in *CSEL*; references to other existing editions (where relevant); references to the index of the *Thesaurus Linguae Latinae*, to Schanz-Hosius-Krüger [33] and Teufel-Kroll; [34] and, finally, references to other related books or articles. In this way, some 2000 fiches had been prepared, one third of which had already been drafted in the described table-form. In the aftermath of the war, publication of this material didn't seem a realistic possibility. In a letter dated 4 July, 1948, Gaar declared his willingness to put this material at Dekkers' disposal, expressing the hope that it might be useful and that, at the very least, his contribution would not go unmentioned in the final publication. On 14 July, Dek-

---

(31) E. Dekkers, 'Le "Nouveau Migne"', in *Scriptorium*, 4 (1950), 274-279; see p. 277.

(32) On the preparation of the *Manuductio* and the collaboration between Dekkers and Gaar, see M. Lamberigts, 'Laborious Journey', 55-62.

(33) M. Schanz, C. Hosius and G. Krüger, *Geschichte der Römischen Literatur* (Munich, 1905 ss).

(34) W. Teuffel, W. Kroll, *Geschichte der Römischen Literatur* (Leipzig, 1916, ss).

kers replied in a very positive way, stressing the common features between his enterprise and the one in Vienna. At the same time, he took care to point out that he had prepared more than twice as many fiches than Gaar, and this with regard to a corpus of Latin Christian texts belonging to a shorter time-frame. In this letter, Dekkers also expressed his willingness to explore possibilities for further collaboration. During their ensuing correspondence, it was agreed that Gaar would send the material that was already laid out in table form to Dekkers, and that an effort would be made to present the information on the remaining fiches in the same lay-out. The whole of this material was dispatched from Vienna to Steenbrugge on 1 December, 1948. Gaar's material certainly gave Dekkers a great advantage which furthered the progress of the *Manuductio* considerably. The collaborative spirit of their correspondence continued throughout the following year: their letters reflect a continuously high level of constructive exchange. From December 1949 onwards, however, their degree of contact diminished considerably. In a letter dated 10 October, 1950, Dekkers apologised for his silence to Gaar, assuring him that he had worked relentlessly on their common enterprise and that the work was drawing to its close. ([35]) Indeed, Dekkers had done a great deal of work on the project throughout 1950. He had finished his own compilation of the material to be included; he had evaluated Gaar's material and, where necessary, inserted it into his own. He had also come to the conclusion that it would be necessary to omit some information, because otherwise the *Manuductio* would come to between 700 and 800 octavo-pages. To solve this problem, he decided to drop the references to the *TLL* and to Teuffel and to reduce the tables to an alphabetical list of authors, with a simple reference to the volume number in the Corpus in which their writings would be found. When informed of these changes in early October 1950, Gaar didn't object as such but replied that he would only give his approval after he had

---

(35) 'Entretemps, je n'ai pas perdu de vue notre commun ouvrage, bien au contraire. J'y travaillai sans relâche, et je crois pouvoir Vous assurer enfin : Omnia parata sunt !'.

seen a definitive version. He also expressed his dissatisfaction with the title *Manuductio* and suggested, as an alternative title for the work, *Conspectus litterarum patristicarum*.

One can see how a certain tension crept into the Vienna – Steenbrugge relationship when contact resumed between Dekkers and Gaar after this long period of silence, and this tension was only to become worse in the months that followed. On 17 January, Dekkers sent the first galley-proofs of the complete work to Gaar. In a detailed letter accompanying these proofs he informed Gaar about, among other things, the time limitations on the project. Dekkers had succeeded in obtaining a publication grant from the *Universitaire Stichting* but this was subject to the condition that the work be published before 31 March. There was, in other words, no time left to make any changes or even to correct the galley-proofs. Gaar immediately protested against the lack of time to correct the proofs properly. On 5 February, he sent a long reply to Dekkers in which he expressed his own dissatisfaction, as well as that of Dr. Meister of the Kirchenväter-Kommission, with the fact that Dekkers had, by and large, dropped the tables which had been prepared in Vienna. Gaar felt that he had been presented with a *fait accompli*. He insisted, therefore, that the work not be presented as a joint publication but that Dekkers should assume full responsibility for it and that this be made clear on the title page as well as in the foreword. In addition to that, Gaar rather sourly pointed out that Dekkers had never before mentioned the deadline of 31 March and that, on the basis of his initial reading of the proofs, it was most unlikely that the work would be ready in time.

Dekkers responded that he would try to obtain an extension from the *Universitaire Stichting*, since he agreed with Gaar that the time constraints were not acceptable. And he had more news for his Austrian colleague: he had found a *mecenas* willing to support the project. Clearly, Dekkers had felt the irritation in Gaar's letters and he now went out of his way to explain and apologize: apologize, because he hadn't kept his Austrian colleagues well enough informed; and explain, by referring to the unexpectedly heavy workload involved in the compilation of the *Manuductio*. At the same time, however, he didn't hesitate to gently chide Gaar about the latter's tardiness in evaluating some material (24 pages) that Dekkers had sent him some eighteen months before.

Gaar's reply to Dekkers, dated 1 March, 1951, shows that this had served to dispel the tension between them. He warmly congratulated Dekkers, said repeatedly that Dekkers had produced a magnificent work and added that his own name shouldn't be mentioned on an equal level: a 'praeparante et adiuvante Aemilio Gaar' would be sufficient. He also gave his consent for Dekkers to ask Cardinal Mercati for his patronage of the project, and he agreed to read not only the first but also the second galley-proofs and proposed as a dedication: *Ioanni Cardinali Mercati sacrum*. When, at the end of February, the *Universitaire Stichting* also agreed upon a six-month extension for the publication, almost all impediments to publication were removed. The only remaining bone of contention between Dekkers and Gaar was the title of the work. Following a suggestion of the Bollandist Grosjean, Dekkers adhered to the title *Clauis Patrum Latinorum*. Gaar, however, had philological objections to this title and this became the subject of a lively correspondence between the two from April to June in 1951. In the end, Dekkers stood firm and, eventually, Gaar capitulated.

At the beginning of September 1951, the *Clauis Patrum Latinorum* rolled off the press ([36]) as the third yearbook of *Sacris Erudiri*. ([37]) The reaction of the scholarly world was, without exception, laudatory.

---

(36) At that time *Sacris Erudiri* was not yet published by Brepols but by Beyaert (Bruges) and Martinus Nijhoff (The Hague).

(37) *Clauis Patrum Latinorum qua in nouum Corpus Christianorum edendum optimas quasque scriptorum recensiones a Tertulliano ad Bedam commode recludit Eligius Dekkers; opera usus qua rem praeparauit et iuuit Aemilius Gaar*, Sacris Erudiri: jaarboek voor godsdienstwetenschappen, 3 (Steenbrugge: in Abbatia Sancti Petri, 1951).

Outstanding scholars, such as Balthasar Fischer, Almut Mutzenbecher and Wilhelm Schneemelcher, expressed their admiration without reserve. ([38]) Indeed, to everybody in patristic research it was clear that, with this *Clauis*, a new and important tool for the study of the Latin Fathers had been created. The *Clauis* also put the Steenbrugge abbey firmly on the map of patristic scholarly research. The scholarly contacts that arose during the preparation of the *Clauis* and in reaction to its publication, now expanded Dekkers' 'network', and this was to be of great importance for the continuing growth of the enterprise. However important the judgment and the praise of his peers must have been, For Dekkers, the most essential element was that this *Clauis* had now laid a secure foundation on which the *Corpus Christianorum* could be built.

With the completion of the *Clauis*, the next and greatest challenge was to start producing the first editions in the *Series Latina*. All in all, it must be acknowledged that this did not proceed as smoothly as anticipated. The inevitable delays were caused, depending on the case, by the team at Steenbrugge, by Brepols or by individuals editors.

Of course, preparations for publishing the first text-editions were already underway prior to the publication of the *Clauis*. In February 1950, Brepols had begun experimenting with the development of a suitable lay-out for the *CC*, at first employing the two-column format used in the 'Old Migne' and later, on the insistence of Dekkers, moving towards the lay-out which the volumes have today. In November of the same year, Dekkers had provided Brepols with a list of scholars who had agreed to collaborate and with a detailed list of works that were to be included in the *CC*. Yet, it would be 1953 before the first

---

(38) B. Fischer, in *Theologische Literaturzeitung*, 77 (1952), 287-289; A. Mutzenbecher, in *Deutsche Literaturzeitung*, 74 (1953), 411-413; W. Schneemelcher, in *Zeitschrift für Kirchengeschichte*, 64 (1952/53), 338-340.

fascicles rolled of the press. On 16 May, 1951, Brepols were already expressing their impatience in a letter to Dekkers, inquiring when the first manuscript would arrive. On 1 September, Dekkers had to reply that, for the time being, he was wholly preoccupied with the *Clauis* and that he had not yet any manuscripts ready to send. Dekkers also took this opportunity to inform them that a re-estimation of the number of volumes needed for the *Series Latina* had now placed the figure at around 175 volumes instead of the projected 120. In the same letter, however, he could at least report some good news: first of all, that the Spanish Consego Superior de Investigaciones Cientificas was prepared to cover the costs of the edition of the Church Fathers of Spanish origin, on the condition that this support was duly recognized and that a number of free copies were made available to the Consego. The other good news was that, as a consequence of the publication of the *Clauis* and due the fact that the *CC* was now better known in wider circles, an increasing number of people were interested in participating in the project. In June 1953, Dekkers could send to Brepols a list of fifty-five guaranteed collaborators and seventeen more that had pledged to make a contribution. Most of these scholars were European, though some were affiliated with institutions in the USA. In the end, only some of these seventy-two scholars would fulfil their promise of collaboration, but it was, nonetheless, very encouraging. Of equal importance for the project was the fact that, by June 1953, more than 200 customers had subscribed to the series. To attract an even greater number of subscribers, Brepols and Dekkers continued to work on producing translations of the prospectus in French, English, German, Italian and Spanish. The distribution of this prospectus in so many languages reflects the cosmopolitan approach of the *CC*: right from its inception, the project aimed to reach scholars from all major language groups, something it still endeavours to achieve in 2003. In this prospectus, the aims of the project were briefly presented, announcing some 175 volumes of 600 to 800 octavo-pages, followed by a *Conspectus totius collectionis* which was concluded with an announcement of the inaugural, forthcoming volumes ('Mox prodibunt'). ([39]) This prospectus was to be distributed together with the first volume of the *CC*, containing numbers one and two of the *Clauis*: Dekkers' own edition of Tertullian's *Ad martyras* and Borleffs' recently reworked critical edition of *Ad nationes*. ([40])

This was not, however, what Dekkers had originally planned. Initially, he had wanted to start by publishing the excellent edition of *De anima* by J.H. Waszink. Having obtained permission from Meulenhoff, the original publisher, Dekkers hoped to be able to publish *De anima* as the first instalment of the *CC* before the end of 1952 – within a year after the publication of the *Clauis*. He considered it of paramount importance to produce a good result as quickly as possible, in order to increase the subscribers' confidence and to attract new subscribers. Brepols, however, had objected to the plan to start the enterprise by only publishing such a small portion of Tertullian's *Opera Omnia*. Dekkers grew impatient and, as an alternative, came up with the idea of starting the *CC* with the publication of his own edition of *Ad martyras*, together with Borleff's edition of *Ad nationes*. Dekkers got his way and a first instalment, containing these works (together with a brief introduction, a select bibliography and a survey of manuscripts and testimonia) was published early 1953 and distributed along with the prospectus.

The continuation and completion of Tertullian's *Opera Omnia* was also hampered by difficulties and delays. Some of these were due to unexpected causes (such as a long wait for photographs of a manuscript from Leningrad) but it seems that the main cause was Dekkers' ambition to produce, not mere reprints, but editions which, within the bounds of what was realistically possible, would demonstrate some scientific progress in comparison with those already published.

---

(39) It should be added that most of the works on this list announced as '*mox prodibunt*' were published only years later, many of them by editors other than the ones to which the writings in question were originally assigned.

(40) Originally published in Leiden, 1929, it was thoroughly revised by Borleffs for re-publication as part of the *CC*.

In order to assuage Brepols' irritation about the delay in receiving ready-to-print-manuscripts, Dekkers offered, in March 1954, to put at least the first volume on the market, an idea which Brepols rejected because it would double the postal costs. Brepols' main concern was to be able to set, lay-out, correct and print systematically: a wish coinciding with Dekkers' own wish to produce editions which, as far as possible, incorporated recently discovered manuscripts or emendations suggested in the most recent literature. ([41]) All this, along with further delays caused by time-consuming corrections to proofs and the compilation of indices, meant that Tertullian's *Opera Omnia* were only published in the beginning of 1955 as volumes one and two of the *CC*. ([42]) The bulk of this edition, which was well received, consisted of newly edited texts or thoroughly revised earlier editions. For Dekkers, at least, the fact that the *CC* team had been largely able to surpass the standards set by the original plan, certainly made up for the delay and the slow progress.

Fortunately for the project, Dekkers had realised early on that strict adhesion to the order given in the *Clauis* would result not only in extremely slow progress overall but also in years where no volumes would appear at all, and would almost certainly make it impossible to come even close to the production rate proposed at the outset of the project. For that reason, he had already decided, at a very early stage, that works should be published if and when the opportunity arose, regardless of their place in the order of the *Clauis*. An early example of this method can be seen in the edition of Caesarius of Arles (*SL* 103-104). Dom Morin had published an edition of this work in 1937 in

---

(41) This happened with regard to the edition of several writings of Tertullian prepared by Borleffs, and was also the case with the text of *Ad Praxean*, for which Dekkers wished to take into account the observations of J. H. Waszink in his review '*Q. Septimi Florentis Tertulliani Adversus Praxean Liber. Tertullian's Treatise Against Praxeas. The Text Edited, with an Introduction, Translation and Commentary by Ernest Evans* (London: SPCK, 1948)' in *Vigiliae Christianae*, 7 (1953), 246-253.

(42) Though the title page gave the date as 1954, to avoid the impression that 1954 had been a 'lost year'.

Maredsous, but a fire had destroyed most of the stock, to the extent that, ten years later, it was virtually impossible to find a copy. Dekkers acted swiftly and was able to send a ready-to-print text to Brepols as early as 1951. This time, however, Brepols caused a delay, prompting Dekkers to complain that, a full year after the submission of the text, Steenbrugge still hadn't received proofs. The proofs didn't arrive until January 1953, and it was to be a full year after that before the text was finally published.

Another opportunity came in 1954, which was the year in which the 1600th anniversary of the birth of Augustine would be celebrated and Dekkers thought one or more volumes of the doctor gratiae in the *CC* would be a suitable way to mark the occasion. A large international conference to be held in Paris in September of that year would also provide an ideal forum in which to present the new volume(s). However, it was not to be: the edition of the *Tractatus in Iohannis Evangelium* experienced several delays and was not ready until November 1954 and the re-publication of B. Dombart and A. Kalb's edition of *De civitate Dei* did not appear until 1955. The latter was originally published in the Teubner series (1928-1929), [43] but the re-edition profited from corrections made subsequently by Kalb [44] and also included the text of Augustine's letter to Firmus, containing guidelines for the structure of the work. [45] The re-publication was necessary and timely because Teubner's stocks had been destroyed during the war and almost no copies had survived. In 1955, the first volume of Beda Venerabilis, containing the opera homiletica et rhytmica, was also published (*SL* 122), while 1956 saw the publication of Augustine's monumental *Enarrationes in Psalmos* (*SL* 38-40).

---

(43) B. Dombart and A. Kalb (eds.), *Sancti Aurelii Augustini episcopi De civitate Dei libri XXII*, Bibliotheca scriptorum Graecorum et Romanorum Teubneriana 1104-1105, 2 vols (Leipzig: Teubner, 1928-1929).

(44) Cf. *Philologus*, 87 (1932), 477-480.

(45) Cf. C. Lambot, 'Lettre inédite de S. Augustin relative au "De civitate Dei"', in *Revue Bénédictine*, 51 (1939), 109-121.

At that time, the enterprise of the *Corpus Christianorum* was well underway and despite mutual irritations due to delays caused by both parties, a constructive relationship had been built between Brepols and Dekkers. Moreover, in general the first volumes had been very well received by the scholarly community, as Ludwig Bieler's review in *Scriptorium* attests:

> Individual volumes differ considerably in their standards of editorship. This is the price that had to be paid if the series was to be completed within a reasonable time. I feel that the price has been worth paying. At the moment when so many standard editions are out of print, when stocks have been largely destroyed by military action, there is a great and urgent demand for good workable texts. This minimum requirement is invariably met and very often surpassed.

At the end of his detailed review of all the separate volumes, Bieler praised the *CC* as 'an enterprise which, together with the Vatican Vulgate and the Beuron Vetus Latina, continues, in these troubled times, the great tradition of Benedictine scholarship'. [46] Such a response shows that the first volumes of the *CC* were warmly welcomed and that they were, right from the start, publications exhibiting the sort of rigorous scholarship respected within the world of patristic studies. In short, the problems experienced at the outset of the enterprise had been overcome and a solid basis had been laid for the project's ongoing growth and expansion. All this augured well for the future of the *CC*.

4. Expanding the Dream (1956-1969)

In the years leading up to 1969, when the publication of the fiftieth volume of the *CC* was celebrated, the initial aims of the project had

---

(46) L. Bieler, '*Corpus Christianorum*. Series Latina. Éditions Brepols, Turnhout, 1954-1955', in *Scriptorium*, 10 (1956), 322-324.

been successfully met and surpassed. The *Series Latina* flowered and became established as an important series of text-editions. Moreover, with the beginning of the *Continuatio Medieualis*, a new project was launched which would alter the face of the *Corpus Christianorum* and, in terms of the number of volumes published, would ultimately become more important than the *Series Latina*.

Between 1957 and 1968, the *Corpus Christianorum* published thirty-eight volumes in its *Series Latina*. Many of these were re-editions of texts previously published elsewhere. A number of Jerome's exegetical works stand as a case in point: the *Hebraicae quaestiones in libro Geneseos*, the *Liber interpretationis hebraicorum nominum* and the *Commentarioli in psalmos* (*SL* 72, 1959); the *Tractatus siue homiliae in psalmos* (*SL* 78, 1958); the *In Hieremiam prophetam libri vi* (*SL* 74, 1961). Other volumes contained re-editions of hagiographical and historical texts, reprinted from the *MGH* (*SL* 117, 1957) or from the *CSEL*. An example of the latter appears in the volume of Itineraria and other Geographica (*SL* 175, 1961). In addition to simply reprinting such works from the *CSEL*, various other works which had previously appeared through other publishing houses were also revised by a team of collaborators comprising, among others, J. Fraipont, F. Glorie, M. Adriaen and one of Dekkers' fellow monks from the abbey at Steenbrugge, R. Willems. Dekkers and his team followed this method frequently during this early period. Instead of simply reprinting editions (albeit the best one available in each case) they reviewed each text thoroughly, inserting corrections and checking the text against some of the best manuscripts available or, alternatively, against those manuscripts which had not been used by the former editor. The Tertullian had already been prepared along these lines, but from 1954 to 1971 this would become standard procedure, resulting in the publication of several exegetical works of Augustine (*SL* 33, 36, 38-40), Ambrosius (*SL* 14), Jerome (*SL* 73, 73A, 75, 75A, 76, 76A, 77), Cassiodorus (*SL* 97-98) and Gregory the Great (*SL* 142). All these editions filled lacunae and nobody could, or did, doubt their usefulness. The succinct introduction and the survey of the textual transmission accompanying each work were, in themselves, highly valued and provided scholars with documentation which, in the past, had often been inaccessible. Moreover, since these editions incorporated readings from other good manuscripts, the revised text-editions in the *CC* was also derived from a larger material basis, with the result that the text of these editions was, in most cases, more trustworthy than that featured in earlier editions. One should also keep in mind that, in offering such revised editions, the initial purpose and goal of the *CC* had already been surpassed. Thus, in later years, Dekkers did not hesitate to include revised editions or reprinted editions in the *CC* when he saw fit to do so or when the opportunity arose. The most recent example, appearing in 2000, was the re-edition of Ambrosius' *De officiis* according to the Budé-edition by M. Testard (1984-1992). These re-editions and revised editions shaped the *CC* and their publication helped to make Dekkers' dream a tangible reality. The next step, moreover, was already evident. From the early sixties, when the revised edition of the *Clauis Patrum Latinorum* was published, ([47]) it was clear to Dekkers that, ultimately, only with new, modern, critical editions could he solidly establish the reputation of the Corpus and offer the level of the sound, text-based scholarship to which the *CC* ultimately aspired. Such new editions would be based on a study of the complete transmission of the text, presenting this material in the introduction as well as the results of the analysis in a reliable text with a detailed critical apparatus. This did not, of course, constitute a completely new direction in the history of the *CC*. Even in the very first years of its existence, such new editions had been prepared: one recalls the works of Eusebius of Vercelli (V. Bulhart; *SL* 9, 1957) and the *Sermones* of Maximus of Turin (A. Mutzenbecher; *SL* 23, 1962). But in those early years, revised editions had been the rule and new

---

(47) The second edition, published in 1961, contained some 180 extra pages and a couple of dozen texts omitted from the first edition were added by inserting a, b, c, and so on in the numbering. Some texts mistakenly attributed to the patristic period were also put between square brackets so as not to disturb the range.

editions the exception. The balance gradually shifted during the sixties and the seventies, when re-editions and revised editions largely
disappeared from the *Series Latina*. Thus, the *Series Latina* entered its
next phase, with the emphasis now on publishing new, modern, critical editions.

While these developments were taking place and while the Steenbrugge-team, together with various external collaborators, were giving shape and foundation to the *Series Latina*, the indefatigable Eligius
Dekkers had already descried another challenge. At the time when he
launched the *Corpus Christianorum*, Dekkers chose Tertullian and the
Venerable Bede as the chronological limits for the enterprise. Yet he
didn't exclude the possibility that later authors could also be included,
particularly if their writings threw light on the events of the period in
question. ([48]) Barely a decade later, and with the *Series Latina* only just
begun, he wanted to turn to the Middle Ages and incorporate the
Christian literary heritage of this period into the editorial work. In an
article in the 1957 issue of *Sacris Erudiri*, he presented his plans. ([49])

The problems, Dekkers observed, encountered by a researcher of
Christian medieval literature were not the same as those occurring in
relation to patristic literature. Hence, the solutions he proposed were
also different. In the field of Latin patristic literature, editorial work
had made such progress since Migne that, of the 2350 patristic writings dating from the period between Tertullian and Bede, only some
350 were, at the time, not available in a more reliable text-edition than
the one printed in the first ninety-six volumes of Migne. In light of
this circumstance, the major focus could now be on improving the
quality of existing text-editions and on bringing these high-quality
editions together in a Corpus. With regard to the medieval Christian literature from the period after Bede, the first difficulty imposing itself is

---

(48) Cf. Dekkers, *A Proposed New Edition*, 413.

(49) Dekkers, 'Pour une nouvelle édition de la littérature latine médiévale,' in *Sacris
Erudiri*, 9 (1957), 377-390.

its size: there is so much more material that it simply defied any attempt to bring it all together into one single Corpus. Moreover, while the lion's share of Latin patristic literature had already been edited, this was not the case for these later documents, the bulk of which were unedited. As a result, Dekkers concluded, it made little sense to begin by preparing a '*Clauis Medii Aevi*'. ([50]) For the same reason, it would also be insufficient to simply 'redo' volumes 97 to 217 of the *PL*. For Dekkers, the solution to both problems was clear: on the one hand, the volumes of the *PL* had to be corrected where necessary; on the other, they had to be supplemented by editions of the unpublished works. ([51])

With regard to the corrections for volumes 97 to 217 of the *PL*, Dekkers wanted to proceed as follows. Brepols had acquired from Migne the remainder of the stock of both the *Patrologia Latina* and the *Patrologia Graeca* and the right to reprint them. ([52]) The very first goal was to guarantee that the volumes containing medieval texts remained available permanently. As soon as there was sufficient interest for a particular volume, a photomechanic reprint of this volume would be published. Moreover, such a volume would contain an extensive *praefatio*, which would update it and inform the reader of the actual state of the question (with regard to authorship, dating, and so on). The prefaces would also include an up-to-date bibliography, including ref-

---

(50) Now, fifty years later, such an instrument is being compiled for sources with a French provenance: *Corpus christianorum. Continuatio mediaevalis. Clavis scriptorum latinorum medii aevi. Auctores Galliae 735-987.* Thus far, two volumes have appeared: one on Abbon de Saint-Germain - Ermold le Noir (1994) and one on Alcuinus (1999).

(51) 'Si les études de patristique latine ont progressée surtout en profondeur, visant à procurer des textes plus purs et mieux établis, le progrès des études médiévales s'est manifesté en largeur, en étendue (...) Il n'y a donc pas lieu, du moins en ce moment, de refaire les tomes 97-217 de la *Patrologie latine*, mais de les corriger et de les compléter' ('Pour une nouvelle édition', 380).

(52) The revision of the *Series Graeca* was entrusted to the monks of the abbey of Chevetogne. A few instalments of this re-edition have appeared: *In tomos 44, 45, 46 Patrologiae Graecae ad editionem operum Sancti Gregorii Nysseni introductio*, published by Brepols in 1959 (the author of the introduction is not mentioned).

erences to more recent and reliable text-editions. Finally, the preface would also point to other writings of the same author, edited or unedited, which were absent in the volume. ([53]) As a service to the reader, these updates to current scholarship in the preface to each reprinted volume of Migne, would also be published separately. With regard to volumes 97 to 217 of the *PL* as a whole, specific instruments would be compiled, listing additions and corrections to the material in Migne.

By proceeding in this way, Dekkers hoped to ensure that the material in Migne would remain at the disposal of scholars and students, while the updates would make up for its shortcomings. One sees very clearly how Dekkers' scientific concerns went hand-in-hand with his pragmatism and with Brepols' commercial interests. No doubt his very first impulse must have been to proceed with regard to the medieval texts in the same way as he had in relation to the *Series Latina*: in other words, to 'redo Migne' in the sense that they would produce re-editions or revised editions. But there was simply too much ground to cover to make this a realistic possibility. Moreover, one also suspects that Brepols, which had not long been engaged in the enterprise and which had, up to 1957, only published some ten volumes in the *Series Latina*, was not all that eager to dive into a new adventure involving the systematic re-edition or revision of the 'Medieval Migne'. The plans described by Dekkers were thus a compromise between what was scientifically desirable and what was realistically and commercially possible. Ultimately, the team of the *CC* only partially attained their goal: the reprints of Migne, incorporating the extensive preface and lists of additions and corrections, were never published, but Brepols has ensured, to this very day, that the *PL* remains available.

Though the correction of Migne proved unsuccessful, the opposite must be said about Dekkers' plan to supplement the work. Here the

---

(53) 'Pour une nouvelle édition', 381.

intention was to bring together all the texts which had been either omitted by Migne, or were inadequately edited by Migne, or were discovered only after the Migne edition. These rules were, however, applied with common sense. Texts for which a good and accessible edition existed, such as the opera omnia of Anselmus, would not be included. The same held for texts edited in series such as the *Acta Sanctorum* or the *MGH* as well as for texts which were already included in special collections, such as the *Corpus scriptorum de musica*. All in all, Dekkers estimated, forty volumes would suffice for this supplement to Migne, which was to be called *Corpus Christianorum. Continuatio Mediaeualis (CM)*. The chronological limits were more difficult to determine: the beginning of the collection was, of course, the death of Bede, but the end was not so easily defined. In particular, Dekkers wanted to go beyond Innocent III, with whose writings the *PL* concluded, but he did not indicate precisely how much further. Nor did Dekkers, in his programmatic essay, unequivocally state that he intended to publish modern critical editions for the *CM*, of a kind which would meet the highest standards (instead of revised editions), but the description he outlined for the editions he proposed certainly gave that impression. ([54])

Copies of Dekkers' programmatic essay were widely distributed to learned journals, societies and individual scholars. In general, the reactions were positive. Readers were encouraged to respond seriously to the call for ideas, suggestions and criticisms at the end of several review articles. 'The plan is good and shows a realistic sense of what is needed and of what is practicable.' ([55]) 'Seules les abbayes bénédictines sont à même de mener à bien des publications d'aussi longue haleine:

---

(54) 'Nous nous inspirerons avant tout du souci de mettre à la disposition du lecteur des textes sûrs, susceptibles d'être contrôlés au moyen d'un apparat critique, avec référence aux sources. Chaque volume du recueil contiendra également des tables détaillées qui faciliteront les recherches' ('Pour une nouvelle édition', 382).

(55) Review in the *Journal of Theological Studies*, 60 (1959), 464.

uno aulso non deficit alter. Quel détachement!' [56] 'Au moment où ils se mettent au travail, les éditeurs souhaitent recevoir les suggestions et critiques de tous les médiévistes intéressées. Souhaitons que chacun les aide de son mieux à réaliser une oeuvre si utile, mais en même temps si lourde.' [57] 'Les grandes lignes, très raisonnables, du projet sont exposées et l'on ne peut que souhaiter de voir la réalisation s'effectuer avec la même rapidité que celle de la première série.' [58]

This last wish — that the realisation of the *CM* might happen with the same speed as that of its predecessor — certainly didn't come true. After the first announcement in 1957, it was only in 1966 that the first volume in the series was published. The reason for the delay is not clear. Were Dekkers and his team too caught up in the many editions that were being prepared for the *Series Latina*? Had the slow progress resulted from the first number in the *CM* being devoted to an edition of Aelred of Rievaulx' *Opera ascetica* (eventually published in 1971)? Whatever the reason, the *CM* made up for such delays soon after its inception. Having produced one volume in 1966 and one in 1967, the yearly number of published volumes gradually increased. In 1971, fourteen volumes had been published, and these were as diverse as the *Opera ascetica* of Aelred of Rievaulx (A. Hoste & C. Talbot; *CM* 1, 1971), the *Opera theologica* (vols. I and II) of Petrus Abaelardus (E. Buytaert; *CM* 11-12, 1969), the first three books of a canonical collection in five books (M. Fornasari; *CM* 6, 1970), writings by Rupert of Deutz (*De diuinis officiis*, *In euangelium sancti Iohannis* and *De sancta trinitate et operibus eius*; H. Haacke; resp. *CM* 7; 9 and 21, 1967-1969-1971) and Paschasius Radbertus' treatise *De corpore et sanguine Domini* (B. Paulus; *CM* 16, 1969).

The diversity among the writings included in the *CM* stemmed from the fact that no *Clauis* had been prepared beforehand. As the ti-

---

(56) Review by E. Ernout in *Revue de philologie, de littérature et d'histoire anciennes*, 34 (1960).

(57) Review by F. Masai in *Scriptorium*, 12 (1958), 298.

(58) *Revue des sciences philosophiques et théologiques*, 43 (1959), 187.

tles given above show, the *CM* could and would develop in all directions, making it a collection with little inherent unity. The absence of a *Clauis* also had another consequence: since the volumes were, for the most part, numbered according to the chronological order in which they were published, it is not always easy to find a particular volume. Fortunately, the inclusion of an Onomasticon at the end of the more recent volumes offered a remedy for this problem. These undeniable faults should not detract from the fact that the *CM* has, so far, offered some 200 volumes of excellent editions, comprising an unparalleled variety of texts, which makes it a singularly important resource for medieval studies. One wonders whether a single volume of the *CM* would ever have appeared, had Dekkers made the opposite choice and insisted on first preparing a complete *Clauis Medii Aevi*.

The year 1969 was a landmark in the history of the *Corpus Christianorum*. In that year the *Series Latina* reached its fiftieth volume: an edition of Augustine's De *trinitate* by W. Mountain. On 16 January, 1969, the *CC* and the Abbey of Steenbrugge lavishly celebrated this event. The celebration was attended by some 125 guests: scholars, friends of the *CC* and friends of the abbey. An academic session also took place on this occasion, presided over by Mgr. A. Descamps, Rector of the Katholieke Universiteit Leuven.[59] Anselm Hoste sketched the history of the Corpus and stressed that the celebration of the fiftieth volume should only mark a brief break, before continuing the journey well into the twenty-first century.[60] The main lectures were delivered by Michele Cardinal Pellegrino (Torino) and Christine Mohrmann (Nijmegen). Pellegrino addressed the question: 'Saint

---

(59) The texts of the lectures during this session have been published in a commemorative volume: *Sessio academica qua die XVI mensis Januarii anni MDCCCCLXVIIII Steenbrugis Corpus Christianorum diem festum celebravit voluminis editi quinquagesimi* (Turnhout: Brepols, 1971).

(60) A. Hoste, 'Overzicht van de werkzaamheden van en rond het C.C.', in *Sessio academica*, 5-8.

Augustin, a-t-il réalisé l'unité de sa vie?' [61] while Mohrmann discussed a more philological topic: 'Tertium genus. Les relations judaïsme, antiquité, christianisme, réflétées dans la langue des Chrétiens'. [62]

In the many occasional speeches during the banquet, there was ample opportunity to put the spotlight on the people at Steenbrugge who were relentlessly working for the *CC*. At the time, the team assisting Dekkers consisted of five full-time scientific collaborators: J. Fraipont, F. Glorie, R. Vander Plaetse, P. Callens and M. Geerard. Besides these five collaborators, Dekkers could also rely on the support of several *confraters*: A. Hoste (his 'right hand'), B. Lambert, [63] A. Dumon (the librarian), [64] F. Rommel and A. Pil. [65] In their turn, the Steenbrugge-team expressed their thanks to the group of (at that time, already) 200 national and international collaborators who had offered assistance or were preparing editions for publication in the *SL* or the *CM*. It is remarkable that the religious affiliations within this group of collaborators were extremely diverse: not only Roman-Catholics, Anglicans and Greek-Orthodox, but also atheists and

---

(61) M. Pellegrino, 'St. Augustin, a-t-il réalise l'unite de sa vie?', in *Sessio academica*, 25-38. An Italian translation can be found in *Problemi attuali di teologia: puntualizzazione critica e prospettive. Conferenze della facoltà teologica salesiana [Sezione Torinese] 1972-1973*, Biblioteca di scienze religiose, 7 (Zürich: Pass Verlag, 1973), 11-27. The contribution was also included in Id., *Ricerche patristiche (1938-1980)* (Torino: Bottega d'Erasmo, 1982), 77-93.

(62) C. Mohrmann, 'Tertium genus. Les relations judaïsme, antiquité, christianisme, réflétées dans la langue des Chrétiens', in *Sessio academica*, 11-22.

(63) His main research project was the *Bibliotheca Hieronymiana*: B. Lambert, *Bibliotheca Hieronymiana manuscripta: la tradition manuscrite des oeuvres de Saint Jérôme. I.A. Epistolae et B. Conspectus abbreniationum bibliothecarum. II. Opera scripturistica, homiliae tractatus, opuscula. III. Spuria* and *IVA. Opuscula necnon excerpta nondum identificata et B. Indices*, Instrumenta Patristica, 4 (Steenbrugge: Sint-Pietersabdij,1969-1972).

(64) For him and his involvement in the Flemish Movement, see R. Vanlandschoot, art. 'Dumon, Jozef', in *Encyclopedie van de Vlaamse Beweging* (Tielt: Lannoo, 1998), 1014.

(65) He was also involved in the Flemish Movement. See G. Leemans, art. 'Pil, Miel', in *Encyclopedie van de Vlaamse Beweging*, 2477.

others to whom religion mattered little. The *CC* originated in an abbey and, at the time, quite a few collaborators were monks or members of the clergy, but the circle certainly was not limited to the monastic world. For Dekkers, the only thing that mattered was the scientific quality of the work that was submitted and this reflected in the diversity of the project's collaborators. ([66])

5. Sharing the Dream (1969-1996)

The celebration in 1969 of the fiftieth volume in the *Series Latina* was a celebration of more than two decades of dedicated work. The hard labour had paid off, the enterprise had been fruitful and it had all been worthwhile. The Corpus had become a well-established scientific enterprise that had gained the recognition and respect of the scholarly world, which had now largely abandoned its initial caution. At the same time, however, this culmination of twenty years' work also marked a turning point. From 1969 onwards, the *CM* began to be really successful and the number of volumes that had to be produced at Steenbrugge were increasing exponentially: in 1968 only four volumes rolled off the press at Brepols; in 1969 there were eight and in the following years that number would be almost always exceeded and, in more recent years, even doubled. When one realises that the team-members at Steenbrugge were preparing editions and doing other scholarly work, besides turning manuscripts that had been submitted as books, one can understand that, with the *Series Latina* and the *Continuatio Mediaeualis*, the journal *Sacris Erudiri* and the series *Instrumenta Patristica*, they had reached their 'maximum-capacity'. In

---

(66) This is in contrast to a commentator who wrote that the enterprise of the *CC* has 'einen leichten Hauch von Kerzen und Weihrauch': E. Overgaauw, 'Antiquiert oder aktuell? Moderne Editionen von theologischen lateinischen Werken der Spätantike und des Mittelalters', in *Die Funktion von Editionen in Wissenschaft und Gesellschaft* (Berliner: Beiträge zur Editionswissenschaft, Band 3, 1998), 205-225; p. 215 esp.

the decades to follow, the *CC* kept growing continuously, but this was, in one way or another, the result of other independent enterprises that were brought under the aegis of the *Corpus Christianorum*. This meant that the fruits of these scholarly projects were published as a separate series or that they were incorporated within an existing series (most notably the *CM*) or, alternatively, attached to the latter as subsidia or supplementary volumes. This development transformed the *CC* from a research institute in an abbey at Steenbrugge into a conglomerate of various enterprises, with centres scattered across Europe, but all united under the flag of the *Corpus Christianorum*. At present the centre at Steenbrugge consists of three full-time members: R. Vander Plaetse (since 1964), R. Demeulenaere (since 1973) and L. Jocqué (since 1984). These days, their role in the *CC* project has become an auxiliary one: the lion's share of their time is devoted to going through submitted manuscripts and making them ready for publication (in the *SL* and the *CM*), though they all also provide research-assistance and contributions to the content when necessary. (⁶⁷)

Before describing this evolution in detail, another development of the last twenty-five years ought to be mentioned. Under the direction of Paul Tombeur, a number of Latin and Greek lexicographical tools have been produced. First published in paper editions and on microfiche, and since 1991 on CD-Rom, these tools have made the *CC* much more accessible. They have also made it possible to address questions pertaining to linguistic and lexicological analysis, which, in the past, have been extremely time-consuming. This not only helps in the preparation of text-critical editions and in the study of an author's

---

(67) The most recent publications by the members of the Steenbrugge-team: J.-M. Clément and R. Vander Plaetse (eds.), *Facundi episcopi ecclesiae Hermianensis opera omnia*, Corpus Christianorum. Series Latina, 90A (Turnhout: Brepols, 1974); R. Demeulenaere (ed.), *Verecundi Iuncensis Commentarii super cantica ecclesiastica; Carmen de satisfactione paenitentiae*, Corpus Christianorum. Series Latina, 93 (Turnhout: Brepols, 1976); L. Jocqué and L. Milis (eds.), *Liber ordinis Sancti Victoris Parisiensis*, Corpus Christianorum. Continuatio Mediaevalis, 61 (Turnhout: Brepols, 1984).

vocabulary, but it might also be of great advantage when one is trying to ascertain the authorship of a particular work. Moreover, in the last few years the CD-Roms and electronic tools (soon also to be accessed via the internet) have made it possible to integrate the material of the *CC* into larger units, establishing links with other tools such as dictionaries and texts edited outside the *CC*.

Because he wanted the *CC* to include *every* early Christian text, Dekkers had already explicitly proposed the creation of a *Series Graeca* alongside the *Series Latina* in his programmatic essay of 1948.[68] For practical reasons he had decided to start with the *Series Latina* and add the *Graeca* later; the possibility of a series of Oriental texts was even contemplated at that time. Two decades later, the increasing amount of work involved in the *SL* and the *CM* (the latter not having been part of the plan in 1948) seemed to defy any attempt to start up a third series. Then, in 1969, Maurits Geerard joined the *CC* as a collaborator,[69] choosing the Greek Fathers as his preferred field of research. He started, *ab ovo*, a new project: the compilation of a *Clauis Patrum Graecorum*. In Dekkers' opinion, this *Clauis* would serve as the preliminary tool for the *Series Graeca*, analogous with the *Clauis Patrum Latinorum*. After years of intense labour, the first volume of the *Clauis* was published in 1974, treating the authors of the fourth century. It was universally greeted with enthusiasm.[70] In 1983 the complete *CPG* was published, with the indexes following in 1987.

However, even before the completion of the first volume of the *CPG*, preparations had already begun for launching a *Series Graeca*. Geerard, Dekkers and Brepols were the initial instigators of the project, which began in the early seventies, but the assistance of Marcel Richard was soon sought for the project. Richard, the famous

---

(68) *A Proposed New Edition*, 412-413.

(69) On Geerard's biography, see J. Noret, 'Maurits Geerard (1919-1999)', in *Sacris Erudiri*, 39 (2000), 429-437.

(70) Some reactions to the first volume have been collected in J. Noret, 'Maurits Geerard', 436-437.

patrologist and editor of texts, would become the project's first Director. His years of experience in researching, cataloguing and microfilming manuscripts[71] and the many contacts he had in the scholarly world meant that he was ideally placed to establish the *Series Graeca*. Thanks to him, esteemed scholars such as Cornelius Datema, Françoise Petit, Joseph Munitiz and Karl-Heinz Uthemann (to name only a few) agreed to offer text-editions to be published in the first volumes of the *SG*. Richard himself contributed the first volume of the series: an edition of John of Caesarea, which was published post-humously in 1977. [72]

On 25 November, 1972, Maurits Geerard presented the new series to a meeting of the Société Belge d'Etudes Byzantines. [73] According to Geerard, the *Clauis* would be the key to the enterprise, the ultimate goal of which was analogous to the *SL*: replacing Migne with a series of reliable text-editions. These could be modern, new critical editions but re-editions were not excluded. [74] Under Richard's influence, preference would be given to unedited or incompletely edited texts and to authors whose works had been edited in a very dispersed way. [75] Reading the report of Geerard's presentation of the *SG* with the benefit of hindsight, one is tempted to smile, for, since then, the

(71) Culminating in his famous *Répertoire des bibliothèques et des catalogues de manuscrits grecs*, the third edition of which (revised by J.-M. Olivier) was published as a subsidium to the *CC*. A sympathetic portrait of Richard's activity is given by C. Kannengiesser, 'Fifty Years of Patristics', in *Theological Studies*, 50 (1989), 633-656; see esp. pp. 641-642.

(72) M. Richard (ed.), *Iohannis Caesariensis presbyteri et grammatici Opera quae supersunt, edito Marcello Richard, appendicem suppeditante Michaele Aubineau*, Corpus Christianorum. Series Graeca 1 (Turnhout: Brepols, 1977).

(73) See the report of this conference by E. Voordeckers, in *Byzantion*, 43 (1973), 496-504, with a summary of Geerard's lecture on pp. 500-502.

(74) 'A ces inconvénients [sc. similar to the ones sketched by Dekkers when launching the *SL*] ... la Série Grecque du *Corpus Christianorum* devrait remédier en réunissant les bonnes éditions dispersées d'un même auteur, et en offrant de nouvelles éditions critiques' (E. Voordeckers, conference report, *Byzantion*, 43 (1973), 496-504; see pp. 500-501).

(75) E. Voordeckers, conference report, *Byzantion*, 43 (1973), 496-504; see p. 501.

project has followed a rather different path. Though replacing Migne is still the aim of the *SG*, the editors have always preferred quality above quantity. So far, some fifty volumes have been published, all critical editions of the highest standard, mostly of writings dating from the Byzantine period.

Thus, in the early seventies, the foundations for the *SG* were laid. Soon after, however, Richard became ill. At about the same time, it became clear to Geerard that the team at the Abbey did not have the competence or the material resources (an adequately equipped library in particular) to guarantee the highest scholarly standards for the editions in the *SG*, *a fortiori*, when the assistance of Richard was no longer sure. Though Dekkers would have liked to keep the responsibility for the *SG* within the walls of the abbey, it was decided that it would be better to see whether an academic unit at a university, with the appropriate financial and human resources, would be willing to assume responsibility for the *Series Graeca*. In 1976, Geerard went to the Katholieke Universiteit Leuven, to see whether the Centre for *Hellenisme en Kristendom*, that had been established there in 1973, ([76]) would be interested in pursuing the project. His proposal was received with great enthusiasm and the research centre included the *SG* in its program. On 7 July, 1976, a formal agreement was signed between Brepols Publishers, the *Corpus Christianorum*, represented by Dekkers and Geerard, and the centre *Hellenisme en Christendom*, represented by the Professors A. Van Roey and G. Verbeke. Sadly, Marcel Richard, the co-founder and first Director of the enterprise, did not live to see this agreement brought to fruition: he died on 15 June, 1976. He had, nevertheless, been able to write a contribution for the beautiful brochure with which the series was introduced to the scholarly world. Besides Richard's presentation of the series (in French, English and German), the booklet also contained the *editio princeps* by G. Astruc

---

(76) On the origins of this Centre, modelled after the institute *Antike und Christentum* in Bonn, see A. Van Roey, 'Corpus Christianorum, Series Graeca (CCSG)', in *Ephemerides Theologicae Lovanienses*, 71 (1995), 277-280; esp. pp. 279-280.

Morize of the Pseudo-Chrysostomic *Sermo Phrophylacticus II*. The publication of this brief sermon showed the scholarly world, and far better than any commentary, what the *SG* was aspiring to accomplish. As editors charged with guaranteeing that the highest scholarly quality would be pursued, the brochure named Marcel Richard (+), A. Van Roey (Director), G. Verbeke, E. Dekkers and M. Geerard (secretarius). In 1982 Professor Carl Laga took over the direction of the *SG* from Van Roey and in 1994 he was, in his turn, succeeded by Professor Peter Van Deun. [77] Other scholars who have since become engaged in the *SG*, in one way or another, are José Declerck, Constant De Vocht and Jacques Noret. The latter compiled, together with M. Geerard, a *Supplementum* to the *CPG*. [78]

Over the following decades, the *SG* became increasingly independent as an enterprise and is nowadays firmly situated within the Louvain Faculty of Arts and its Instituut voor Vroegchristelijke en Byzantijnse Studies, though it still maintains a good working relationship with both the *CC* unit at Steenbrugge and with the *CC* as a whole.

In the case of the *Series Graeca*, the initiative had begun with the *CC* unit at Steenbrugge and then, over time, had gradually become a more independent enterprise. For other similar projects, however, the experience was reversed. From the mid-seventies onwards, the fruits of a number of external research projects were proposed for inclusion within the *CC*. The first completely external research enterprise to be integrated within the *CC* in this way was the edition of the Latin *Opera Omnia* of Raimundus Lullus. Some 250 works by this brilliant theologian, mystic and indefatigable missionary to the Muslim world,

---

(77) For the activities and the output of the *SG*, see the notes by A. Van Roey in *Ephemerides Theologicae Lovanienses*, 58 (1982), 201-202 and 71 (1995), 277-280.

(78) *Clavis Patrum Graecorum. Supplementum,* cura et studio M. Geerard et J. Noret, adiuvantibus F. Glorie et J. Desmet, Corpus Christianorum (Turnhout: Brepols, 1998).

have been preserved in Latin (alongside a smaller collection in Catalan). The critical edition of the complete Corpus Lullianum Latinum is the main purpose of the Raimundus-Lullus-Institut, which was founded by F. Stegmüller in 1957 at the Albert-Ludwigs-Universität in Freiburg im Breisgau. As a result of the activity of this Institute, five volumes of the *Opera Omnia* were published at Palma de Mallorca in relatively quick succession between 1959 and 1967. ([79]) After an interval in the publication of new volumes, the *Raimundi Lulli Opera Latina* were incorporated into the *CM* in 1978 as a distinctive subseries. Since then, almost every year a volume has been published and the editors anticipate that, for the time being, they will be able to maintain this pace.

In 1981, another external research project was similarly brought under the aegis of the *CC*, when a fourth major series was added: the *Series Apocryphorum*. The main aim of this series is the publication of the Christian apocryphal writings. Essentially, these include writings which are usually called the apocrypha of the New Testament, but the series also embraces editions of pseudepigraphs and other texts in which the main subject is a character from the Scriptures. The series is edited by members of the Association pour l'Etude de la Littérature Apocryphe (AELAC), an organisation based at the Université de Lausanne (Switzerland) and supported by the Universities of Paris and Geneva. ([80]) In 1981, an agreement was signed with Brepols and the *CC* and, all in all, one can say that the idea of initiating this series has proven to be most felicitous. First of all, it involved texts which, while worthy of inclusion within a Corpus of Early Christian litera-

---

(79) Vol. I (opera 213-239): J. Stöhr (ed.), *Opera messanensia anno 1313 composita* (Palma de Mallorca, 1959); Vol. II (op. 240-250; 251-280): J. Stöhr (ed.), *Opera messanensia; Opera tuniciana annis 1314-1315 composita* (Palma de Mallorca, 1960); Vol. III (op. 118): A. Soria Flores (ed.), *Liber de praedicatione. Dist. I - Dist. IIA (1304)* (Palma de Mallorca, 1961) and *Dist. IIB: Centum sermones* (Palma de Mallorca, 1963); Vol. V (op. 154-155): H. Riedlinger (ed.), *Parisiis anno 1309 composita* (Palma de Mallorca, 1967).

(80) See the yearly 'Bulletin de l'AELAC' (no. 12 in 2002) and the website of the AELAC at http://www.unil.ch/aelac/.

ture, did not fit easily in any of the existing series because of their multilingual and intricate transmission. Secondly, the specific character of these texts also made the creation of a separate series preferable. The start of a new subseries, moreover, also made it possible to follow a method of organisation which differed from those used in other existing series. The *SA* arranges its material in 'dossiers', providing, in each volume, all the writings which contribute directly or indirectly to our knowledge of an apocryphal text. An extensive introduction and commentary are also incorporated, as well as translations in a modern international language.

While this series had been formally initiated in 1981, the first volume, an edition of the *Acta Iohannis* by É. Junod and J.-D. Kaestli, was published in 1983. Since then, fourteen sturdy volumes have been produced, among them the *Acta Andreae* by J.-M. Prieur (1989), the *Ascensio Isaiae* by Norelli et alii (1995), the *Acta Philippi* by Bovon and Amsler (1999) and the first volume of the *Apocrypha Hiberniae*, edited by a large multidisciplinary team (2001-2002). Besides the *SA* proper, a series of *Instrumenta* is also being developed. This includes claves to the apocrypha of both the New Testament and the Old Testament, compiled by M. Geerard and J.-C. Van Haelewyck, respectively. ([81]) Recently, a series of concordances was launched with the volume on the *Acta Philippi.* ([82]) Other studies, collections of data and auxiliary research are also intended for inclusion within this series of *Instrumenta* for the *SA*. A journal, *Apocrypha*, now in its thirteenth year, also forms part of the *SA* project. The AELAC makes every effort possible to make this apocryphal literature available to a wider lay readership, by offering (French) translations, introductions and commentaries in the multi-volume 'Collection de poche *Apocryphes*', with

---

(81) M. Geerard, *Clavis Apocryphorum Novi Testamenti*, Corpus Christianorum. Series apocryphorum, 1992; J.-C. Haelewyck, *Clavis Apocryphorum Veteris Testamenti* (Corpus Christianorum. Series apocryphorum, 1998.

(82) F. Amsler and A. Frey, *Concordantia Actorum Philippi*, (Turnhout; Brepols, 2002).

a similar presentation also appearing in a volume of the *Pléiade* series. ([83]) Overall, it must be acknowledged that within the space of twenty years, the AELAC has already realised many of the original aims of the project, and the increasing number of scholars attracted to the apocrypha may be taken as a guarantee that this research concentration will continue to flourish. From the point of view of the *CC* this means that a considerable part of the corpus of early Christian literature, which remained, at first, completely outside the scope of the *CC*, is now firmly integrated, an integration which should prove to be beneficial for *SA*, *SL*, *SG* and *CM* alike.

In the eighties, the series of the *CC* became a ready host for several subseries. The first example can be seen in the *Series Graeca*, which hosts the *Corpus Nazianzenum*. The primary goal of this research project, based at the Université Catholique de Louvain-la-Neuve (Belgium), is the publication of an edition of the Greek text of the *Orationes* of Gregory of Nazianze, followed by the Oriental versions of this text (Syriac, Coptic, Armenian, Arabic, Ethiopian, Slavonic). In addition to editing the different version of the Orationes, the volume editors also provide detailed indications in the footnotes of where the Oriental text differs from the Greek. Editions of various ancient commentaries on Gregory's writings and their Oriental versions (for example, the Greek text and the Georgian version of Pseudo-Nonnus' Commentaries on four Orations), as well as occasional publications ([84]) or volumes of collected studies pertinent to the edition project (*Studia Nazianzenica*) are also included in the *Corpus Nazianzenum*. In 1988, the first volume appeared, and, fifteen years later, the series has reached its sixteenth. No doubt the editions in the *Corpus Nazianzenum* constitute an immense enrichment for the *CC*, and they

---

(83) F. Bovon and P. Geoltrain (comp.), *Écrits apocryphes chrétiens I*, Bibliothèque de la Pléiade, 442 (Paris: Gallimard, 1997).

(84) For example, the very first volume: B. Coulie (ed.), *Versiones orientales, repertorium ibericum et studia ad editiones curandas* Corpus Christianorum. Corpus Nazianzenum, 1; Corpus Christianorum. Series Graeca, 20 (Turnhout; Brepols, 1988).

now form an integral part of the latter: not only do they contribute to our knowledge of the transmission of Gregory's *Orationes* and to the 'definitive' edition of their Greek text, but they also serve as a splendid document which demonstrates the diffusion and assimilation of texts and ideas in the various spheres of the Christian Orient.

At about the same time as the incorporation of the *Corpus Nazianzenum* in the *SG*, the *SL* came to host the *Scriptores Celtigenae*. The purpose of this subseries is to publish a corpus of all the exegetical and homiletical texts of Irish origin or connected to Ireland, dating from the period between 650 and 800 AD. Interest in these texts originated from a seminal essay by B. Bischoff in *Sacris Erudiri* of 1954, ([85]) and was continued during the sixties and the seventies in the work of R. McNally. ([86]) Eventually, these proposals culminated in the agreement between the Irish Biblical Association and the Royal Irish Academy to edit these texts systematically in one collection. In 1987 the *CC* agreed to include the *Scriptores Celtigenae* as a subseries and, to date, four volumes have been published: two in the *Series Latina* and two more in the *Continuatio Mediaeualis*. ([87]) This enterprise is also the flagship of current Hiberno-Latin studies. ([88])

---

(85) B. Bischoff, 'Wendepunkte in der Geschichte der lateinischen Exegese des Frühmittelalters,' in *Sacris Erudiri*, 6 (1954), 191-281; revised edition in his *Mittelalterliche Studien. Ausgewählte Aufsätze zur Schriftkunde und Literaturgeschichte*, vol. 1 (Stuttgart: Hiersemann, 1966), pp. 205-273.

(86) Most notably R.E. McNally and J.F. Kelly (eds.), *Scriptores Hiberniae minores*, Corpus Christianorum. Series Latina, 108 B-C (Turnhout: Brepols, 1973-1974).

(87) J. Carracedo Fraga (ed.), *Liber de ortu et obitu patriarcharum*, Corpus Christianorum. Series Latina, 108E; Scriptores Celtigenae, 1 (Turnhout: Brepols, 1996); M. Cahill (ed.), *Expositio euangelii secundum Marcum*, Corpus Christianorum. Series Latina, 82; Scriptores Celtigenae, 2, (Turnhout: Brepols, 1997); G. MacGinty (ed.), *Inter Pauca problemata de enigmatibus ex tomis canonicis nunc prompta sunt praefatio et libri de Pentateucho Moysi*, Corpus Christianorum. Continuatio Mediaeualis, 173; Scriptores Celtigenae, 3 (Turnhout: Brepols, 2000); L.T. Martin (ed.), *Homiliarium Veronense*, Corpus Christianorum. Continuatio Mediaeualis, 186; Scriptores Celtigenae, 4 (Turnhout: Brepols, 2000).

Other subseries worthy of note here and incorporated within the *Continuatio Medieualis*, are the almost completed *Opera Omnia* of Jan Van Ruusbroec, the Brabantine mystic, and the recently launched edition of the writings of Geert Grote (Gerardus Magnus). There is also the subseries of the *Autographa Medii Aevi*, featuring facsimile-editions of manuscripts, with detailed analyses of the medieval script. Finally, the series *Hagiographies* also forms part of the *CM*. This is a collective work, which aims to present a general history of the narrative hagiographical literature from its origins down to the Council of Trente. Three volumes have been published to date.

6. Looking Towards the Future

The nineties were a period of consolidation and stabilisation. Promising subseries such as the *Autographa Medii Aevi* and the *Opera* of Gerardus Magnus were started, but, unlike the decades before, no new major series was launched. This provided some breathing space during which to pose the question: what about the future of the *Corpus Christianorum*? Which direction to follow? What areas should receive primary attention? What would be encouraged, what belongs to our 'province' and what doesn't? There was also the looming issue of what was going to happen when Eligius Dekkers was no longer around. Dekkers himself felt the weight of this last question. During the 1990s, he was gradually realising that due to the physical handicaps of his age he could no longer marshal the energy necessary to direct the *CC* as he had in the past. This forced him to consider how to hand over his legacy to the next generation, a transition he tackled with characteristic purposefulness. During the first years of the 1990s, he

_____

(88) A brief, inviting introduction to the difficulties and possibilities of Hiberno-Latin studies today, is offered in M. Herren, 'The Training of the Hiberno-Latinist', in J. Petruccione (ed.), *Nova et Vetera: Patristic Studies in Honor of Thomas Patrick Halton* (Washington DC: Catholic University of America Press, 1998).

had already been assisted in the direction of the *CC* by L. De Coninck (K.U. Leuven/KULAK) and L. Van Acker (University of Ghent). The latter, however, had passed away unexpectedly in 1995. With Maurits Sabbe, a Louvain Professor of New Testament Studies, as intermediary, Dekkers managed to persuade Professor Fernand Bossier to become his successor. Bossier, thanks to his contributions to, *inter alia*, the *Aristoteles Latinus*, was a skilled philologist and specialist in the critical edition of Medieval Latin texts, and had retired from his academic positions in Antwerp and Leuven. He agreed to become involved in the *Corpus Christianorum* and took up his commission for a period of five years in 1997 (renewed in 2002). Bossier knew that scientific research on such a scale could only be achieved through team-work: he formed a Scientific Committee, composed of academics from all the Flemish Universities, and named Paul Tombeur (UCL) as the director of the Cetedoc arm of the project. ([89]) From 1998 onwards, this organisation worked smoothly and when Dekkers passed away on 15 December, 1998, he knew he had not only founded and developed an important and internationally recognised scholarly enterprise, but that it had also been passed on successfully to future generations.

In recent years, the Scientific Committee has largely maintained Dekkers' original direction in the ongoing development of the *CC*, meaning that it is and will remain, in the first instance, a philological enterprise, aimed at making the treasures of the Christian Late Antique and Medieval past more accessible. ([90]) This is also reflected in

---

(89) Today, the members of the Scientific Committee are R. Beyers, G. Declercq, L. De Coninck, J. Goossens, M. Lamberigts, P. Tombeur, M. Van Uytfanghe, P. Verdeyen and A. Derolez.

(90) Of course this does not preclude that monographs primarily dealing with the *content* of texts are published as well, as has been done in some recent volumes of *Instrumenta Patristica et Mediaevalia* (IPM): J. Borsje, *From Chaos to Enemy: Encounters with Monsters in Early Irish Texts: an Investigation Related to the Process of Christianization and the Concept of Evil* (IP, 29), 1996; M. Conti, *The Life and Works of Potamius of Lisbon. A Biographical and Literary Study with English Translation and a Complete Commentary on the Extant*

the new subtitle of *Sacris Erudiri*, which was changed from 'Jaarboek voor godsdienstwetenschappen' into 'A Journal on the Inheritance of Early and Medieval Christianity'. In the text-editions it offers, the *CC* will continue to aim at the highest standards, ensuring that each edition, as well as offering a reliable text, will also document its transmission. The creation and compilation of various electronic tools, which integrate material from the *CC* and also enrich this with material external to the collection, will also continue under direction of Paul Tombeur. Furthermore, the *CC* is pleased to continue the various existing series and subseries, as administered in Steenbrugge and elsewhere. It will keep offering publication possibilities in *Sacris Erudiri* and *Instrumenta Patristica et Medieualia* without restriction as to the topic. New offerings for publication projects, individual editions or even proposals for a possible subseries within an existing series, will be welcomed with enthusiasm and reviewed critically.

In addition to continuing the existing projects and with the prospect of incorporating new ones, the question should also be asked as to whether there are any new challenges yet to be addressed by a collective enterprise like the *Corpus Christianorum*. I mention two examples which are linked to the early history of the enterprise but which, so far, have failed to be realized. The first concerns translations. Though this was explicitly proposed by Dekkers when he initiated the project, ([91]) only in a few rare cases has the Corpus published texts accompanied by a translation in a modern language on the facing page. ([92]) In view of the diminishing knowledge of classical lan-

---

Works (IP, 32), 1998; T. O'Loughlin, *Teachers and Code-breakers: the Latin Genesis Tradition, 430-800* (IP, 35), 1998; L.H. Westra, *The Apostles' Creed: Origin, History, and Some Early Commentaries* (IPM 43), 2002.

(91) See *A Proposed New Edition*, 412-413.

(92) Such exceptions are *SL* 69A (Potamius), 113 (Isidorus), 133-133A (Aenigmata), the *Opera Omnia* of Ruusbroec (original Middledutch accompanied by the Latin translation of Surius (1552) and a translation in modern English) as well as some volumes in the *Series Graeca* (e.g. vols. 29, 32 and 35, containing the *Tractatus contra Damianum* of Petrus Callinicus).

guages, it might be worthwhile to reconsider this policy as adopted in practice thus far. Indeed, the point could be made that including translations in the *CC* is perfectly in line with its basic mission, i.e. fostering the study of the Church Fathers.

A second interesting focus could be that of ancient *versiones*. Dom Dekkers has already pointed to this field of study in an article in one of the first issues of *Sacris Erudiri*. ([93]) Some of the volumes published within the *CC* offer important material in this regard. The *Series Graeca*, in particular, comes to mind here, because this series is often not only presenting the Greek original but also its ancient and medieval translations. Besides the volumes of the subseries of the *Corpus Nazianzenum*, which presents the Oriental versions of Gregory's works, one can also refer, in this regard, to several volumes devoted to the works of Maximus the Confessor. In the edition of his *Quaestiones ad Thalassium* (*SG* 7 and 22) the Greek text is accompanied by the Latin translation of John Scotus Eriugena. The *Series Graeca* also includes the Latin translation of the *Ambigua ad Ioannem* (*SG* 18), the Latin translation by Anastasius Bibliothecarius which illustrates the life of Maximus (*SG* 39), and two Latin translations of the *Liber Asceticus* (*SG* 40). These are but a few examples of materials within the *Corpus Christianorum* which show the vital importance of studying the transmission of texts and ideas between East and West. Continuing and increasing these efforts to offer bilingual editions–if possible, in collaboration with other enterprises engaged in the preparation of text-editions–can not only foster the study of their transmission but might also encourage the study of the process of translation and of the distribution of texts in Late Antiquity and the Middle Ages.

I would like to end this survey covering fifty years of *Corpus Christianorum*, in the same way that Eligius Dekkers ended his programmatic essays on the *Series Latina* and the *Continuatio Mediaeualis*: with a call for cooperation. Over the past five decades, the *Corpus Christia-*

---

(93) E. Dekkers, 'Les traductions grecques des écrits patristiques latins', in *Sacris Erudiri*, 5 (1953), 193-233.

norum developed into what it is now, thanks to hundreds of collaborators from all over the world. They offered the results of their scholarly endeavours for inclusion in the series of the Corpus and thus drove it forward. They have always presented us with new ideas and projects. They deserve thanks for their trust and collaboration. Looking towards the future, I wish to express the hope that this dynamic collaborative effort may be continued and strengthened. The Scientific Committee and all scholars attached to the *CC* will do their utmost best and invest all their expertise to ensure the flourishing of the *CC*. In the end, though, it all depends on the collaboration of the international scholarly community. Without this, the *CC* would again become what it initially was: a group scholars working in an abbey on text-editions of the Fathers. All, therefore, are warmly invited to come forward with their various contributions to the basic mission of the *Corpus Christianorum* and of patristic and medieval scholarship in general: editing the Fathers, understanding the Fathers, learning from the Fathers but, above all, enjoying the Fathers.

Johan Leemans

Postdoctoral Fellow of the FSR-F
Faculty of Theology
K.U. Leuven

collectionum
descriptio

CORPVS CHRISTIANORVM   *SERIES LATINA*

R ight at the start of the enterprise, Father E. Dekkers cherished the idea of a *Corpus Christianorum* which would really constitute a new "Library of Church Fathers" in the widest possible sense. His first initiatives, however, were limited to the creation of a new collection of Latin Church Fathers: an obvious and almost natural orientation for Dekkers, whose interest in the Latin Fathers, sparked during his years of education, dominated his later research. They formed the touch-stones of his liturgical and theological ideas and nourished, among other things, the spiritual life of the Benedictine community where he resided.

In the early stages of his project, Dekkers had estimated the extent of the new Latin collection to be 120 in-octavo volumes of approximately 600 pages each; to be published over a period of ten years. An ambitious endeavour certainly, but, in his eyes, a justifiable one in view of the editorial strategy he set out to follow. Three different kinds of publications would ensure a rapid expansion of the collection. First of all, the series would include new critical editions. In this respect, there were encouraging developments: within the year after the publication of the *Clauis Patrum Latinorum*, Dekkers could present a list of some seventy collaborators, many of whom had announced to him the imminent completion of new critical editions. Secondly, the collection needed to be enriched with re-editions of recently-published critical editions. This was especially urgent with regard to editions of important authors which were out of print or had been destroyed during the war. Dekkers was also very much aware that the new series would not enjoy either solid development or rapid expansion without a number of re-editions of the famous *Corpus Scriptorum Ecclesiasticorum Latinorum*. So, well before the launch of his project, he assured himself of the Viennese editors' consent to use their editions, conditional to a separate agreement for each re-edition. Finally, the series would also comprise duly revised editions, based on the exhaustive collation of several manuscripts, whose authority had been demonstrated by recent research, mentioned in the *Clauis*. The *Clauis*, in fact, would assume the role of vademecum to the entire enterprise. Its elaboration had forced Dekkers to make a more realistic estimate of the number of volumes to be published: 180 in-octavo volumes of 600 to 800 pages each. All in all, the project to publish a new 'corpus' of Latin Church Fathers seemed to have a realistic chance of succeeding, if not within the determined time-limit, then at least within a period of time similar to the twenty years it took J.-P. Migne to publish his *Patrologia latina* (although this covered a much longer period, down to the thirteenth century).

The *Series Latina* (= *SL*), now celebrating its fiftieth anniversary, is composed of about 175 volumes. Does this mean that this achievement is in line with its aims and that the series is approaching its completion, if not after ten or twenty years, then perhaps after half a century? An analysis of the figures paints a completely different picture. For a number of reasons, more than thirty editions of the 175 listed in the *Conspectus totius collectionis*, have brought about the publication of two, three and even more volumes. On the other hand, some eighty numbers are still "open"; consequently, several authors – even prominent ones, such as Ambrose, Boetius or Isidore – are today still poorly represented, while an enumeration of all those authors who are completely absent would be tedious. And what to say about the very restricted number of editions of those texts which document the Church government and organisation, the definition of the faith, the authority of the regional and general councils, the liturgy, hagiography – in brief, the texts enumerated in the chapters V to XIV of the *CPL*? How to evaluate the discrepancy between the initial concept of a project, launched and sustained with such conviction, not to say obstinacy, and the apparently modest actual results? And how to assert, on the other hand, that despite not having lived up to its initial promise of a rapid completion, the *SL* has earned the right to be listed among those great patristic collections?

If there has been a discrepancy between the initial plans and the achievement after fifty years of work, it is not because the dedication or editorial assiduity of the project's founder flagged under the multiple anxieties caused by the enterprise. Always in search of new collaborators, contributing his encouragement and advice to each publication in progress, insisting on prompt completion, Dekkers deployed a remarkable vitality and dedication, even up to an advanced age. Nor did he ever lack devoted collaborators, among them his *confratres* at the Abbey of Steenbrugge, who took care of the thankless tasks, undertaking preparatory or additional research, or the meticulous collation in view of a re-edition or a new critical edition. With regard to production and distribution, Dekkers enjoyed an uninterrupted cooperation with Brepols Publishers.

But alongside these advantages, circumstances inevitably arose which impeded progress towards the deadline Dekkers had set for the project. In particular, the conceptual and scientific demands, which have assumed increasing importance in the scholarly world, hindered a rapid completion of the *SL* and have, in the long run, necessitated important adjustments to the editorial strategy. In the middle of the nineteenth century, scholars considered themselves lucky to have access in a *Cursus Completus*, to "a reprint based on the most meticulous editions, compared with one another and collated with some manuscripts, all annotated with the utmost care". In the fifties and sixties of the twentieth century, such editions were no longer well received by the critics. The systematic compilation of inventories for manuscript collections and archives and the publication of catalogues had created a pressing need to confront edited texts with recently discovered documents. Furthermore, the progressive refinement of the art of critical editing, as practiced in the great series of profane and ecclesiastical authors, had opened up a much wider prospect for patristic research. From this period onwards, scholars expected to find in an edition not only the most reliable text, based on the most valuable witnesses according to the study of the tradition, but also information about this textual tradition. In light of this, earlier revised editions based on only a few manuscripts, whether they be ancient or completely trustworthy, were no longer meeting the expectations of researchers. What these kinds of editions lacked, was a substantial critical tool, which allowed scholars to confront the established text with the tradition, and which presented a faithful, systematic and well organised reflection of the text's best witnesses.

There can be no doubt that the young Dekkers was very enthusiastic about what these thoroughly critical editions had already contributed and what they were going to contribute in the future to patristic studies. When launching the project of a new *CC*, he was utterly convinced that, in the long run, the reputation of the *Corpus* could only be established on the basis of new, thoroughly critical editions: only these would grant the series the right to be listed among the great collections of Church Fathers. At the same time, it seems he wanted to guard against the slow progress inherent to the preparation of thoroughly critical editions: would not such meticulous preparations risk depriving researchers, for longer than necessary, of the results of the past one hundred years of research? For, in the period between the publication of the *PL* and the 1950s — as everybody in the field knows — the reorientation in the study of the Latin Church Fathers had accelerated under the impetus of some of the greatest Benedictine scholars, such as A. Wilmart, G. Morin and C. Lambot. Since 1866, those responsible for the famous Vienna corpus had been urging a resolutely critical methodology, but Dekkers could not but notice that, eighty years later, the series failed to remedy a number of deficiencies, some of them quite obvious. One can understand, then, that he wished to proceed more quickly and that he wanted to counteract the slow progress of publication with a strategy of publishing re-editions of existing critical editions. Indeed, one of the major goals of his project was to create a *CC* where certain re-editions, those considered most appropriate or necessary, would find a home. Moreover, in the years following the war, there were numerous opportunities to reprint excellent editions. In this way, the *SL* could be enriched with several highly desirable volumes. Already in the very first volumes of the series, the works of Tertullian (*SL* 1 and 2, 1954), Dekkers was very willing to combine new editions with re-editions, such as those of *De anima*, edited in 1947 by J.H. Waszink, *Ad nationes*, edited in 1929 and revised by J.W.P. Borleffs, and several short treatises edited by A. Kroymann (*CSEL* 70, 1942). Several other re-editions were immediately called for: Caesarius of Arles' *Sermones*, based on the edition by G. Morin, published in 1937 but almost completely destroyed during the war (*SL* 103-104, 1953); Augustine's *De ciuitate Dei*, based on the slightly revised edition by D. Dombart and A. Kalb, published in 1928/9 in the Bibliotheca Teubneriana, but destroyed during the war (*SL* 47-48, 1955); a whole series of exegetical works by Jerome: *Hebraicae quaestiones in libro Geneseos* and *Liber interpretationis hebraicorum nominum* based on the edition of P. de Lagarde (1868 and *1882²), the *Commentarioli in psalmos* based on G. Morin's edition (1895) (*SL* 72, 1959); *Tractatus siue homiliae in psalmos*, based on the editions by Morin (1897 et 1903) and B. Capelle (1924) (*SL* 78, 1958); *In Hieremiam prophetam libri vi*, based on the edition by S. Reiter which was published in the *CSEL* in 1913 (*SL* 74, 1961). Other re-editions, containing historical or hagiographical texts, were based on the *MGH* edition, such as in volume *SL* 117 (1957), where they completed an otherwise new edition. A similar case is *SL* 175 (1961), consisting of itineraries, such as the famous *Itinerarium Egeriae* and other geographical works. This entire volume was realised by reprinting the critical editions of the *CSEL* or earlier editions revised by J. Fraipont or F. Glorie.

The publication dates indicate the importance of these re-editions in the initial make-up of the *SL*. Dekkers, in the meantime, kept a close eye on the work to ensure that his series would not end up being just a set of mere re-editions. Not that he was hesitant about incorporating critical editions that had already been published elsewhere. He accepted the re-edition of some of Augustine's philosophical works based on W.A. Green's edition (*SL* 29, 1970), and in 1983 he was more than happy to re-edit some exegetical work by the Venerable Bede (*SL* 121), published a short time before by M. Laistner, in order to complete his new edition of the *Opera exegetica* edited by Ch.W. Jones, D. Hurst and J.E. Hudson (*SL* 118A, 119, 119A, 119B,

120, 121, 1960-1983). The most recent of the re-editions, and a project particularly dear to Father Dekkers' heart, is the edition of Ambrosius' *De officiis*, derived from the edition by M. Testard in the Collection des Universités de France (1984-1992). It was published after the death of the founder (*SL* 15, 2000) and should not be considered a mere reprint. Even if the text underwent only the minimum of corrections, it had no less than six apparatus. The critical apparatus had been enlarged by a partial contribution of two manuscripts; the introduction had been completely rewritten and adapted to the conventions of the *CC* and translated into English. But as a rule, such re-editions, even when enriched with new material, have become the exception. Indeed, taking into consideration the volumes which have been published since the sixties, one can note a clear if not wholly conscious evolution in the production of reprints: as the promised critical editions appeared, Father Dekkers put the publication of re-editions on the backburner, albeit without completely abandoning the practice.

Dekkers also employed another strategy aimed at releasing the results of the most recent research more quickly whilst simultaneously countering the slow process of publishing entirely new critical editions. This was to prepare revised and duly corrected editions, based on carefully selected and sound manuscripts. Dekkers personally participated in the revision of certain works by Tertullian (*SL* 1-2, 1954) and of the very long *"Enarrationes" in Psalmos* by Augustine (*SL* 38-40, 1956). Meanwhile, he succeeded in attracting J. Fraipont, R. Willems, Fr. Glorie and M. Adriaen as collaborators for projects entailing the revision of other important and often very voluminous treatises. From this cooperative enterprise resulted the edition, between 1954 and 1971, of several exegetical works by Augustine (*SL* 33, 36, 38-40), Ambrosius (*SL* 14), Jerome (*SL* 73, 73A, 75, 75A, 76, 76A, 77), Cassiodorus (*SL* 97-98), Gregory the Great (*SL* 142), to be followed later by the edition of the latter's monumental *Moralia in Job* (*SL* 143, 143A, 143B, 1979/85). These editions filled some real lacunae: of the aforementioned treatises no recent editions existed, with the exception of the *Quaestionum in Heptateuchum libri VII* and the *Locutionum in Heptateuchum libri VII* (cf. *SL* 33), edited by J. Zycha (*CSEL*, 28, 1 & 2, 1894) — an edition that was subject to severe criticism. During the 1960s and 1970s, revised editions of the works and sermons by Fulgentius of Ruspe (*SL* 91, 91A&B, 1968), Eusebius the Gallican (*SL* 101, 101A&B, 1971), and Dionysius Exiguus and his contemporaries (*SL* 85, 85A, 1972/1978) were also published.

Nobody can deny the usefulness of these publications: generally provided with a very succinct introduction which highlighted the results of recent research and presented a list of the main witnesses, they provided scholars with a more authentic text or, at least, a better documented one, based on the collations of several good manuscripts. As to the objective of the whole enterprise, this series of revised editions, was added to the series of re-editions; together they ensured a tangible development of the *SL* and contributed to its reputation as a viable collection. However, as timely as they were, these revised editions did not quite aspire to contemporary standards and several among them do not stand up very well to a critical analysis. Dekkers, sensitive to the less favourable reactions, surreptitiously barred them from his editorial strategy and, indeed, one notices that, by the end of the 1970s, such editions became increasingly rare.

Entirely conscious of the fact that, in the long run, the *SL* would only garner appreciation by publishing new editions which could meet the new standards of textual criticism, Dekkers started to look for specialists who were willing to assume the heavy burden of preparing an edition. A reading of the second edition of the *Clauis* (1961) reveals his impressive knowledge of current editing projects, not only with regard to the *CC*, but also to the *CSEL* and the *Sources Chrétiennes*. The formula "noua editio paratur a" is repeated as a continuous refrain. At the publication of the third edition, the same exercise demonstrates the large number of projects that, after a period of more than thirty years, still wait to be realised. Undoubtedly, Dekkers shared the experience of many directors of scientific enterprises: being dependent on specialists with many demands on their time, resulted in simultaneously shouldering the burden of idle promises, involuntary delays, cancellations and so on. This is not to say, however, that Dekkers was not fortunate in being able to rely on the friendship and loyalty of several eminent scholars or that he didn't experience the joy of being able to include in the *CC* several editions of the highest quality.

The framework of this article does not allow us to present a complete and detailed survey of the result of fifty years of *SL*, however deep our gratitude towards all those who contributed to it. Nevertheless, we can at least consider several major sections of this jubilee *SL*.

The life of the Church in Africa has always fascinated scholars and remains a very attractive field of research, where much terrain is yet to be explored. The complete works by Tertullian of Carthage were the first to be published in the *SL* and it is well-known in what energetic manner Dekkers co-ordinated the contributions of various scholars to that volume in order to get it published (*SL* 1 & 2, 1954). Several years later, he was able to rejoice in the edition of the almost complete *opera omnia* of Cyprian (R. Weber & M. Bévenot; M. Simonetti and C. Moreschini; SL 3, 3A, 1972/1976) and, some years later still, the edition of the *Epistulae* by G.F. Diercks (*SL* 3B & C, 1994/1996). Before embarking on Cyprian's correspondence, G.F. Diercks had already been introduced to the Carthaginian bishop's works when he was editing the extant writings of Novatian (*SL* 4, 1972). Towards the end of the third century, this very erudite and eloquent Roman priest was one of Cyprian's correspondents. Later they had a serious falling out. Novatian was opposed to the newly-elected Bishop of Rome's religious politics and became anti-papal. Being a rigorist, he even denied the Church's power to forgive and re-instate apostates. His minor treatises — in fact, pastoral letters to his disciples — as well as his treatise on the Trinity, show quite clearly that he was influenced by Tertullian.

From the fourth to the seventh century, the African Church produced an impressive amount of biblical commentaries, sermons, apologetical treatises, and other works, which continue to attract scholarly attention. Unfortunately, not all of this research led to editions which might mark a significant step forward and serve as a foundation for subsequent studies. Thus, a project by the Swedish scholar S. Blomgren did not result in a successful outcome. He had written a study on the double redaction of the treatise *Contra Parmenianum Donatistam* by Optatus of Milevis and had committed himself to its publication. The addendum to this treatise contains a collection of documents relating to the history of the Donatists and is considered a major source for the history of the Church in Africa at the end of the fourth century.

Moreover, such research projects were not without difficulties, setbacks and delicate discussions on authenticity. Indeed, a fair number of documents (dogmatic, exegetic, apologetic works and sermons) originating from the fourth to seventh centuries have been drowned in the massive 'corpus augustinianum', with the result that modern criticism has rejected, classified and labelled them as 'spuria'. Bringing them back to life — restoring them as documents of scholarly interest — has been made possible through making them more accessible in modern editions, such as the *Florilegia Biblica Africana saec. V.* (B. Schwank, D. De Bruyne & J. Fraipont; *SL* 90, 1961). By the same means, several sermons attributed to Augustine, as well as a work on the promises and presages of God attributed to Prosper of Aquitania, have now been more accurately attributed by G. Morin to Quoduultdeus, an acquaintance of Augustine and bishop of Carthage. These works are now collected within a volume edited by R. Braun (*SL* 60, 1976).

These erroneous attributions demonstrate that Augustine occupies a singular position in the African Church. Little wonder, then, that his presence in the *SL* is also remarkable. Several critical editions have been added to the abovementioned re-editions and revised editions, a number of them replacing the texts of the Maurists or of the *PL*: *De sermone Domini in monte libri ii* and several other exegetical works (A. Mutzenbecher; *SL* 35, 1967; *SL* 44, 44A & B, 1970-1980), *De Trinitate* (W. Mountain & Fr. Glorie; *SL* 50, 50A, 1968) and certain apologetical treatises (Kl.-D. Daur; *SL* 49, 1985). Others replaced outdated critical editions, such as the *Retractationum libri ii* (A. Mutzenbecher; *SL* 57, 1984) or the *Confessiones* (J. Verheijen; *SL* 27, 1981). Still others – rather unfortunately perhaps – were published simultaneously with critical editions in another collection, such as *De doctrina christiana* and *De vera religione* (L. Martin, Kl.-D. Daur; *SL* 32, 1962). As for the heresies opposed by Augustine, the source-material included in the *SL* deserves to be highlighted: studies on the position of Pelagius and his disciples are indebted to the critical edition of the writings of Julianus of Aeclanum, including his translation of the *Expositio in Psalmos* by Theodore of Mopsuestia (L. De Coninck; *SL* 88, 88A, 1977). Similarly, the in-depth research on the debate between Maximinus and Augustine and the Veronese Arian collection gave R. Gryson the opportunity to enrich the *SL* with a volume entitled *Scripta Arriana latina I* (*SL* 87, 1982). To conclude this brief survey of authors from the African Church, I would add that the historical context of the life of the Church between 444 until 566 AD has been described extremely well in the recently published *Chronicon* by Victor of Tunnuna (C. Cardelle de Hartmann; *SL* 173A, 2002).

Among the christian authors of Roman Spain, Potamius, bishop of Lisbon, stands out for a latinity which is completely sui generis. Ardently committed to the struggle between Arian and Orthodox traditions, to which his *Epistula ad Athanasium* and a polemical treatise were devoted, he also left us some homilies. Throughout his writings he uses complicated and sometimes obscure images, a dense language and a theatrical style, to such an extent that the reader is indebted to the editor for having included an English translation along with the Latin text (M. Conti; *SL* 69A, 1999). Gregory of Elvira was an even more rigorous defender of the Nicene confession, as demonstrated in his treatise *De fide orthodoxa*. Nevertheless, his present reputation rests on the long lost, or erroneously attributed, sermons. A. Wilmart has attributed to him the *Tractatus v de epithalamio* as well as (on the basis of striking similarities) the *Tractatus xx Origenis de libris SS. Scripturarum*. These form an impressive series of sermons, which, from the moment of their discovery by P. Batiffol, have caused heated debates about their origin (Greek or Latin?) and about the identity of the preacher. On Wilmart's authority, the entire series, together with other works by Gregory, has been included in the edition by V. Bulhart and J. Fraipont (*SL* 69, 1967).

At the time when John, abbot of Biclarum, decided to continue the chronicle of Victor of Tunnuna until the year 589 AD (*SL* 173A), the Visigothic kings ruled Spain. In this period, it is certainly Isidore who dominates the scene. Yet the number of editions in the jubilee *SL* does not reflect the extent of his works nor his reputation. We only find the *De ecclesiasticis officiis*, a posthumous edition by Ch. Lawson (*SL* 113, 1989), the *Sententiarum libri iii* (P. Cazier; *SL* 111, 1998), the *Versus* (J.M. Sánchez Martín; *SL* 113A, 2000) and, most recently, the *Chronica* (J. Martin, *SL* 112, 2003). But it must also be conceded that, in general, Spanish authors from the same period are no better represented within the *SL*: the only ones to be mentioned are Julian of Toledo (whose *Opera I*, edited by J.N. Hillgarth, B. Bischoff & W. Levison, appeared in *SL* 115, 1976) and Paul, Deacon of Merida (whose *Vitas sanctorum Patrum Emeritensium* featured in *SL* 116, 1992). However, in order to render an accurate judgement based on the current state of scholarship, it is important to remember that, in the second half of the twentieth century, the 'corpus isidorianum' has been reduced in favour of the Irish literature. Many years before, C. H. Beeson had undertaken a systematic study of the Isidorian tradition. Inspired by his example, B. Bischoff retraced the diffusion of his works in Europe while J. Fontaine, M.C. Díaz y Díaz and Fr. Dolbeau, each in turn, made a critical analysis of the treatise incorporated into the body or the addendum of the edition by F. Arévalo (1797-1803 = *PL* 83). In doing so, they opened up an entirely new perspective. A few of the titles mentioned above have lost their Isidorian label to enrich the Irish Latin literature: *De ordine creaturarum*, *Liber numerorum* and *Quaestiones de veteri et nouo Testamento*. At the same time, other texts have joined this body of Irish literature as a result of the research begun by B. Bischoff in the fifties. A simple glance at the additions to the numbers 1121-1123 of the CPL[3] suffices to demonstrate the extent of the progress accomplished in this field. The *SL* has closely monitored this important reorientation: on the one hand it published *Scriptores Hiberniae minores I* et *II* (R.E. McNally & J.F. Kelly; *SL* 108B & C, 1974) and *Florilegium Frisingense* (A. Lehner; *SL* 108D, 1987); on the other, it hosts *Scriptores Celtigenae*, a series of publications launched by and under the patronage of the Royal Irish Academy and the Irish Biblical Association. In this series J. Carracedo Fraga edited the *Liber de ortu et obitu patriarcharum* (*SL* 108E, 1996), a text which, in the opinion of its editor, is distinctly different from Isodorus' homonymous work. With regard to the latter, Fr. Dolbeau was able to assess the degree of dependence on Greek originals as demonstrated through several Latin revisions. The anonymous author has, of course, modelled his opuscule on Isidorian works, but the revisions reveal several elements of Irish manufacture (and also that the opuscule was written around 780 AD, probably in Salzburg). Further notable editions within the same series are the edition of the *Expositio euangelii secundum Marcum* (M. Cahill; *SL* 82, 1997) and the *Liber questionum in euangeliis* (J. Rittmueller; *SL* 108F, 2003), a very extensive commentary on the Gospel according to Matthew.

All of these discoveries and publications showcase the importance of Irish treatises in the domain of liberal arts and exegesis during the development of the Anglo-Saxon world and, more broadly, of Western Europe. The level of culture in these Anglo-Saxon centres of learning and the very intensive trade in manuscripts has been recently and most eloquently expressed in the publication of the *Prosa de uirginitate* by Aldhelmus (Scott Gwara; *SL* 124, 124A, 2001). But, of course, it is the Venerable Bede who, more than other of his time and in a very diverse oeuvre, summarised all that contemporary science had to offer. Even excluding his historical works, his writings occupy an outstanding place in the *SL*. We have mentioned above the major-ity of his exegetical writings. A recent addition to this series is the thoroughly executed edition of his *Expositio Apocalypseos* (R. Gryson; *SL* 121A, 2002). The publication of his homiletical and poetical works dates back to the initial stage of the *SL* (*SL* 122, 1955), whereas his grammatical and didactic oeuvre and his works on cal-endars – the majority of which were edited by Ch.W. Jones – were published some twenty years later (*SL* 123A-C, 1975-1980).

The body of literature by Italian Christian authors from the fourth to the eighth century AD is very large and diverse. My survey of these volumes in the *SL* can only be selective. Regarding the works of Ambrosius, well represented in the *CSEL*, the contribution by the *SL* is rather modest. However, the *SL* provided patristic scholarship with several new editions of other fourth-century authors, some of which are felicitous replacements of the *PL* texts. The works of Luci-fer of Cagliari, passionate pamphlettist and intransigent attacker of the Arian faction, are an important source for our knowledge of the text of the *Vetus Latina* and of vulgar Latin; we can now read them in G.F. Diercks' edition (*SL* 8, 1978). The writings of Eusebius of Ver-celli, whose *De Trinitate* has caused a heated debate regarding its au-thenticity and primitive content, have been edited by V. Bulhart (*SL* 9, 1957). In the same volume, A. Hoste edited eighteen sermons (up until forty years ago, the only ones known to us) by Chromatius, bishop of Aquilea. Both Hieronymus and Rufinus thought very high-ly of him as a theologian. Based on their research on homiliaria, R. Étaix et L. Lemarié have been able to reconstruct two incredibly rich collections of sermons by Chromatius: *Sermones xliii* and *Tractatus lxi in euangelium Matthaei*. Later, they inserted the editio princeps of the recently discovered homilies in an entirely renewed edition of Chro-matius' complete homiletical oeuvre (*SL* 9A, 1977). As a result of some equally meticulous research, A. Mutzenbecher succeeded in iso-lating an ancient collection among the very muddled mass of sermons handed down under the name of Maximus of Turin. She published an edition containing 111 sermons, most of which can be attributed to

Maximus, who was bishop of Turin in the first quarter of the fifth century AD (*SL* 23, 1962). Two less extensive collections of homilies, also of a composite nature, are the foundation on which rests the reputation of Petrus Chrysologus, bishop of Ravenna in the middle of the fifth century AD. A. Olivar has devoted himself to the comparative study of these collections and has made a critical analysis of each sermon; thus he was able to present an annotated edition of the so-called 'collection of Felix', enriched with some errant sermons (*SL* 24, 24A-B, 1975-1982). The *In Canticum canticorum expositio* by Apponius probably dates from the same century. This work, very influential within its genre, was perhaps inspired by Origen's *Commentary* and has led to two abridgements. The *Expositio* and a dossier of related texts are now accessible thanks to the edition by B. de Vregille and L. Neyrand (*SL* 19, 1986). The activities of Pope Leo the Great also date from the middle of the fifth century AD. The new edition of his *Sermones* has replaced the text in the *PL* (A. Chavasse; *SL* 138, 138A, 1973). By contrast, the text of some works by Gregory already revised by the Maurists (1768-1776) has been replaced by critical editions: *Homiliae ii in Canticum canticorum* (P.-P. Verbraken; *SL* 144, 1963); *Registrum epistularum* (D. Norberg; *SL* 140, 140A, 1982) and the *Homiliae xl in Euangelia* (R. Étaix; *SL* 141, 1999). P.-P. Verbraken has also edited *In librum primum Regum expositionum libri vi*, which were transmitted under the name of Gregory the Great (*SL* 144, 1963). With regard to the question of authorship, the editor concurred with the opinion that the work was Gregorian in origin, but that it had been touched by another hand. A. de Vogüé has recently voiced some more serious doubts: in his opinion this work could contain some Gregorian material but, on the whole, dates from the twelfth century.

The first Christian author to emerge in Gaul is perhaps also the most important: Hilary, bishop of Poitiers. A determined opponent of the religious politics of the emperor Constantius, who favoured the Arian theology, he was exiled to Phrygia. There he learned Greek and studied the Greek Christian literature, such as the biblical commentaries of Origen. This enabled him to bring about within his theology a reconciliation between the eastern and western theologies. His fight against the Arian heresy has been magnificently expressed in a superb treatise, traditionally named *De Trinitate*: a work which, in the East, was considered very authoritative. P. Smulders' critical edition (*SL* 62, 62A, 1979/80) has provided us with easier access to the text and its tradition. Because of his very detailed research into the tradition and the sources of Hilary's *Tractatus super Psalmos*, J. Doignon assumed the preparation of the edition. Unfortunately, during the final preparations, he passed away unexpectedly, deprived of the joy of seeing the first volume published (*SL* 61, 1997). The notes he left behind enabled R. Demeulenaere to prepare the second volume (*SL* 61A, 2002). We hope that, one day, the third volume will be the crowning achievement of this very commendable publication.

Prosper of Aquitania was another important theologian in fifth century Gaul. The first stage of his literary activity took place in Marseilles in the first half of that century. As a friend of Augustine and staunch defender of his doctrine on predestination, he wrote several treatises refuting the semi-pelagian ideas which were circulating in Southern Gaul. To date, the best text of these treatises is still to be found in an edition dating from the beginning of the eighteenth century. Later in life, Prosper seems to have resided among the entourage of Pope Leo the Great. It is probably in Rome that he wrote *Expositio Psalmorum 100-150*, inspired by Augustine's *Enarrationes*, and his *Liber sententiarum ex operibus S. Augustini*, a very astute selection that encompassed the complete theology of his departed friend. We now have access to these two writings through the critical edition by P. Callens and M. Gastaldo (*SL* 68A, 1972). During the sixth and the seventh centuries the Church in Gaul was not renowned for its original authors, even if works by Caesarius of Arles, Gregorius of Tours and by the immigrant from the Northern of Italy, Venantius Fortunatus, have since been, for various reasons, influential and greatly appreciated. The compilation of quotations found a new representative in the person of the Defensor of Ligugé: the edition of his *Scintillarum liber* by H.M. Rochais was based on the re-edition of various texts and other documents dating from Merovingian times (*SL* 117, 1957).

Through the ages, the *Vulgate* and the biblical commentaries of Jerome have been a major preoccupation of the ecclesiastic Latin authors, guiding their understanding and explanation of the Bible. However, Jerome's sermons on the Scriptures, destined for the religious communities in which he lived, have known a much less secure transmission. As mentioned above, the *SL* published, during the first sixteen years of its existence, this portion of his oeuvre in the form of re-editions and revised editions. Much later, some critical editions of his polemical writings were added to the *SL*: the *Apologia aduersus libros Rufini* (P. Lardet; *SL* 79, 1982), the *Dialogus aduersus Pelagianos* (C. Moreschini; *SL* 80, 1990) and the *Altercatio Luciferiani et Orthodoxi* (A. Canellis; *SL* 79B, 2000).

Before embarking upon our survey of editions published in the *SL*, we emphasised that texts illustrating the life of the Church in its various aspects didn't seem to attract many editors. Yet, before concluding this summary, we wish to acknowledge those editors who have made a commendable contribution to this field.

First of all, we may consider the field of poetry and the publication of the metric verses of Commodianus, a convert who eschewed the dispute between gentiles and Jews (probably middle of the third century or maybe the fifth). His *Instructiones* are written in acrostics, or sometimes both in acrostics and telestics. The tone of the first book is polemical, that of the second is more parenethical. His *Carmen apologeticum* exhorts gentiles and Jews to be converted by retracing the history of salvation from the beginning to the advent of the millennium reign of Christ (J. Martin; *SL* 128, 1960). The same volume also contains the didactic poem *Alethia* by the Massillian poet Claudius Marius Victor, edited by P F. Hovingh. This partial, and currently incomplete, paraphrase of the book of Genesis is interspersed with large digressions and mythical scenes. Prudentius, a Spanish poet from the beginning of the fifth century, can be counted among the most influential of the Latin Christian poets. Among the *Carmina*, edited by M.P. Cunningham (*SL* 126, 1966), we can read his *Psychomachia*: the first ever allegorical didactic poem in Latin literature. Prudentius sang of the struggle between vice and virtue, and provided the Middle Ages with an almost inexhaustible theme for imitation and adaptation.

Among texts documenting the administration of the Church, the *SL* presents a beautiful collection of acts from the Councils of Gaul and Africa (C. Munier & C. de Clercq; *SL* 148, 148A, 149, 149A, 1963-1999). The series of penitential books, published under the direction of R. Kottje, today comprises the *Paenitentialia* from France, Italy and Spain (*SL* 156, 156A, 1994/1998). In the field of liturgy, of particular note are the three editions of the *Liber sacramentorum*: the *Gellonensis* (A. Dumas & J. Deshusses; *SL* 159, 159A, 1981), the *Augustodunensis* (O. Heiming; *SL* 159B, 1987) and the *Engolismensis* (P. Saint-Roch; *SL* 159C, 1987). To these one may also add the large collection of Orationes, Praefationes and Papal benedictions edited by E. Moeller, J.-M. Clément and B. Coppieters 't Wallant (*SL* 160 - 162C, 1971-2003).

Education was another key part of the life of the Church, with grammar as its foundation. Given their importance as the handbooks used by ecclesiastical authors, it is not superfluous to acquaint ourselves with treatises on orthography, morphology and syntax. The critical edition of some of these treatises, by B. Löfstedt, G.J. Gebauer and B. Bischoff (*SL* 133B-D, 1980-1993), have granted us easier access to an area which is too often ignored.

At the end of this summary, one particular point must be made. It appears that aspiring editors are, in general, less eager to edit a work of uncertain origins, texts that has been labelled "not authentic", or works by the hand of an author who lived in the shadow of the "greats". Nevertheless, such works (which may, in fact, be much older than was first thought) are certainly not without importance for our knowledge of the history of dogma, exegesis, and other issues.

Take, for example, the *Commentarii in librum Iob* by a presbyter Philippus, disciple of Jerome (*CPL* 643). This work which deals with the subject of a favourite book of the day and would, if published in a new edition, benefit from a thorough analysis of its different recensions and its contents. Similarly, with regard to some of Jerome's 'dubia' or 'spuria', preliminary research suggests that the true provenance of some of these may be in southern Gaul (*CPL* 627a, 629) or in Ireland (*CPL* 631, 632, 632a, 635a). Given the importance of this research and the possibilities it raises, it is only appropriate to thank those editors who were willing to devote time and effort to build the reputations of lesser-known authors such as 'Scriptores 'Illyrici minores' or Maxentius and Ioannes Tomitanus, edited by S. Gennaro and Fr. Glorie (*SL* 85, 85A, 1972, 1978).

* *
*

Every vital, healthy jubilarian looks towards to the future. It is what we, the members of the Scientific Committee, the commercial editors and the writers of *Corpus Christianorum*, are doing constantly. A simple glance over the current editing projects gives us much to hope for, and one could be tempted to offer some proof of it here. We will, however, refrain from compiling a list that aims to be exhaustive, though, in reality, will always be variable. It seems far more preferable at this point to salute all our collaborators in Europe, America and elsewhere, to express our deepest gratitude and admiration for the work they are accomplishing so generously, and to thank them for having entrusted their texts to the *Series Latina*. For our part, we can guarantee that we will devote to their projects all the attention and care they deserve; that we will not tarry to formulate, to the best of our ability, and to communicate our suggestions and comments with all the respect due to an editor; and we wish to assure all our collaborators that we will to continue this dialogue with the firm intention of creating well-organised publications, characterised by ex-

cellent presentation and, above all, scientific rigour. May our collaboration on those terms contribute to the future progress of the *SL*,

ad multos annos.*

Prof. em. Dr. Fernand Bossier
Director *Series Latina*

Series Latina: Sint-Pietersabdij Steenbrugge
Baron Ruzettelaan 435
8310 Brugge (Belgique)
tel. +32 50 359112; fax +32 50 371457
www.corpuschristianorum.org
corpuschr@brepols.net

---

* This article was originally composed in French.

CORPVS CHRISTIANORVM   *CONTINVATIO MEDIAEVALIS*

S i la continuité de la documentation n'est pas un réquisit absolu de la reconstruction historique, elle en constitue du moins la garantie la plus sûre; seule elle peut parer aux conjectures et spéculations inévitables qui viennent combler les lacunes. Et quelle aubaine pour l'historien qu'il trouve les pièces majeures de cette documentation réunies dans une seule collection! Sous ce rapport, le 'Cursus completus' des écrivains chrétiens, entrepris par l'abbé J.-P. Migne, peut être qualifié de génial; entre 1844 et 1855 il a constitué une *Patrologia Latina* couvrant en 217 volumes à peu près mille ans de littérature latine chrétienne de Tertullien à Innocent III. Depuis lors, la plupart des textes qui nous documentent sur la continuité, par exemple de l'interprétation de la Bible de Jérôme jusqu'à Raban Maur, se trouvent réunis dans une seule et même collection. Cette continuité, certes, ne se manifeste ni partout ni toujours avec une même vitalité; bien au contraire, les périodes dites de décadence se présentent plutôt comme des coupures. Au vi^e siècle la dégradation progressive des écoles publiques dans les anciennes provinces romaines a sans aucun doute entraîné un dépérissement des sciences et des techniques. N'oublions pas, cependant, qu'en Irlande, qui n'avait jamais été romaine, l'évangélisation avait introduit avec la Bible un enseignement qui assurait une continuité séléctive avec la littérature classique et se nourrissait avidement de la lecture des auteurs latins chrétiens. D'ailleurs, d'une manière générale, la foi chrétienne ne constituait-elle pas pour ainsi dire un élément de continuité tout naturel avec l'antiquité tardive? L'explication de la Bible et la sauvegarde de l'orthodoxie poussaient les dirigeants ecclésiastiques à s'instruire et à étudier les écrits d'Ambroise, de Jérôme, d'Augustin ou du moins les recueils de sentences instructives. N'est-il pas significatif que la tradition nous ait laissé une information sans lacune sur la vie et les œuvres d'Augustin? Et finalement, cette période de décadence des sciences et des techniques, n'a-t-elle pas été suivie d'une période où les érudits et les dirigeants religieux et politiques se sont intensément appliqués à rentrer en possession de tout ce qu'ils pouvaient encore récupérer de l'antiquité tardive?

Originairement E. Dekkers s'est proposé de limiter le *Corpus Christianorum* (= *CC*) à l'œuvre de Bède le Vénérable. Non qu'il n'ait pas reconnu toute la peine que les protagonistes de la renaissance carolingienne se sont donnée pour conserver les attaches avec la culture latine chrétienne des IVe et Ve siècles. De son propre aveu, il a longtemps hésité au sujet du terme final du *CC* ; l'impression domine que, spontanément, il n'ait même pas voulu descendre à une limite si avancée ; seule l'impossibilité de fixer un terme commun pour chacun des genres très divers l'a fait progresser jusqu'à l'aube de l'époque carolingienne. Apparemment, il regardait cette période comme un âge nettement nouveau, dont les auteurs, malgré la continuité réelle avec les auteurs de l'antiquité chrétienne, ne devaient plus être qualifiés de 'Patres'. D'ailleurs, suivre l'exemple de Migne et inclure dans une 'Patrologia' les auteurs chrétiens jusqu'à Innocent III, aurait excessivement alourdi la composition de la *Clauis Patrum Latinorum* et de cette sorte retardé un démarrage rapide de tout le projet. Tout porte donc à croire que ce sont des considérations d'ordre pratique qui, au moment de lancer le projet du *CC*, ont retenu E. Dekkers de franchir la limite de Bède. Pareillement, on peut penser que ce sont des circonstances opportunes, à savoir le fait que plusieurs éditions d'auteurs plus tardifs lui étaient offertes, qui l'ont incité à aborder le domaine de la continuité. En 1966, au moment où le *CC* comptait déjà 39 volumes et semblait solidement établi, il prit la décision de lancer une nouvelle série précisément sous le nom de '*Continuatio Mediaeualis*' (= *CM*). Par ricochet, les volumes apparus jusqu'à alors allaient constituer la *Series Latina* (= *SL*).

Un simple coup d'œil sur la *CM* telle qu'elle se présente aujourd'hui démontre aussitôt une organisation toute différente de celle de la *SL*. Dans celle-ci l'ordre sériel a été établi d'avance en raison des caractéristiques chronologiques, géographiques ou thématiques des ouvrages individuels, c'est-à-dire en pleine indépendance de la chronologie de la parution des volumes. En effet, la parution des volumes avait été précédée en 1951 par l'achèvement de la *Clauis,* qui constituait pour ainsi dire le vade-mecum de toute la série. Il s'ensuit que dans la *SL* chaque texte édité s'insère dans l'ordre préétabli des quelque 180 numéros prévus, et bien que le fractionnement de certains numéros – les numéros A, B etc. – ait été opportun ou nécessaire, l'agencement de la série entière est resté debout. Rien de pareil dans la *CM*. Pas de *Clavis* qui dans la masse des textes disponibles ait classé les genres, selectionné ou énuméré les textes à éditer, défini les limites de la série; par conséquent, pas d'ordre sériel préétabli non plus. Grosso modo, la chronologie de la parution y détermine le numéro des volumes, mais ce principe n'est pas appliqué d'une manière stricte. Si les volumes *CM* 1, 2A et 2B n'ont pas paru les premiers, c'est que ces numéros avaient été attribués d'avance; ensuite, il est arrivé qu'un auteur s'est vu attribuer plusieurs numéros successifs pour l'ensemble ou une partie importante de son œuvre avant la parution effective des volumes, par exemple *CM* 32-39 et 75-80; en général, pourtant, l'œuvre d'un auteur a paru le plus souvent sous un numéro fractionné, par ex. *CM* 53, 53A-F, quelquefois sous des numéros fort divers, par ex. *CM* 16, 55-56C, 85, 94-97. Ces divers systèmes de numérotage des volumes trahissent des considérations diverses. Malgré l'absence d'un ordre sériel établi d'avance, les dirigeants d'une série préfèrent tout de même grouper ce qui se tient, par ex. l'œuvre complète d'un auteur ou des traités appartenant à un même genre (*CM* 40, 40A-D); d'autre part, si l'œuvre en question est volumineuse, ils sont peu enclins à lui attribuer d'emblée une série de numéros, surtout si personne ne s'est encore présenté pour préparer l'édition de certains textes. D'ailleurs, même promesses faites, la parution effective reste hautement dépendante des vicissitudes du travail éditorial: les réorientations de la recherche, les retardements, les annulations peuvent à tout moment déranger les projets d'édition. Un exemple peut illustrer les difficultés que E. Dekkers a dû éprouver dans les toutes premières années de son nouveau projet. Un dépliant qui annonçait la parution imminente du volume *CM* 1 mentionnait en même temps deux éditions 'sous presse' et vingt 'en préparation'. Cependant, des vingt volumes 'en préparation' quatorze n'ont jamais paru et trois ont été ou seront achevés par un autre collaborateur. Avouons donc que l'ordonnance des volumes dans la *CM* n'est pas des plus claires; toutefois, un 'Onomasticon' ajouté en fin des éditions plus récentes facilite sensiblement la consultation de la série.

La *CM* comprend aujourd'hui quelque deux cents volumes. Puisque son contenu global n'a pas été défini d'avance, elle a pu accepter et intégrer une très grande variété de genres et de textes, qui lui confèrent aussi sa richesse. Elle inclut grosso modo deux types de publications. D'une part elle loge les publications que E. Dekkers et depuis 1997 le Comité Scientifique a bien voulu accepter; de l'autre elle joue pour ainsi dire le rôle de 'série d'accueil' pour les publications d'un nombre d'instituts scientifiques fort divers. L'aperçu qui suit se limitera en gros aux seules 'publications maisons', laissant aux responsables des diverses séries accueillies l'honneur de présenter les leurs. Au risque d'être lassant, nous essaierons de situer les ouvrages publiés dans un cadre soit chronologique, soit géographique, soit thématique.

L'aube de la renaissance carolingienne

À en juger par le nombre des éditions *CM* qui se rapportent à la période entre la mort de Bède (735) et le début de l'activité d'Alcuin à la cour de Charlemagne (782), l'aube de la renaissance carolingienne n'aurait été qu'une lueur blafarde. Ici, cependant, un petit commentaire est à sa place. Précisément dans le courant de ces quelque cinquante ans, une chaîne d'auteurs d'origine ou de formation irlandaise ont fortement établi la continuité avec l'ère patristique, surtout dans le domaine de l'exégèse; seulement, la réorientation des études dans la seconde moitié du xxᵉ siècle n'a pas toujours été suivi d'un reclassement correspondant de certains textes dans une série appropriée; c.-à-d. certains textes auraient dû être assignés à la *CM*. Par exemple, des commentaires anonymes sur l'évangile de Luc et de Jean ont été édités dans la *SL* (*Scriptores Hiberniae minores II*, *SL* 108C), bien qu'on pense qu'ils aient été composés par un irlandais qui vivait à Salzbourg vers les années 780; et l'éditeur du *Liber de ortu et obitu patriarcharum*, publié également dans la *SL* (108E), estime que l'origine de l'opuscule se situe dans la même région et vers les mêmes années. Parmi les textes du VIIIe siècle publiés dans la *CM*, une autre œuvre exégétique très vaste attire d'emblée l'attention. Connue sous le nom de *Das Bibelwerk* ou *The Reference Bible*, elle ne présente pas un commentaire cohérent, mais plutôt une série de notes de cours sur des passages individuels des livres de l'Ancien et du Nouveau Testament. Les réponses aux questions soulevées sont généralement puisées aux œuvres des Pères. La compilation remonte probablement aux années 750 ou avant et plusieurs indices suggèrent qu'elle est de facture ou d'inspiration irlandaise. L'édition des *Pauca problesmata de enigmatibus ex tomis canonicis* (G. MacGinty; *CM* 173, 2000) contient la préface de l'œuvre et en deux recensions les annotations sur le Pentateuque. Ambroise Autpert atteste lui aussi la continuité entre l'âge des 'Pères' et l'époque pré-carolingienne. Né en Gaule il devint abbé de Saint-Vincent-du-Vulturne au cœur des Abruzzes, où il meurt en 778. Ses écrits, déjà utilisés par Alcuin, nous révèlent un homme aux qualités intellectuelles et morales solides et un écrivain de classe. Dans la nouvelle édition de R. Weber ses *Expositionis in Apocalypsim libri decem* occupent deux volumes (*CM* 27, 27A, 1975); le troisième contient la *Vita sanctorum patrum Paldonis, Tatonis et Tasonis*, les trois premiers abbés du Vulturne, le *Libellus de conflictu uitiorum et uirtutum* et quelques homélies (*CM* 27B, 1979).

La renaissance carolingienne

L'Italien Paulin compte déjà parmi les maîtres éducateurs de l'école du palais de Charlemagne. Il y arrive vers 777, enseigne la grammaire et la versification et se lie d'amitié avec Alcuin. Devenu évêque d'Aquilée il intervint dans la crise de l'adoptianisme, dont nous reparlerons en esquissant la situation de l'Église en Espagne. Jusqu'à présent la *CM* ne contient aucune édition d'Alcuin, le principal inspirateur et promoteur du renouveau. Toutefois, Raban Maur, son élève à Tours, qui devint le "précepteur de la Germanie", est un témoin non moins prominent de ce mouvement culturel qui unissait une renaissance des arts et des techniques à une continuité dans l'explication de la Bible. Ses traités *Martyrologium* et *Liber de computo* se situent pleinement dans la ligne des ouvrages analogues de Bède (J. McCulloh & W. Stevens; *CM* 44, 1979), tandisque son volumineux *Commentarius in Matthaeum* constitue un maillon de première importance entre l'exégèse patristique et celle du moyen âge (B. Löfstedt; *CM* 174, 174A 2001). Son œuvre poétique aussi est très proche de l'Antiquité finissante par la reprise de formules métriques, la recherche de la forme et même de l'étrange, comme il appert de son 'carmen figuratum' *In honorem sanctae crucis* (M. Perrin; *CM* 110, 100A 1997). La qualité de l'activité exégétique du ixe siècle ressort également dans la *Glosa in Mattheum* de l'alsacien Otfried de Wissembourg. L'auteur y selectionne les fragments qui lui plaisent de deux sources principales, du commentaire du pseudo-Bède d'abord, de celui de Raban Maur ensuite, et les enrichit d'autres fragments puisés aux commentaires de Jérôme et de Hilaire de Poitiers et à une douzaine d'autres sources (C. Grifoni; *CM* 200, 2003). De cette même activité témoigne une glose anonyme *In Matthaeum* (B. Löfstedt; *CM* 159, 2003). Il est moins facile de situer exactement les *Expositiones Pauli epistularum ad Romanos, Galathas et Ephesios*, également anonymes et conservées dans un seul manuscrit d'Avranches du xie siècle (G. de Martel; *CM* 151, 1995). Elles sont précédées d'une lettre-préface incomplète au nom d'Augustin et amputées du commentaire aux Corinthiens; elles pourraient dater du ixe siècle et être d'origine insulaire.

À côté et comme corollaire de l'exégèse, c'est la théologie qui éveillait l'attention; et cette théologie se pratiquait plutôt en une série de polémiques sur des questions débattues que dans un effort soutenu de monter une science systématique. Sous ce rapport Paschase Radbert, abbé de Corbie, est un représentant très fidèle de son temps. La majeure partie de son œuvre a trouvé une place dans la *CM* grâce aux études de B. Paulus. De son activité exégétique témoignent l'*Expositio in Matheo* (*CM* 56, 56A&B, 1984), l'*Expositio in Lamentationes Hieremiae* (*CM* 85, 1988) et l'*Expositio in Psalmum XLIV* (*CM* 94, 1991); parmi ses œuvres théologiques signalons avant tout ses écrits très influents sur l'eucharistie *De corpore et sanguine domini* et *Epistola ad Fredu-gardum* (*CM* 16, 1969), puis son *De benedictionibus patriarcharum Iacob et Moysi* (*CM* 96, 1993) et *De fide, spe et caritate* (*CM* 97, 1990); nous devons l'édition de ses œuvres mariales *De partu Virginis* et *De assumptione sanctae Mariae Virginis* à E.A. Matter & A. Ripberger (*CM* 56C, 1985). Pour ne pas dévier de ses racines, cette théologie, toute fragmentée qu'elle fût, devait se nourrir des écrits des Pères qui faisaient autorité. Pour en faciliter la consultation et parfois pour en présenter une synthèse, le diacre Florus de Lyon composa plusieurs florilèges très volumineux. La *CM* a été récemment enrichie par le premier volume de l'édition princeps de la *Collectio ex dictis XII Patrum* (I. Fransen & B. Coppieters 't Wallant; *CM* 193, 2002).

La formation selon le cycle des sept arts libéraux débutait par la 'grammatica', une discipline qui à côté d'une instruction proprement grammaticale procurait encore une initiation à la lecture des poètes et des prosateurs de l'époque classique. L'époque carolingienne accueillait donc bien volontiers des œuvres de grammaire et d'analyse littéraire qui se situaient dans le prolongement des traités des VIIe et VIIIe siècles (cfr *SL* 133B-D) et étaient très souvent diffusées sur le Continent par des érudits irlandais (Scoti). Smaragdus, dont l'activité se situe dans la première moitié du IXe siecle, était tout probablement l'un d'eux. Devenu abbé de Saint-Mihiel, il se distingua comme éducateur dans la région de la Haute-Meuse. Son *Liber in partibus Donati* (B. Löfstedt, L. Holtz & A. Kibre; *CM* 58, 1986), qui incorpore quantité de préceptes antiques et de citations de poètes, est impregné d'une authentique inspiration chrétienne et a été très en vogue dans les siècles suivants. De l'influence des Scoti témoignent encore les cinq volumes des *Grammatici hibernici carolini aeui* (L. Holtz, B. Löfstedt, J. Chittenden; *CM* 40, 40A-D, 1977-1982). Cette collection comporte entre autres des œuvres de Sedulius Scottus, poète et savant, qui travaillait une dizaine d'années à Liège au milieu du IXe siècle. Sa poésie est moins servile aux thèmes et procédés des anciens et se caractérise par un tour plus personnel que celle de ses devanciers, comme il ressort des *Carmina* (J. Meyers; *CM* 117, 1991). L'édition de son *Collectaneum miscellaneum*, préparée par D. Simpson et enrichie d'un supplément de corrections apportées par Fr. Dolbeau (*CM* 67 + suppl, 1988), met au jour toute la largeur de ses connaissances littéraires; les réminiscences antiques — il savait le grec — s'y mêlent aux citations d'écrivains patristiques.

À la différence de la grammaire les autres disciplines du *triuium* et du *quadriuium* ne semblent pas avoir suscité un profond intérêt ni provoqué des études innovatrices.

L'explication de la Bible et, plus en général, la formation des futurs dirigeants ecclésiastiques et laïques ne pouvaient se passer de livres d'histoire et de chroniques. Vers les années 829 déjà furent achevés et présentés à l'impératrice Judith les deux livres des *Historiae*, une histoire universelle composée par Frechulfus (M.I. Allen; *CM* 169, 169A, 2002). Au moment de l'achèvement l'auteur était évêque de Lisieux, mais il est hautement probable qu'auparavant il avait été moine à Fulda; dans une lettre à Raban Maur il fait preuve de bien connaître les particularités de ses commentaires bibliques.

Des écrits politiques ne manquent pas non plus dans la littérature carolingiennne. Certains prélats plus aux écoutes d'idées théoriques que de la réalité politique s'empressaient à reprendre à la théologie l'idée d'un seul corps en Christ et à l'antiquité celle d'un empire un et indivisible. Dans un empire qui incorporait une grande diversité de peuples, ces idées devaient s'avérer impraticables, certainement au moment où plusieurs fils royaux se présentaient pour la succession. L'archevêque de Lyon Agobard se montrait un fervent protagoniste de l'unité de l'empire et se mettait même à défendre l'idée d'une législation unique pour tous les habitants de l'empire. Dans ses écrits il se montre un défenseur intransigeant des droits de l'Église, de la pureté de la liturgie et un critique sévère du culte des images (L. Van Acker; *CM* 52, 1981).

L'œuvre de Benoît, abbé d'Aniane, qui était un conseiller très écouté de Louis le Pieux se situe dans le domaine de l'observance monastique. Nommé par l'empereur supérieur de tous les monastères de ses États il s'attacha à remédier au foisonnement des diverses règles monastiques et à instaurer l'unité d'observance. A cette fin il composa la *Concordia regularum* dans laquelle il éclaire et commente la régle de Saint Benoît à l'aide d'autres règles (P. Bonnerue; *CM* 168, 168A, 1999).

C'est en France, à la tête de l'école du palais de Charles le Chauve que Jean Scot Érigène a déployé son activité de théologien, philosophe et traducteur. Sa pensée est sans aucun doute la plus originale qu'ait produite l'Occident avant l'âge des grands scolastiques. Son 'opus magnum' *Periphyseon* dépasse amplement le cadre des arts libéraux et annonce la philosophie comme discipline autonome. Les recherches très fouillées de É. Jeauneau sur la traditon et les recensions nous ont dotés d'une édition qui dorénavant fera époque (*CM* 161-165, 1996-2003). D'autres traités d'Érigène le situent dans le contexte des débats théologiques de son époque; ils démontrent pourtant que pour avoir goûté à la science profane il traite les problèmes d'un esprit nouveau et avec une ardeur dangereuse pour la foi; ainsi son *De diuina praedestinatione* a provoqué déjà de son vivant des objections, voire des condamnations (G. Madec; *CM* 50, 1978). En revanche, ses *Expositiones in Hierarchiam coelestem* (J. Barbet; *CM* 31, 1999) ont connu un succès ininterrompu durant tout le moyen âge; elles ont frayé la voie à une longue série de commentaires sur l'œuvre du pseudo-Denys.

À l'instar de l'école palatine de Charles le Chauve le monastère de Saint-Germain d'Auxerre était un foyer de vie intellectuelle très réputé. L'écolâtre Heiric, formé par Loup de Ferrières, puis à Laon par un élève de Jean Scot, y composa des commentaires sur des poètes classiques et des recueils d'auteurs classiques et théologiques. Il nous laissa, en outre, ses *Homiliae per circulum anni* (R. Quadri & R. Demeulenaere; *CM* 116, 116A & B, 1992-1994). Pendant quelque dix ans, il a pu patronner la formation de Remi d'Auxerre; de cette sorte il s'est fait le trait d'union entre la formation de l'époque carolingienne et celle de la période de transition des années 900.

La renaissance ottonienne

Pendant les dernières décennies du IXe siècle la chrétienté occidentale est vivement secouée tant par les luttes internes que par les multiples invasions étrangères, surtout normandes et hongroises. Dans ces conditions il y allait longtemps du maintien même des acquisitions de la renaissance carolingienne. Toutefois, après la défaite des Hongrois par le futur empereur Otton Ier, l'ordre et la tranquillité se rétablirent peu à peu, en Allemagne d'abord, en Italie et en France ensuite, et les signes de renouveau ne tardèrent pas à se manifester. Ils montrèrent à quelle profondeur la renaissance carolingienne avait pénétré et quel rôle d'intermédiaire éminent certains personnages avaient joué. Parmi eux Remi d'Auxerre vient au premier rang. Formé par l'écolâtre Heiric, il fut appelé, vers la fin du IXe siècle, à Reims, puis à Paris pour y enseigner la grammaire et la dialectique. Il passa également à la génération suivante ses connaissances exégétiques comme en témoigne l'*Expositio super Genesim* (B. Van Name Edwards; *CM* 136, 1999). En plein Xe siècle c'est l'œuvre très variée de Rathier de Vérone qui attire notre attention. Moine de Lobbes, évêque de Vérone, puis de Liège, puis de Vérone encore il dépasse par la précision de ses connaissances classiques le niveau de ses prédécesseurs carolingiens. L'édition de ses *Opera minora* (P.L.D. Reid; *CM* 46, 1976) a été complétée plus tard par celle de ses autres écrits, parmi lesquels les *Praeloquiorum libri VI* constituent une œuvre toute spéciale dans la littérature médiévale; composée lors de l'exil de l'auteur à Pavie, elle incite les chrétiens de tout âge, de toute position sociale, de toute nature morale à réfléchir sur leurs devoirs; elle leur offre des médicaments cueillis dans les Saintes Écritures, afin qu'ils puissent en tant que bons athlètes affronter la lutte de la vie (P.L.D. Reid, F. Dolbeau, B. Bischoff & C. Leonardi; *CM* 46A, 1984). Vers la fin du Xe siècle Adson de Montier-en-Der écrivit un court traité *De ortu et tempore Antichristi* (D. Verhelst; *CM* 45, 1976). C'est dans le contexte de l'évangélisation de la Hongrie dans la première moitié du XIe siècle que se situe la *Deliberatio supra hymnum trium puerorum* de Gérard, premier évêque de Csanád (aujourd'hui Cenad, Roumanie) et martyrisé en 1046 par des païens révoltés. Sa réflexion sur l'hymne chanté par les trois adolescents dans la fournaise est relevée de citations bibliques, d'interprétations allégoriques et de temps à autre d'une touche polémique à l'adresse des héresies et du paganisme (G. Silagi; *CM* 49, 1978).

Dans le domaine des œuvres d'histoire générale il manquait trop souvent aux auteurs de la renaisance ottonienne cette information étendue et cette largeur de vue, qu'exige une bonne compréhension des faits. Le résultat est encore pire, quand à ces défauts se mêlent tour à tour le 'studium' et l''ira' de l'auteur, comme c'est le cas chez Liutprand de Crémone. Son *Antapodosis* qu'il voulait d'abord être une histoire générale des affaires italiennes et grecques à partir de 888 prend très vite l'allure d'un écrit satirique à l'adresse de son ancien patron le roi Bérenger; pareillement sa *Relatio de legatione Constantinopolitana* ne nous offre qu'une caricature de l'empereur Nicéphore Phocas, tandis que son *Historia Ottonis* n'est que le panégyrique de son nouveau patron Otton Ier (P. Chiesa; *CM* 156, 1998). Le *Chronicon* d'Adhémar de Chabannes, moine de Saint-Cybard d'Angoulème, raconte l'histoire de l'Aquitaine depuis les temps légendaires, mais retient surtout notre attention par la relation des événements dans la France depuis la mort de Charlemagne jusqu'à 1028 (P. Bourgain-Hemeryck, R. Landes & G. Pon; *CM* 129, 1999).

Dans la première moitié du XIe siècle il se produit une évolution dans l'enseignement du *triuium*; une importance croissante est accordée à la 'dialectica', qui peu à peu prend tournure d'enseignement philosophique. Cette attention s'annonce déjà dans les *Excerpta isogogarum et categoriarum*, une introduction anonyme à l'*Isagoge* de Porphyre et aux *Catégories* composée au plus tard dans les premières décennies du XIe siècle; elle se fait sous forme de question-réponse et est principalement puisée au commentaires de Boèce sur ces deux œuvres (I. d'Onofrio; *CM* 120, 1995). Plus valorisée, la dialectique ne tarde pas de faire son entrée dans les discussions théologiques. Certains théologiens réagissent sur-le-champ. Au milieu du XIe siècle Pierre Damiani dénonce vigoureusement l'abus de la dialectique dans les questions sacrées et s'engage pour la réforme de l'Église, comme il ressort entre autres de ses *Sermones* (I. Lucchesi; *CM* 57, 1983). L'entrée de la dialectique se manifeste plus bruyamment dans la position prise par Bérenger de Tours au sujet de la présence du Christ dans l'eucharistie ; il se rallie à l'explication qui lui paraît plus conforme aux exigences de la raison ; il l'a formulée avec la plus grande franchise dans son *Rescriptum contre Lanfrannum* (R.B.C. Huygens ; *CM* 84, 84A, 1988).

L'épanouissement spirituel et intellectuel des années 1075-1130

L'ORIGINE DE NOUVELLES FAMILLES RELIGIEUSES. Dans le dernier quart du xɪᵉ et la première moitié du xɪɪᵉ siècle se sont produites de profondes évolutions dans la vie monastique. A Cluny l'abbé Hugues veillait, certes, à l'application stricte de la règle, mais réagissait en même temps contre la tendance au rigorisme ; il y promouvait, en outre, une vie artistique intense, entre autres par la construction de l'église abbatiale ; le rayonnement de l'observance et de l'art de Cluny touchait toute l'Europe. Cependant, l'ordre avait été de plus en plus impliqué dans les perturbations politiques de l'Église ; elle avait, en outre, introduit un excès de faste dans la liturgie et dans la décoration des églises, qui s'accordait mal avec la règle bénédictine. Sous le successeur immédiat de Hugues certains symptômes de décadence se manifestèrent et dans le deuxième quart du xɪɪᵉ siècle le jeune abbé Pierre le Vénérable dut se mettre à l'organisation plus solide de l'ordre immense. Cette lourde besogne ne l'a pas empêché de composer des hymnes ni d'écrire quelques traités apologétiques ; dans son *Contra Petrobrusianos haereticos* (J. Fearns ; *CM* 10, 1968), il attaque les opinions hérétiques de Pierre de Bruys, qui dans le midi de la France s'était élevé contre le baptême des enfants, les lieux de culte et la vénération de la Croix. Son *Aduersus Iudaeorum inueteratam duritiem* (Y. Friedman ; *CM* 58, 1985) est un réquisitoire verbeux contre les Juifs en cinq chapitres. Fondant son discours sur quantité d'autorités bibliques et de raisonnements il leur montre que le Christ est le Fils de Dieu, le vrai Messie, dont le règne n'est pas d'ordre temporel, mais éternel. Le ton du traité est partout pontifiant et agressif, de temps à autre cru et féroce et dans le dernier chapitre, où il attaque l'autorité du Talmud, carrément offensant. Dans son *De miraculis libri duo* (D. Bouthillier ;

CM 83, 1988) Pierre rassemble des anecdotes curieuses, qui préludent en quelque sorte à la littérature des 'exempla' qui naîtra plus tard.

Bien avant que Pierre ait été élu abbé de Cluny, le désir de revenir à l'observance stricte et littérale de la règle bénédictine et à la simplicité dans la vie quotidienne avait provoqué plusieurs exodes successifs, qui allaient aboutir en 1098 à la fondation de Cîteaux. Après l'éntrée de Bernard, le futur abbé de Clairvaux, l'ordre cistercien allait connaître un expansion extrêmement rapide et couvrir l'Europe d'un réseau de nouveaux monastères. Conrad d'Eberbach nous a conservé le récit de l'origine de l'ordre dans son *Exordium magnum* (B. Griesser; *CM* 138, 1997).

Si la fondation de Cîteaux a été la plus importante, elle n'a pas été la seule. Dans les dernières décennies du xie siècle un courant érémitique passa par la France. Les origines de l'ordre de Grandmont restent assez obscures, mais nous retrouvons l'*Institutio seu consuetudines ordinis Grandimontensis* parmi les *Opera* de ses écrivains publiés par J. Becquet (*CM* 8, 1968). La fondation de la Chartreuse par Bruno en 1084 a marqué le début d'une riche suite d'œuvres spirituelles et mystiques en Occident. Puisque la Bible livrait le texte principal pour la lecture individuelle de ses membres ainsi que pour la liturgie, il s'est créé à l'intérieur de l'ordre une tradition d'uniformité textuelle, voire d'uniformité orthographique du texte sacré. Cette tradition explique pourquoi, après le Grand Schisme qui n'avait pas épargné les Chartreuses, Oswald de Corda a essayé de restaurer, en 1417, cette uniformité dans son *Opus pacis*, en fait le plus ancien manuel de correction textuelle (B.A. Egan; *CM* 179, 2001). Parmi les écrivains chartreux du moyen âge finissant Denys a Leuwis est certainement le plus fécond. Ses *Opera omnia* comptent 42 tomes; il s'y montre tour à tour exégète, philosophe, théologien et, bien sûr, auteur ascétique et mystique. K. Emery a publié les *Prolegomena* d'une nouvelle édition de quelques *Opera selecta* (*CM* 121, 121A, 1991).

L'éclosion de nouvelles observances monastiques et formes de vie érémitique a été complétée au xiie siècle par l'institution de communautés spéciales de chanoines réguliers et leur installation dans de véritables abbayes, dont pourtant ils pouvaient sortir pour exercer le ministère qu'ils se proposèrent d'exercer. En 1108 Guillaume de Champeaux se retira avec quelques compagnons à l'ermitage de Saint-Victor. Cette communauté y adopta par la suite la règle de saint Augustin dans l'intention de joindre le travail intellectuel à la vie monastique, comme il appert du *Liber ordinis Sancti Victoris Parisiensis* (L. Jocqué & L. Milis; *CM* 61, 1984). La fondation de l'abbaye de Saint-Victor a enrichi Paris d'un centre de culture éminent et d'une école de théologie florissante d'où est sortie une pléiade d'écrivains. Nous retrouvons le nom et l'œuvre de plusieurs Victorins dans la *CM*: de Hugues le *De archa Noe. Libellus de formatione arche* (P. Sicard; *CM* 176, 176A, 2001) et le *De tribus diebus* (D. Poirel; *CM* 177, 2002); d'André les commentaires bibliques *Opera I-III* & *VI-VII* (C. Lohr, R. Berndt, F.A. van Liere, M.A. Signer & M. Zier; *CM* 53, 53A-B, E-F, 1986-1996); de Gauthier les *Sermones inediti triginta sex* (J. Châtillon; *CM* 30, 1975). A peu près dans les mêmes années un autre groupe d'ermites se virent accorder le statut de chanoines réguliers et fondèrent une abbaye dans la forêt d'Arrouaise. Les *Constitutiones canonicorum regularium ordinis Arroasiensis* (L. Milis & J. Becquet; *CM* 20, 1970) et les *Monumenta Arroasiensia* (B.-M. Tock & L. Milis; *CM* 175, 2000) nous documentent sur les coutumes en usage ainsi que sur les ramifications de cet ordre dans le nord de la France et ailleurs. D'autres initiatives encore occasionnèrent la fondation de deux abbayes de chanoines réguliers: en 1104 à Kloosterrade (Rolduc) dans la seigneurie de Herzogenrath et en 1107 à Springiersbach dans l'évêché de Trèves; les *Consuetudines canonicorum regularium Springirsbacenses-Rodenses* (S. Weinfurter; *CM* 48, 1978), constitutions communes des deux communautés, furent approuvées en 1126/27. Toutefois, le succès de ces fondations d'importance plus ou moins locale ou régionale a été largement éclipsé par la croissance très rapide de la fondation quasi contemporaine de Prémontré par Norbert de Xanten en 1120.

Fondateurs d'un ordre vital et bientôt très influent, Bernard et Norbert se trouvèrent à leur tour impliqués dans les grandes perturbations de l'Église. Ils prirent parti pour le pape Innocent II contre l'antipape Anaclet. À l'instigation de Norbert le roi Lothaire III embrassa définitivement la cause du pape lors d'une réunion avec Innocent à Liège. Nous entendons une voix beaucoup plus modérée et ouverte au sujet du 'schisme anaclétien' dans les *Opera omnia* de Raimbaud, évêque de Liège (C. de Clercq; *CM* 4, 1966).

LES MAÎTRES DE LA VIE SPIRITUELLE ET DE LA MYSTIQUE. Entre 1098 et 1105 Thiofried, abbé d'Echternach, écrivit un ouvrage dont le titre surprend au premier abord: *Flores epythaphii sanctorum* (M.C. Ferrari; *CM* 133, 1996). L'auteur tresse des couronnes de fleurs qu'il a cueillies dans les Saintes Écritures et dans les œuvres des Pères, dans l'intention de mieux fonder et de promouvoir la vénération des sépulcres et des reliques des saints. Quelques années plus tard le moine bénédictin Rupert de Deutz fait son entrée dans la littérature chrétienne. Il s'y distingue avant tout comme théologien, bien qu'il ne tarde pas, quand il lui semble nécessaire, d'attaquer Anselme de Laon et ses dialecticiens. La majeure partie de son œuvre est accessible dans l'édition de H. Haacke. Son *Liber de diuinis officiis* (*CM* 7, 1967) est une œuvre de jeunesse; par contre, son *De sancta trinitate et operibus eius* (*CM* 21-24, 1971-1972) constitue un commentaire suivi sur les grandes parties de la Bible, complété par ses *Commentaria in Euangelium sancti Iohannis* (*CM* 9, 1969), *Commentaria in Canticum canticorum* (*CM* 26, 1974) et son *De gloria et honore Filii hominis super Matthaeum* (*CM* 29, 1979). De quelque dix ans plus jeune que Rupert, Guillaume de Saint-Thierry, moine cistercien et ami de saint Bernard, étudia la théologie auprès d'Anselme de Laon en compagnie d'Abélard. Ses critiques d'Abélard et de Guillaume de Conches révèlent un esprit sagace en matières philosophiques; toutefois, ce sont ses œuvres mystiques et exégétiques comme l'*Expositio super Epistolam ad Romanos* (P. Verdeyen; *CM* 86, 1989) et d'autres commentaires et instruments d'étude biblique (P. Verdeyen, S. Ceglar & A. van Burink; *CM* 87, 1997) qui lui ont assuré une grande renommée au cours des siècles suivants. Les œuvres de Rupert de Deutz et de Guillaume de Saint-Thierry n'étaient pas inconnues à la mystique Hildegarde de Bingen, qui déjà de son vivant imposait l'admiration et le respect à cause de ses visions. Elle les expose dans trois livres; le *Sciuias* (A. Führkötter & A. Carlevaris; *CM* 43, 43A, 1978) retrace les grandes étapes de l'histoire du salut en tableaux allégoriques; plus tard le *Liber uite meritorum* (A. Carlevaris; *CM* 90, 1995) dépeint la lutte entre les vices et les vertus sous une riche imagerie symbolique; enfin, dans le *Liber diuinorum operum* (A. Derolez & P. Dronke; *CM* 92, 1996) l'imagerie est plutôt d'ordre cosmique et scientifique. Visionnaire et prophétesse, Hildegard n'est nullement étrangère aux événements de son temps; en témoignent les trois volumes de son *Epistolarium* (L. Van Acker; *CM* 91, 91A, 1991, 1993 & M. Klaes; *CM* 91B, 2001). Auparavant, M. Klaes avait déjà publié la *Vita sanctae Hildegardis* (*CM* 126, 1993), dans laquelle le récit de sa vie composé par Godefroi a été complété par un rapport de ses visions et miracles que nous devons à Thierry d'Echternach. Parmi les correspondants habituels de Hildegard nous retrouvons Guibert de Gembloux, dont on accepte qu'il a été le rédacteur et le compilateur du 'manuscrit géant' de Wiesbaden qui contient la plupart des œuvres de Hildegard. Sa correspondance, telle qu'elle a été conservée dans un manuscrit de Bruxelles, a été éditée par A. Derolez, E. Dekkers & R. Demeulenaere (*CM* 66, 66A, 1988, 1989). Le courant mystique de cette époque trouve encore une autre expression dans le *Speculum uirginum* composé peu après 1140 dans la région du Rhin-Moyen (J. Seyfarth; *CM* 5, 1990). Dans une interprétation allégorique de douze tableaux bibliques le prêtre Peregrinus (pseudonyme de l'auteur?) fait miroiter à la vierge Theodora toute la noblesse de la virginité.

LES GRANDS TÉNORS DE LA VIE INTELLECTUELLE. Le philosophe Guillaume de Conches se rattache à l'école de Chartres tant par sa connaissance des auteurs anciens, comme en témoignent entre autres ses *Glosae super Boethium* (L. Nauta; *CM* 158, 1999) que par son culte des sciences physiques. Convaincu que Dieu gouverne le monde par l'intermédiaire de l'ordre naturel, il critique ceux qui, ignorant les forces de la nature, voudraient que nous croyions à la façon des paysans et sans chercher la raison des choses. Il adhère à l'hypothèse des atomes: les quatre substances dites 'éléments' sont en réalité des combinaisons de particules homogènes et invisibles (*Dragmaticon. Summa de philosophia in uulgari*. I. Ronca, L. Badia & J. Pujol; *CM* 152, 1997). Pierre Abélard est sans aucun doute le plus célèbre, le plus admiré et en même temps le plus contesté des docteurs de cette génération. Son œuvre théologique comporte entre autres ses *Commentaria in Epistolam Pauli ad Romanos* et ses 'théologies': *Theologia christiana*, *Theologia scholarium* et *Theologia summi boni* (E.M. Buytaert, C.J. Mews; *CM* 11-13, 1969, 1987). Abélard essaie plus d'une fois d'interpréter rationnellement les vérités de la foi; pourtant, il n'a jamais dévié du principe que l'autorité passe avant la raison, bien qu'elle exige une interprétation rationnelle. Dans son traité de morale *Scito te ipsum* (R.M. Ilgner; *CM* 190, 2001) il insiste sur le fait que l'intention et non pas l'acte qualifie l'action humaine comme bonne ou mauvaise; d'autre part, il n'oublie pas qu'il y a une vérité morale que la pureté de l'âme nous permet de discerner.

Guibert de Nogent se range parmi les moines qui ont enrichi une éducation solide en théologie d'une culture classique bien assimilée. Le théologien tient la parole dans quelques traités dont R.B.C. Huygens nous a présenté l'édition (*CM* 127, 1993); son talent d'historien très ouvert au monde, qui soumet les faits rapportés à un examen véritablement critique émerge dans les *Dei gesta per Francos* (R.B.C. Huygens; *CM* 127A, 1993). Contemporain de Guibert, Galbert de Bruges n'était pas un moine, mais un clerc qui assumait la fonction de notaire dans la chancellerie du comte Charles le Bon. Fin observateur des intrigues qui s'y ourdissaient, il nous a laissé un récit de la conjuration mortelle: *De multro, traditione et occisione gloriosi Karoli, comitis Flandriarum*; l'auteur s'y fait remarquer par la fidélité des faits rapportés et par la vivacité avec laquelle il évoque la société de son temps (J. Rider; *CM* 131, 1994).

La Glose ordinaire. Probablement dans la même époque se situe l'organisation globale de l'immense *Glose ordinaire*, un commentaire suivi, marginal et interlinéaire, de chacun des livres de la Bible. Les diverses étapes de son histoire ne sont pas encore repérées d'une manière définitive; la tradition l'a attribuée à Walafrid Strabon, mais il semble plutôt que c'est Anselme de Laon qui l'a mise en ordre, peut-être à partir de matériaux qui remontent au IXᵉ siècle, et que Pierre Lombard l'a encore enrichie dans la partie qui concerne les Psaumes et les épîtres de Saint Paul. Une partie de l'œuvre, la *Glossa ordinaria in Canticum Canticorum* a été éditée par M. Dove (*CM* 170.22, 1997).

L'éclosion d'un courant 'humaniste'
et de la spiritualité bernardienne en plein XIIᵉ siècle

Les débats et les conflits qui à la suite de la réforme grégorienne ont opposé protecteurs des droits de l'Église aux défenseurs du pouvoir temporel dans les dernières décennies du XIᵉ et les premières du XIIᵉ siècle, ne sont pas restés sans écho en plein XIIᵉ siècle; ils ont parfois entraîné des conséquences tragiques comme l'assassinat de Thomas Becket en 1170. Jean de Salisbury, son ami et autrefois son secrétaire à la chancellerie, lui avait dédié le *Policraticus* (K.S.B. Keats-Rohan; *CM* 118, 1993), le premier essai complet d'une philosophie de l'État; il se peut que ses idées aient contribué à la raideur dont Becket a fait preuve dans sa défense des droits de l'Église. La théorie de Jean s'accorde assez bien avec celle des défenseurs de la réforme grégorienne: bien que l'autorité des princes vienne de Dieu, ils sont soumis à l'Église, car celle-ci est l'âme qui fait vivre le corps politique. Pendant ses années de formation Jean avait écouté à Paris tous les professeurs en renom, entre autres Abelard, mais c'est à Chartres qu'il s'était familiarisé avec les auteurs classiques. Cicéron, son auteur préféré, lui révéla le probabilisme de la Nouvelle Académie et lui apprit à suspendre son jugement sur quantité de questions où manquait la certitude de la foi ou l'évidence de la connaissance sensible ou rationnelle. Son *Metalogicon* (J.B. Hall & K.S.B. Keats-Rohan; *CM* 98, 1991) nous dépeint en effet l'idéal de l'humaniste chrétien; sa formation comporte un entraînement solide dans la grammaire et la dialectique, mais en évite en même temps les excès; si la dialectique est cultivée à l'exclusion des autres sciences philosophiques, elle est exsangue et stérile;

quant à l'enseignement de la rhétorique, il doit être élargi et enrichi d'un commerce familier des grands auteurs classiques. Aelred de Rievaux appartient à la même génération que Jean; il témoigne que dans sa jeunesse il a lu lui aussi les écrits de Cicéron et que cette lecture l'a ramené à la vertu. Quittant la cour du roi d'Écosse il entra à l'abbaye de Rievaux, une fondation de Clairvaux, et en devint le troisième abbé. Dans son *De spiritali amicitia*, édité parmi ses *Opera ascetica* (A. Hoste, C.H. Talbot & R. Vander Plaetse, *CM* 1, 1971) il s'est évertué à transposer le thème du *De amicitia* cicéronien et à le faire servir à la vie monastique. Il nous a laissé en outre deux collections de *Sermones*, qui ne manquent pas de charme ni de fines remarques psychologiques (G. Raciti; *CM* 2A & B, 1989, 2001). La spiritualité cistercienne, profondément marquée par les écrits de Bernard de Clairvaux, reparaît encore dans d'autres abbayes en Angleterre. Les *Sermones* et le *De commendatione fidei* de Baudouin, abbé de Ford et plus tard archevêque de Canterbury, ont été édités par D.N. Bell (*CM* 99, 1991). Le même éditeur a publié également le *Contra fatalitatis errorem* (*CM* 157, 1996), un traité d'allure préscolastique de Barthélemy, évêque de Exeter et ami de Baudouin de Ford. La problématique de la prédestination divine et de la liberté humaine y est exposée sous ses divers aspects: providence et contingence sous la conduite de Boèce et d'Anselme de Canterbury, péché, grâce et liberté sous la conduite d'Augustin et de Bernard de Clairvaux. Tout à fait dans la tradition bernardienne se situe l'ouvrage *Super extremam partem Cantici canticorum sermones CXX* (E. Mikkers & H. Costello; *CM* 17 & 18, 1970) de Jean, abbé de Ford. De l'autre côté aussi de l'Europe, dans la marche de Carinthie, la spiritualité cistercienne se propagea dans les *Sermones festiuales* de Herman de Rein composés à la fin du XIIe ou au commencement du XIIIe siècle (E. Mikkers, J. Theuws & R. Demeulenaere; *CM* 64, 1986).

L'influence d'Aelred de Rievaux et de Jean de Salisbury est perceptible dans plusieurs passages de l'œuvre de l'historien, grand épistolier et poète Pierre de Blois. Né et éduqué en France, il assuma plusieurs fonctions à la cour de princes ou de dignitaires ecclésiastiques;

depuis 1174 jusqu'à sa mort il séjourna en Angleterre, où nous le trouvons alternativement au service de trois archevêques de Canterbury, entre autres de Baudouin de Ford, ou dans l'entourage du roi Henri II et, après la mort du roi, de la reine mère Aliénor; entretemps il s'était vu accorder la fonction d'archidiacre de Bath et plus tard de Londres. Les deux traités que R.B.C. Huygens a publiés se rapportent aux événements tragiques en Terre sainte. La *Passio Reginaldis principis Antiochie* raconte la mort de Renaud de Châtillon, qui ayant violé à plusieurs reprises la trève fut exécuté par Saladin, après avoir refusé d'abjurer sa foi chrétienne. La *Conquestio de nimia dilatione uie Ierosolimitane* est une exhortation à la troisième croisade (*CM* 194, 2002). L'œuvre poétique de Pierre a connu une tradition extrêmement dispersée et a été sujette à de longues discussions sur son authenticité. C. Wollin a rassemblé les poèmes qui méritent d'être pris en considération et a présenté dans son édition critique les *Carmina* en cinq groupes d'authenticité descendante (*CM* 128, 1998).

Dans le domaine de l'exégèse la tradition des commentaires se perpétue au XIIe siècle. Dans ses *Commentaria in Ruth* Pierre De Celle, abbé de Saint-Rémi de Reims, mort en 1182, nous offre deux commentaires du livre, l'un élucidant son sens historique et allégorique, l'autre son sens moral. Son *De tabernaculo* donne une exégèse principalement typologique du livre de l'Exode, 25-33; les événements et les descriptions historiques signifient et annoncent les événements et les réalités du Nouveau Testament (G. de Martel; *CM* 54, 1983). Le même éditeur a encore mis au jour deux commentaires anonymes sur le même livre: *Commentaria in Ruth e codicibus Genouefensi 45 et Clagenfurtensi 13* (*CM* 81, 1990); le premier datant du milieu du XIIe siècle a été attribué au cistercien Isaac de l'Étoile, mais provient peut-être de Saint-Victor, l'autre incomplet se situe aux environs de 1200.

Auteurs des XIIIe et XIVe siècles

L'activité scientifique de Robert Grosseteste se situe dans la première moitié du XIIIe siècle. Depuis longtemps les éditeurs ont porté beaucoup d'attention à ses ouvrages qui témoignent de l'intérêt qu'il prenait aux sciences de la nature et aux écrits d'Aristote et du pseudo-Denys ; plus récemment, cependant, un groupe de chercheurs s'est mis à étudier ses œuvres théologiques et a édité son *Expositio in Epistolam sancti Pauli ad Galatas*, accompagné d'un *Glossarium in sancti Pauli fragmenta* (J. McEvoy, L. Rizzerio, R.C. Dales & Ph.W. Rosemann ; *CM* 130, 1995).

Après avoir achevé son *Speculum maius*, sa grande encyclopédie tripartite, le dominicain Vincent de Beauvais reprend vers la fin de sa vie (c. 1264) le thème traditionnel du 'miroir des princes' dans son traité *De morali principis institutione* (R.J. Schneider ; *CM* 137, 1995). Chargé peut-être de l'éducation des enfants de saint Louis, il y met l'accent sur la conduite personnelle du prince bien plus que sur la politique proprement dite.

La plupart des œuvres de spiritualité des XIIIe et XIVe siècles ont été reçues dans des collections spéciales, par exemple celles des ordres mendiants. La *CM* ne présente que les *Meditaciones uite Christi olim S. Bonauenture attributae*, composées pour une clarisse de S. Gimignano par le franciscain toscan Jean de Caulibus, mort en 1364 (M. Stallings-Taney, *CM* 153, 1997).

L'Espagne

En Espagne la défaite de 711 devant les troupes de Târiq a entraîné la soumission de la quasi-totalité de la péninsule. Sous le califat de Cordoue le pays jouissait d'une prospérité éclatante et la ville elle-même était un centre actif de vie intellectuelle. Dans certaines villes conquises le régime des 'capitulations' garantissait aux chrétiens le libre exercice de leur culte, voire le maintien de leurs évêques. Néanmoins, dans les dernières décennies du VIIIe siècle, quelques savants visigoths tentèrent leur chance dans le royaume franc ; Théodulphe, le plus lettré d'entre eux, se fit estimer de Charlemagne et obtint l'évêché d'Orléans ; Claude, le futur évêque de Turin, et Agobard trouvèrent refuge auprès de Leidrade, archevêque de Lyon et allèrent prendre part aux grands débats théologiques et politico-religieux de leur temps. L'Espagne chrétienne elle-même allait rester un peu en marge de la chrétienté occidentale. Pourtant, l'œuvre de quelques écrivains chrétiens témoigne non pas seulement de la persistance de la culture littéraire latine, mais encore des dissidences théologiques. En effet, vers la fin du VIIIe siècle Élipand, archevêque de Tolède, se fit remarquer par une position christologique douteuse; trop soucieux de distinguer dans la personne du Christ les opérations de chacune des natures, il disait que le Christ était de double façon 'fils': selon sa nature humaine 'fils adopté', selon sa nature divine 'fils par nature'. Cette formulation semblait tendre à l'adoptianisme du IIIe siècle. En Asturie, le prêtre Beatus de Liébana et Etherius, le futur évêque de Osma, réagirent dans leur *Aduersus Elipandum libri duo* (B. Löfstedt; *CM* 59, 1984). Condamné, Élipand ne s'apaisa guère; il obtint l'adhésion de Félix, évêque de Urgel, une ville qui dans les années 785 à 790 était occupée par les Francs. Charlemagne se mêla donc de l'affaire et convoqua Félix. Sur ses instances Alcuin composa son *Contra haeresim Felicis* et Paulin d'Aquilée ses *Contra Felicem libri tres* (D. Norberg; *CM* 95, 1990). Finalement, Félix fut forcé de finir ses jours sous la tutelle de Leydrade de Lyon.

Quand au début du XIe siècle le califat de Cordoue se disloquait, la Reconquête put calculer ses chances de succès; l'ancienne capitale Tolède fut déjà reprise en 1085, mais les combats se poursuivirent pendant les XIIe et XIIIe siècles jusqu'à la prise de Cordoue en 1236. Entretemps les monarchies hispaniques avaient renoué les relations avec les dynasties occidentales; les moines de Cluny contribuaient à la reforme des monastères et des évêchés, à la construction des églises et au pèlerinage de Compostelle, qui allait prendre son grand essor.

L'histoire légendaire ou réelle de la péninsule ibérique nous est racontée dans une imposante série de chroniques et d'œuvres historiques. Le *Chronicon mundi* de Lucas du Tuy (E. Falque Rey; *CM* 74, 2003), qui se termine par la prise de Cordoue, est une œuvre d'inspiration isidorienne et un témoin important pour l'histoire et la littérature des XIe et XIIe siècles. Auparavant, E. Falque Rey avait déjà édité l'*Historia Compostellana* (*CM* 70, 1988), la 'chronique officielle' relatant l'origine et le développement du culte et du sanctuaire de Saint-Jacques de Compostelle. Cette histoire a été composée sur les instances de Diego Gelmírez, depuis 1120 le premier archevêque du lieu, et destinée à être conservée dans le trésor du sanctuaire. La même éditrice a également participé au projet d'édition des chroniques hispaniques lancé par l'Université de Séville sous la direction de J. Gil: *Chronica Hispana saeculi XII. Pars I* (E. Falque Rey, J. Gil & A. Maya Sánchez; *CM* 71, 1990), *Pars II* (J.A. Estévez Sola; *CM* 71A, 1995) et enfin *Chronica Hispana saeculi XIII* (L. Charlo Brea, J.A. Estévez Sola & R. Carande Herrero (*CM* 73, 1997). L'édition de l'œuvre de l'historien Roderic Ximénès de Rada, archevêque de Tolède, a été entreprise par J. Fernández Valverde et achevée en collaboration avec J.A. Estévez Sola. Son *Historia de rebus Hispanie siue historia gothica* (*CM* 72, 1987), évoque toutes les étapes de l'histoire primitive, ancienne et médiévale de la péninsule et se termine également par la prise de Cordoue en 1236. Son *Breuarium historie catholice* (*CM* 72A & B, 1993) raconte en neuf livres l'histoire du salut depuis la création jusqu'à la séparation des apôtres après la Pentecôte. L'auteur se limite délibérément à la relation des événements et des phénomènes et se refuse aux interprétations anagogiques, allégoriques ou typologiques du texte sacré. L'édition de son *Breuiarium* a été complétée par celle de quelques œuvres mineures (*CM* 72C, 1999).

Les croisades

Depuis la fondation du royaume de Jérusalem la Terre sainte suscitait aussi bien l'intérêt que le souci constant de l'Occident et faisait pour ainsi dire partie de son histoire. Après la reconquête de Jérusalem par Saladin en 1187, l'archevêque de Tyr Guillaume fut chargé de prêcher en Europe la troisième croisade. Son *Chronicon*, qui retrace l'histoire de la guerre sainte, se fonde sur des récits antérieurs auxquels l'auteur ajoute ses observations personnelles qui ne manquent pas de perspicacité, bien que plus d'une fois d'impartialité (R.B.C. Huygens, H.E. Mayer & G. Rösch; *CM* 63, 63A, 1986).

La société et la mentalité médiévales se révèlent certes dans l'œuvre des théologiens, philosophes, poètes, ascètes et mystiques, dont la *CM* présente un 'corpus' bien varié. En réalité, elles reparaissent encore dans des documents souvent épars, quelquefois isolés : lettres, petits traités, récits de voyage, poèmes etc. Sous ce rapport plusieurs éditions de R.B.C. Huygens constituent une contribution précieuse. Quelle surprise de relire l'*Epistola ad Walcherum*, une apologie que Gozechin de Mainz adresse à son ancien élève vers l'an 1075. Il y chante les louanges de la ville de Liège, mais déclare en même temps que, comme tout sage, il est 'un homme mondial' et veut partager la citoyenneté avec tout ceux qui vivent selon la raison. Quelle badinerie d'allégorie moqueuse dans l'*Apologia de barbis* (*CM* 62, 1985) où Burchard, abbé de Bellevaux, encourage les frères convers de Rozières à épucer et épouiller la barbe, bien entendu de leur vie intérieure. Qui aime revivre, voire refaire en esprit de grands voyages trouvera chaussure à son pied dans les *Peregrinationes tres*, à savoir le pèlerinage de Saewulf, de Jean de Würzburg et de Théoderic (*CM* 139, 1994). Et tout médiéviste se plaira à feuilleter les *Serta mediaeualia. Textus uarii saeculorum* X-XIII. *Tractatus et epistulae & Poetica* (*CM* 171, 171A, 2000). ou encore les *Monumenta Vizeliacensia. Textes relatifs à l'histoire de l'abbaye de Vézelay* (*CM* 42, 1976).

La liturgie et la vie de l'Église

Bien régler l'ensemble des actions et des paroles dans les réunions religieuses a toujours été une des préoccupations majeures de l'Église, en tout premier lieu des conciles et des synodes ou des diverses institutions monastiques. De cette sorte, l'organisation de la liturgie et la rédaction des prières nous documentent directement sur l'univers mental de ceux qui les ont conçues. Il est donc hautement souhaitable que les éditions qui se rapportent aux offices, aux rites et aux prières nous passent si possible tout le détail de l'origine et de la provenance des textes édités.

LA PRIÈRE. Les *Testimonia orationis christianae antiquioris*, édités par P. Salmon, C. Coebergh & P. de Puniet (*CM* 47, 1977), nous révèlent quatre documents liturgiques de l'époque postcarolingienne: un recueil d'oraisons dites de Saint Brandan du xe siècle, un psautier abrégé du milieu du ixe siècle, d'origine gallicane mais conservé à Verceil, un Liber sacramentorum, servant de vademecum à un prêtre rural et composé dans un centre anglo-saxon du Nord-Est de la France ou du pays de Liège et enfin un autre Liber sacramentorum provenant probablement de Saint-Amand. Dans l'ensemble de la liturgie ainsi que dans la vie privée des fidèles l'Oraison dominicale occupe une position tout à fait unique. Rien d'étonnant donc que les commentaires de cette prière aient été fort nombreux, comme l'*Explanatio dominicae orationis* que Frowin, abbé du Mont-des-Anges, a écrite au xiie siècle (S. Beck & R. De Kegel; *CM* 134, 1998).

L'HOMÉLIE. LE SERMON. L'exposé qui fait suite à la lecture d'un passage biblique a été en tout temps un moment privilégié dans la célébration de la messe. Il s'ensuit que la littérature chrétienne déborde de collections de 'homiliae', de 'tractatus' ou de 'sermones'. Nous avons mentionné plus haut les sermons de Pierre Damien, de Heiric d'Auxerre, de Gauthier de Saint-Victor, d'Aelred de Rievaux, de Jean et de Baudouin de Ford et de Herman de Rein. Très souvent des homélies ont été rassemblées et disposées dans des homiliaires selon le Propre du Temps ou le Propre des Saints. Ainsi un manuscrit de Vérone, datant probablement du début du ixe siècle, a conservé entre autres un recueil de onze homélies pour les fêtes liturgiques de la Noël à la Pentecôte. L'auteur de cet *Homiliarium Veronense* (J. Martin; *CM* 186, 2000) ne peut être identifié avec certitude, mais plusieurs indices donnent à croire que dans sa formation l'influence de l'exégèse irlandaise a été dominante. Dès l'antiquité tardive il circulait, en outre, beaucoup d'homélies latines qui étaient traduites du grec, et cette tradition s'est maintenue encore à l'époque carolingienne. Au cours des viiie et ixe siècles la fête de la Dormition de la Sainte Vierge devint de plus en plus la fête de son Assomption célébrée avec octave. Cette évolution fit sentir un besoin pressant de trouver des 'leçons' qu'on pût lire ou chanter aux offices nocturnes. On se tourna donc vers l'Orient où la fête avait occasionné un bon nombre d'homélies; un traducteur anonyme traduisit treize homélies mariales dont dix sur l'Assomption; elles ont été conservées dans un manuscrit provenant de Reichenau et éditées sous le titre de *Sermones in dormitionem Mariae* par A.P. Orbán (*CM* 154, 2000). En compilant des passages des ho-mélies sur l'Assomption Jean, évêque d'Arezzo, composa une homélie latine *De assumptione beatae Mariae*, sans doute pour répondre à la théo-logie mariale plus réservée et plus critique énoncée dans la lettre *Cogi-tis me* que Paschase Radbert avait mis en circulation sous le nom de Jérôme.

Au cours des siècles l'exposé d'un passage biblique a pris très sou-vent le caractère d'un 'sermon' qui s'orientait davantage sur l'instruc-tion morale et la pratique des vertus. Vu l'importance du genre il n'a pas manqué de traités qui prétendent instruire les prédicateurs sur la forme ou le contenu de leurs sermons. Au XIIIe siècle ces instruments se sont multipliés très vite. L'œuvre de Thomas de Chobham, sous-doyen de Salisbury au début du siècle, a été étudié et édité par F. Mo-renzoni. A côté de son traité théorique *Summa de arte praedicandi* (*CM* 82, 1988) l'auteur a démontré ses propres performances dans le genre dans un recueil de *Sermones* (*CM* 82A, 1993); finalement sa *Summa de recommendatione uirtutum et extirpatione uitiorum* (*CM* 82B, 1997) fournit aux prédicateurs une collection d'autorités bibliques, patristiques et philosophiques que l'auteur juge utiles à étoffer les sermons qui ex-hortent à la vertu ou inspirent l'horreur du vice.

L'EXEMPLUM. Dans le dernier quart du XIIe siècle s'est éclose chez les Cisterciens une mentalité collective qui les portait à constituer des recueils d'histoires moralisatrices comprenant des récits de miracles et de visions et surtout d'exemples. Le *De miraculis* de Pierre le Véné-rable mentionné plus haut peut avoir frayé le chemin, bien que tout probablement ce recueil soit issu d'une initiative personnelle. Tou-jours est-il que les premiers recueils qui se sont constitués ont été trop près de l'initiative originale pour qu'ils démontrent déjà des re-groupements thématiques; vers la fin du siècle, cependant, les compilateurs se sont souciés de structurer davantage leurs recueils, comme Conrad d'Eberbach dans l'*Exordium magnum*. De ces initiatives a surgi toute une littérature d'''exemples'. Rien d'étonnant donc que Frères prêcheurs et Franciscains, députés totalement à la prédication de l'Évangile, se soient vivement intéressés à cette littérature et y aient contribué à leur tour. Étienne de Bourbon, dominicain et inquisiteur, compose entre 1250 et 1261 son *Tractatus de diuersis materiis predicabilibus*, un gros recueil d'exemples solidement organisé selon les sept dons du Saint-Esprit, mais resté inachevé. Dans un premier volume J. Berlioz & J.-L. Eichenlaub nous présentent le *Prologus* et le *Liber primus de dono timoris* (*CM* 124, 2002). Et serait-il trop hasardeux de mentionner dans ce contexte la chronique du moine franciscain de Parme, Salimbene de Adam? Racontant avec verve les événements qui se sont passés sous le règne de Frédéric II et pendant les années suivantes jusqu'au moment de la rédaction de sa chronique entre 1283 et 1287, il larde sa *Cronica* de quantité d'histoires moralisatrices de sorte qu'elle prenne un peu l'aspect d'un livre d'exemples à l'usage des prédicateurs (G. Scalia; *CM* 125, 125A, 1998, 1999).

LES MANUELS. L'organisation globale de la liturgie a occasionné des manuels de grande envergure, comme le *De diuinis officiis* de Rupert de Deutz mentionné plus haut. Dans les dernières décennies du XIIᵉ siècle Jean Beleth constitua tout à fait à la mode de son temps une 'somme' liturgique: *Summa de ecclesiasticis officiis* (H. Douteil; *CM* 41, 41A, 1976), tandis que Pierre de Poitiers rédigea une 'somme' de toutes les matières qui se rapportent au sacrement de la confession, en alléguant dans sa *Compilatio presens* (J. Longère; *CM* 51, 1980) les auteurs qu'il considérait comme les autorités dans ce domaine. L'auteur et la date précise du *Liber Quare* (G.P. Götz; *CM* 50, 1983) nous échappent. Composé probablement au XIIᵉ siècle, il présente une série de questions sur le sens d'un grand nombre d'institutions, de pratiques et d'ornements liturgiques; les explications que l'auteur propose se fondent souvent sur la typologie biblique et la symbolique des nombres. A peu près cent ans après son achèvement, l'influence de la *Somme* de Jean Beleth est bien perceptible dans le *Rationale diuinorum officiorum* du grand canoniste et liturgiste Guillaume Durand (A. Davril, T.M. Thibodeau & B.G. Guyot; *CM* 140,140 A & B, 1995-2000). Il rédigea cette synthèse comme évêque de Mende, après avoir étalé son expérience juridique à la Curie romaine et ses qualités administratives dans le gouvernement des nouveaux territoires pontificaux.

LE DROIT CANON. Pour bien organiser la société des fidèles, les autorités ecclésiastiques ont promulgué au cours des siècles quantité de décrets et de règles ou 'canons'. Leur multiplication même a créé le besoin d'agencer des répertoires qui permettent de retrouver facilement quel article s'applique dans un cas concret. C'est exactement ce souci qui qui est à la base de la *Collectio canonum in V libris*, dont M. Fornasari (*CM* 6, 1970) a édité trois livres. L'auteur anonyme du XIe siècle rédige pour le prêtre Lupo un recueil où des sentences patristiques et des textes d'anciens canons des conciles et des constitutions papales sont classés dans un ordre qui lui semble prévoir les situations les plus diverses.

La littérature versifiée

Dès l'époque carolingienne la littérature versifiée est très abondante et comporte plusieurs genres. Quantité de ces poèmes ont depuis longtemps trouvé leur place soit dans des séries prestigieuses soit dans des éditions particulières. Laissons de côté la question dans quelle mesure une grande partie de cette production devrait être taxée de versification plutôt que de poésie. Nous avons signalé plus haut les œuvres poétiques de Raban Maur, de Sedulius Scottus et de Pierre de Blois. On constate que dans la *CM* le genre didactique est nettement dominant, de sorte qu'il mérite un aperçu à part. Les *Carmina* de Petrus Pictor, composés vers l'an 1100, comportent un poème sur l'eucharistie et sur d'autres thèmes religieux connexes (L. Van Acker; *CM* 25, 1972). Dans le *Polythecon*, un poème didactique du XIIIe ou du XIVe siècle, le poète anonyme aborde les grands ressorts de l'âme humaine. Il exhorte la jeunesse romaine à la lutte contre les péchés capitaux, leur rappelant qu'on peut porter remède à tout vice, et leur recommande vivement la pratique de la vertu, à laquelle l'étude et une formation solide contribuent beaucoup (A.P. Orbán; *CM* 93, 1990). De la même époque datent les *Opera poetica* du moine cistercien Christan de Lilienfeld (W. Zechmeister, *CM* 19A, 19B, 1992, 1993); très vastes, ils renferment un grand nombre d'hymnes à la louange du Christ ou des saints, à côté d'une grande production didactique inspirée tant par une lecture typologique ou moralisante des textes bibliques et liturgiques que par une compréhension moralisante du monde animal ou végétal. Il aime le procédé des vers géminés dont le premier annonce le thème biblique, liturgique ou le phénomène naturel et le second en présente la morale. Le *Pastorale nouellum* composé au xive siècle par Rodolphe de Liebegg est un exposé doctrinal en hexamètres sur les sept sacrements. L'auteur défend énergiquement la position théologique selon laquelle les sacrements du Nouveau Testament ne signifient pas seulement l'action salutaire, mais la produisent effectivement (A.P. Orbán; *CM* 55, 1982). L'hagiographie aussi nous a laissé un grand nombre d'ouvrages en vers. Sous le titre *Vitae sanctae Katharinae* (*CM* 119, 119A, 1992), A.P. Orbán a rassemblé plusieurs textes relatifs à la sainte. Une première *Vie* anonyme date d'avant 1250, une *Passio* d'un certain Richard et un fragment d'une autre *Vie* anonyme d'avant 1300, une quatrième *Vie* anonyme est conservéé dans deux manuscrits du xve siècle. Le souffle de la renaissance se fait de plus en plus sentir dans les trois autres *Vies*: celle de Pietro Carmeliano de Brescia datée de 1485, celle de son contemporain Jean-Baptiste Spagnoli et enfin celle d'un poète d'une vingtaine d'années plus jeune Jacques Locher.

En cette cinquantenaire de la *Series Latina*, la *CM* a encore un bon bout de chemin à faire avant d'atteindre un âge aussi respecté. Toutefois, au cours des trente sept années de son existence elle a déjà effectué un parcours étonnant. De toutes parts des collaborateurs dévoués sont venus lui confier leur édition et aujourd'hui encore quantité d'éditions sont sur le métier. Les circonstances un peu indécises dans lesquelles la *CM* a débuté et le fait qu'elle joue le rôle de série d'accueil lui ont donné une structure plutôt confuse; mais quiconque se donne la peine de considérer les éditions d'un point de vue particulier, chronologique, géographique ou thématique, découvre bien vite des richesses insoupçonnées.

Prof. ém. Dr. Fernand Bossier
Directeur *Continuatio Mediaeualis*

Continuatio Mediaeualis: Sint-Pietersabdij Steenbrugge
Baron Ruzettelaan 435
8310 Brugge (Belgique)
tél. +32 50 359112; fax +32 50 371457
www.corpuschristianorum.org
e-mail: corpuschr@brepols.net

CORPVS CHRISTIANORVM   *SCRIPTORES CELTIGENAE*

The sub-series *Scriptores Celtigenae* of *Corpus Christianorum Series Latina* originated in April 1987 by an agreement between Brepols Publishers on one side and the Royal Irish Academy and the Irish Biblical Association on the other for the publication of Latin exegetical material believed by a number of scholars to have originated in, or be connected with, Ireland. The significance of this event and this sub-series will be better evaluated when viewed against the reason behind it and the movement that led up to it.

A major incentive for the publication and critical examination of unpublished material possibly arose from the tradition that the study of Scripture was central to the early Irish monastic school system, coupled with the dearth of exegetical material evidence for the works studied or composed in the early Irish schools (500-800). Matters changed in 1954, with the publication in *Sacris Erudiri* of Professor Bernhard Bischoff's seminal essay "Wendepunkte in der Geschichte der lateinischen Exegese im Frühmittelalter," and its now celebrated "Irish symptoms" as to why the forty or so works presented by him for the period 650-800 should be regarded as having Irish origin or connections.

Interest in the importance of these new texts was kept alive principally by Robert McNally and the publication of some of them in *Scriptores Hiberniae Minores* (*SL* 108BC; 1973-1974). At the time of his death in 1978 McNally had almost completed work on four other Hiberno-Latin texts not in Bischoff's list (*Catechesis Celtica, Liber de numeris*, Homiliaries of Verona and of Cracow). Interest in the importance of these texts grew during the 1970s and 1980s, and in 1986 the Irish Biblical Association and the Royal Irish Academy entered into an agreement to critically edit and publish a list of major Hiberno-Latin exegetical and homiletic works. Both these bodies were very happy when in 1987 agreement was reached with Brepols Publishers to have the works published in the prestigious series *Corpus Christianorum*. In a note prefaced to each volume of the sub-series the Irish Editorial Committee records its gratitude for the facilitation accorded to the venture at every stage by Brepols through their representative Roel Vander Plaetse.

From the scholarly point of view the sub-series is highly relevant for at least two reasons. One is that the key texts of the sub-series will be the unpublished material identified by Dr Bischoff in his 1954 essay. The biblical commentaries and introductions represent a literary activity of some hundred and fifty years (650-800), which in Bischoff's view differs essentially from that of the patristic age and from that of the early continental Middle Ages. In this corpus there is a concentration on the Gospel of Matthew, with nine commentaries or introductions of his list of thirty-nine having to do with this gospel. There is a family similarity between the various writings. Furthermore, material in some of these earlier writings is closely related to what we find in later exegetes such as Rabanus Maurus (d. 856) and Paschasius Radbertus (d. 865), phenomena which require explanation and merit examination. Critical edition of the material is a pre-requisite for any such inquiry. A further indication for the importance of the sub-series importance is that it provides and will provide material for the database for the *Royal Irish Academy Dictionary of Medieval Latin from Celtic Sources* project, currently being processed and published by Brepols. This dictionary project in good part explains the presence of *Celtigenae* in the title. Dr Bischoff himself was strongly convinced of the Irish origins or connections of the works he listed in "Wendepunkte". His view is not shared by all scholars. By its title the Editorial Board does not in any way wish to preempt the outcome of the current discussion, which will be immensely helped by the critical edition of the works.

These two factors ensure the scholarly relevance and impact of the sub-series now and in the years ahead.

The *Scriptores Celtigenae* fits very well into the *Corpus Christianorum*. As is clear from the *Clauis Patrum Latinorum*, the *Corpus Christianorum* editors pay great attention to the approach to Christian literature through chronology, region, and form of writing. Before the inception of the sub-series *Scriptores Celtigenae* there were other similar and related sub-series such as the *Scriptores Hiberniae Minores*, already noted, and the *Grammatici Hibernici Carolini aeui* (*CM* 40-40D). This new sub-series will span the periods covered by the patristic *Series Latina* (pre-735) and the *Continuatio Mediaeualis*. As a sub-series it is original in that its chief concern is writers believed to belong to Celtic nations (Ireland, Scotland, Wales, Brittany), and includes material of an exegetical, homiletic and theological nature.

The sub-series began as part of a movement to systematically explore early and medieval Irish ecclesiastical learning and culture, particularly with regard to the text and interpretation of the Bible, homiletic and theological learning and apocryphal literature. The sub-series makes provision for the discussion of these matters in the introductions to the various volumes. It hoped, indeed expected, that the same sub-series also will arouse more general interest in these subjects. In fact, one facet of the current discussion is the reappraisal of the texts brought to scholarly attention by Bischoff and their relevance or otherwise for Irish and medieval learning.

Indeed, it can be said that the field of Hiberno-Latin studies offers many challenges for the decades to come. The first has to do with Biblical textual criticism. In the introduction to his catalogue of Latin Exegetical material, both Hiberno-Latin and that showing Irish influence (650-800), B. Bischoff grants that the greatest defect in this list in "Wendepunkte" is that hardly anything can be said concerning the biblical text of the books commented on. He rightly notes, however, that the base for future research on the history of the Latin text of the Bible in Ireland is broadened by the new works he lists and studies. One of the challenges arising from the new research is precisely the scientific examination of the Bible text in Ireland, particularly that of the Gospels. Of some thirty Irish or Celtic Gospel Books only less than ten have been fully collated. A plan for the coordinated systematic study of the remainder seems indicated. In fact there may well be room in some series for just such a sub-series as "Irish Latin Gospel Texts". Specific Gospel readings can be very significant for tracing Irish or Celtic influence. As an example I may instance the (Irish) Old

Latin reading *conseruator salutis* at Luke 2:11 (for *saluator* of Vulgate and general Old Latin) found in Old Latin texts only in the Irish *Usserianus Primus*, and in the fragment in St Paul in Kärnten but occurring in this Hiberno-Latin material in the comment on the verse in the *Reference Bible*, in the Vienna 997 commentary on Luke, many times in the exposition of this text in the *Catechesis Celtica* and in the *Homiliarium Veronense* (published in the sub-series). Another instance is the interpolated text (related to John 19:34) in Mat 27:40, an interpolation almost universally in Irish Gospel texts and only once elsewhere, and also in the new commentary material.

Another line of development in this area should be the comparison of the commentary material with evidence from Irish apocrypha and related material. This Irish material is now being published by Brepols in the *Apocrypha Hiberniae*, a sub-series to *Corpus Christianorum Series Apocryphorum*. There seems to be a particularly strong interconnectedness in the Infancy Narratives.

In some recent discussions on the Irish nature or connections of the material first brought to attention by Bernhard Bischoff in 1954, a lot of attention has been paid to what Bischoff called the "Irish symptoms" of this body of literature. I believe the time has come to pass on from these symptoms or criteria advanced almost half a century ago. Research has moved forward since then. As the material is now being critically edited in the sub-series *Scriptores Celtigenae* and other publications a larger picture is being presented. There will be question of identifying the interrelationships of these works, or portions of the works and of ascertaining their relationship, if any, to Ireland or Irish circles on the Continent, and thereby clarifying the intuitions of Professor Bernhard Bischoff, Robert E. McNally and other pioneers in this field.

These, I believe, are some of the main challenges for future research in this field, a challenge given greater focus by the ongoing work in the sub-series *Scriptores Celtigenae*.

Martin McNamara
Director *Scriptores Celtigenae*

Scriptores Celtigenae: Dictionary of Medieval Latin from Celtic Sources
Royal Irish Academy
19 Dawnson Street
Dublin 2 (Ireland)
tel. +363 1 6762570/6764222; fax +363 1 6762346
http://journals.lecs.qub.ac.uk/DMLCS/scriptores.html
e-mail: DMLCS@ria.ie

CORPVS CHRISTIANORVM   *CONTINVATIO MEDIAEVALIS*
RAIMVNDI LVLLI OPERA LATINA

„Raimundus Lullus (1232/33-1316) gehört zu den universalsten, aber auch umstrittensten Persönlichkeiten des Mittelalters. G. Sarton (1950) charakterisiert ihn als katalanischen Philosophen, Apostel und Schriftsteller, einen der größten volkssprachlichen Autoren des mittelalterlichen Europas, den Patriarchen der katalanischen Sprache und Literatur, christlichen Erzieher und Missionar, Vater des westlichen Orientalismus, Vorkämpfer gegen den Averroismus, Erfinder einer Art universaler Logik, der *Ars magna*. Eine genaue doxographische und historische Einordnung leidet aber daran, daß eine kritische Gesamtedition seines umfangreichen literarischen Nachlasses immer noch fehlt. Trotz seines rastlos bewegten Lebens, das ihn von Mallorca bis nach Kleinarmenien, von Paris bis nach Tunis führte, entfaltete er eine staunenswerte literarische Produktivität. Wir wissen, daß er etwa 280 zum Teil sehr umfangreiche Schriften verfaßt hat; davon sind uns heute etwa 240 erhalten. Von diesen sind 105 noch ungedruckt und nur handschriftlich überliefert."

So schrieb Friedrich Stegmüller im Jahre 1960. Er konnte dabei schon auf ein dreijähriges Wirken des von ihm an der Albert-Ludwigs-Universität Freiburg i. Br. ins Leben gerufenen Raimundus-Lullus-Instituts zurückblicken und auch schon von den ersten Editionen berichten. Das Ausmaß des Corpus Lullianum und seine vielschichtige Überlieferung in arabischer, katalanischer und lateinischer Sprache erschwerte das Studium dieses Denkers. Den bedeutendsten Platz in Lulls Schaffen nehmen aber seine lateinischen Werke ein. Über 200 seiner Schriften sind nur lateinisch, fast alle seine katalanischen Werke sind auch lateinisch erhalten. Die Edition dieses Corpus Lullianum Latinum war daher eine große und drängende Aufgabe der Mediävistik. Einen ersten Versuch einer solchen Edition stellt die achtbändige Mainzer Ausgabe (Moguntina) (1721-1742) dar. In ihr wurden 48 lateinische Werke, meist zum ersten Mal, ediert. Aber diese Edition blieb ein Torso; über 200 Werke sind in ihr nicht enthalten und die von ihr gebotenen Werke legt sie in einem zwar doxographisch benutzbaren, nicht aber in einem kritischen Text vor. Bei dieser Sachlage war eine kritische Edition des gesamten Lullus Latinus eine unabweisbare Aufgabe. Als Voraussetzung für die Edition bereiteten Prof. Stegmüller und seine Mitarbeiter ein Verzeichnis sämtlicher Werke Lulls vor (mit ausführlichen Initien und Angaben über Handschriften, alte Drucke und pseudolullische Schriften), das die Grundlage aller modernen Kataloge geworden ist. Gleichzeitig begann die systematische Sammlung der zur Edition benötigten alten Lullus-Drucke sowie von Mikrofilmen der lateinischen wie auch der katalanischen und altfranzösischen Lullus-Handschriften. Die in CCCM laufend erscheinende kritische Edition hat mit den späteren, weniger umfangreichen und zuvor nicht edierten Werken Lulls angefangen und diese mittlerweile allesamt vorgelegt. Inzwischen sind von dieser Edition dreißig Bände erschienen, die einen Zugang zu Lulls Gesamtœuvre ermöglichen. Besonders hervorzuheben ist die drei Bände umfassende Ausgabe der *Arbor scientiae* (CM 180).

Aufgrund des besonderen Charakters seines Werkes, das Originalität beansprucht und sich bewußt von den zeitgenössischen philosophischen Traditionen absetzt, wurde Raimundus Lullus lange als eine marginale Erscheinung in der Geschichte der europäischen Philosophie betrachtet. Die faszinierende historische Figur Lulls verleitet auch dazu, ihn als singuläre Erscheinung mißzuverstehen. Die unübersehbare Originalität der Ars Lulliana, aber auch seine Selbstaussagen leisten dieser Einschätzung Vorschub. Verweise auf Autoritäten und Bezugtexte anderer Autoren sind äußerst selten zu finden. Dieser fehlende Bezug zu anderen Texten erklärt sich nicht nur intern aus der vorgeblich göttlichen Provenienz seiner Erkenntnis, sondern ist auch eine Auswirkung von Lulls rationalistischem Denken, in dem Autoritätsbeweise nicht als stichhaltig gelten und daher auf Zitate verzichtet werden kann.

Die Charakterisierung als Außenseiter ist durchaus berechtigt, dennoch läßt sich Lull dank der in dieser Reihe neu zugänglichen Texte zunehmend aus dieser Rolle extremer Originalität befreien. Das Bild Lulls als eines Exoten verkennt seine Bedeutung in der Philosophie des Mittelalters, die gerade darin liegt, einige Aporien scholastischer Postulate sehr früh erkannt bzw. die Dringlichkeit einer neuen Methodologie und neue Wege der Wahrheitsfindung gesucht zu haben. Wegen dieser Eigenschaften wurde sein Denken im 16. und 17. Jahrhundert stark rezipiert. Diese Edition hat die Bemühungen verstärkt, Lull in den Fluß mittelalterlichen Denkens einzugliedern, ohne die unverkennbaren Unterschiede zu verdecken. Zum einen wird die Übereinstimmung seines Denkens mit verschiedenen gängigen Elementen des allgemeinen mittelalterlichen Weltbildes, zum anderen werden seine Kenntnisse des ihn umgebenden Islam, des Judentums oder des aristotelisch-scholastischen Wissens deutlich.

Die Reihe wird zügig fortgesetzt. Dank einer ständig wachsenden internationalen Schar von Lullus-Forschern können wir in der nächsten Zukunft, wie bereits in den letzten Jahren, mit dem Erscheinen eines Bandes pro Jahr rechnen.

Dr. Fernando Domínguez Reboiras
Raimundus-Lullus-Institut

Raimundi Lulli Opera Latina: Raimundus-Lullus-Institut
Albert-Ludwigs-Universität
Werthmannplatz 3
D-79085 Freiburg im Breisgau
Tel.: +49 761 2032085; Fax: +49 761 2032097
e-mail: Fernando.Dominguez@theol.uni-freiburg.de

CORPVS CHRISTIANORVM   CONTINVATIO MEDIAEVALIS
OPERA OMNIA of JAN VAN RUUSBROEC

Ruusbroec was born in 1293, probably in the village of Ruis-broek, southeast of Brussels. When he was eleven, he moved to the city and attended the school attached to the collegiate church of St. Gudula. He was ordained a priest and became a chaplain there. In 1343 he left Brussels together with two other priests to live a contemplative life in Groenendaal, a site in Soignes Forest about ten kilometers south of Brussels. The group based there became a community of Augustinian canons regular in 1350. Ruusbroec died there in 1381.

Ruusbroec puts the Low Countries on the map of world literature. His greatness as an author of mystical-spiritual writings has been acknowledged internationally. His work contains eleven treatises and seven letters. The main sources he draws on are the great Cistercians, Guillaume de St.-Thierry and Bernard of Clairvaux, and his female predecessors in Middle Dutch mystical literature: Hadewijch (first half of the thirteenth century) and Beatrijs of Nazareth (1200-1268). So far there have been two editions of his work: one by J.-B. David (1858-1868) and one by the Ruusbroec Society (1932-1934). Neither of these editions meets modern standards. For most of the treatises David chose a codex (Brussels, Koninklijke Bibliotheek, 3416-24) that indeed belongs among the better manuscript witnesses but has the defect that its version is a mixture of different recensions. Moreover, the editor did not shrink from normalizing the orthography and producing self-made headings in Middle Dutch. The edition by the Ruusbroec Society avoids David's imperfections but overestimates the Ruusbroec codex from Groenendaal (Brussels, Koninklijke Bibliotheek, 19.295-97) as the base-text for all textual criticism. In fact, for some treatises, smaller and older manuscripts offer better versions. Moreover, the number of manuscripts involved in this edition remains rather limited. This hampers a clear view across space and time of the transmission of the texts.

For all these reasons a new critical edition was urgently needed. For this, now almost completed *Opera Omnia*, the Middle Dutch text is based on a critical study of all manuscripts. Carefully comparing the different versions, the editor has searched for the most undamaged version, which is also considered to be closest to the original text. Where this text shows evident shortcomings, these are corrected on the basis of the most acceptable reading offered by one or more of the other manuscripts. Each correction is clearly marked in the critical text and accounted for in the critical commentary. Besides the Middle Dutch text the edition contains a new English translation, which renders Ruusbroec's text as literally as possible, and the Latin translation by L. Surius O.Cart. (1523-1578) according to its first edition (1552). Some small interventions of the editor in the text of this translation make it more readable: the abbreviations are spelled out, the use of u and v is adapted to modern standards and evident misprints are corrected. This triple text-edition intends to do justice to the original text as the only basis for scientific research and to make it accessible to those not being familiar with Middle Dutch.

A threefold apparatus accompanies the Middle Dutch text. The first apparatus mentions the variants with regard to the basic text. Also the variants of manuscripts which contain only excerpts are included; their position within the whole of the transmission can now be identified. The second apparatus contains the palaeographic annotations. They describe the corrections inserted in the text of the base manuscript by the copyist or by correctors. They also provide information about other phenomena outside the normal run of the text, e.g. initials, marginalia, errors in spelling, unusual writing patterns on account of word-divisions, dittographies, and damage to the text from external causes. The third apparatus lists references to the Bible and to other sources and parallel passages, without aiming at an exhaustive source apparatus. A lemmatized vocabulary contains the nouns and adjectives, verbs and adverbs of the critical text, followed by their localization.

The introduction sketches the historical circumstances in which each of the texts originated and outlines their contents. Finally it gives information about the manner of editing and about the manuscripts which contain the text in question.

The publication of Ruusbroec's *Opera Omnia* in the series of the *Corpus Christianorum* may at first seem surprising: its language is the vernacular and not Latin. Among the public Ruusbroec mainly wrote for (Friends of God, hermits, Poor Clares) many could not read Latin. Moreover he himself undoubtedly preferred his mother tongue to describe mystical life. Surely the fact that he produced high-quality literature in Dutch does not suffice to publish his works in a Latin series. From the sixteenth till the nineteenth century, however, his oeuvre was mainly spread, read and studied in Latin. Surius's translation made Ruusbroec's works available for the West European intelligentsia. Even in the twentieth century this Latin text was used as a basis for translations in modern languages. Furthermore, it is a very readable and accurate translation. From the viewpoint of cultural history the 'Rusbrochius Latinus' has been more influential than the Dutch one. It therefore deserves a place in a series devoted to Latin authors, the more so since an eminent Latin translation is part of the edition.

For the publication of the eleven treatises and seven letters, eleven volumes were planned. The two most extensive treatises each occupy two volumes, whereas three smaller treatises together with the seven letters were put into one volume. Since 1988, nine of the ten parts (nine of the eleven volumes) have been published. Only one treatise still awaits publication: *Van den geesteliken tabernakel — In tabernaculum foederis commentaria*. Because of its size it will be published in two volumes (*Opera omnia*, 5-6 / CM, 105-106). We hope to publish this work by 2005. From that moment onwards the translation and study of Ruusbroec's work will have a solid and secure foundation.

Prof. Dr. Guido de Baere

Editor-in-Chief Jan van Ruusbroec's *Opera omnia*

Jan van Ruusbroec's *Opera omnia*:

Ruusbroecgenootschap, Vakgroep Religieuze Wetenschappen,
UFSIA-Universiteit Antwerpen
Prinsstraat 13
B-2000 Antwerpen (Belgium)
tel. +32 3 2204250; fax +32 3 2204420
e-mail: guido.debaere@ua.ac.be

CORPVS CHRISTIANORVM   *CONTINVATIO MEDIAEVALIS*

GERARDI MAGNI OPERA OMNIA

The subseries *Gerardi Magni Opera omnia* consists of an edition in seven volumes of the collected works of Geert Grote, founder of the religious reform movement Deuotio Moderna.

Geert Grote was born in 1340 in Deventer — that is in the eastern part of the Netherlands — as the son of a wealthy and influential cloth merchant [1]. At the age of 15, he was sent for further study to the University of Paris, where he was accorded the degree of magister artium in 1358. Subsequently he spent several years in Paris, but finally he returned, in or around 1366, to his native city. His attempts to secure an ecclesiastical career resulted in the assignment of prebendaryships in Aachen (1368) and Utrecht (1371). After a grave illness he gave up his active life in the world, probably in 1372. This step led to a conversion to an ascetic and spiritually oriented life, imitating Christ and his first disciples. He spent a certain time (probably three years) between 1374 and 1379 in Monnikhuizen, a Carthusian monastery near Arnhem, as a paying guest.

On the advice of the Carthusians, however, he exchanged the secluded life in the charterhouse for a life of predication in the world, attested from ca. 1379 until his death in 1384 as a victim of the plague. The topics of his preaching can be subdivided in two main subjects: exhortations aiming at a renewal of the inner life of his contemporaries, and diatribes against the abuses he perceived in the behaviour of those holding positions in the Church.

(1) Grote's life and achievements are described in detail in R.Th.M. VAN DIJK (ed.), *Gerardi Magni Opera Omnia. Vol. I. Prolegomena ad Gerardi Magni Opera omnia (Die Forschungslage des gesamten Schrifttums)*, published in *Corpus Christianorum, Continuatio Mediaevalis* 192, Turnhout, 2002. Cfr also G. ÉPINEY-BURGARD, *Gérard Grote (1340-1384) et les débuts de la Dévotion Moderne (Veröffentlichungen des Instituts für europäische Geschichte Mainz*, Bd. 54), Wiesbaden, 1970, and R.R. POST, *Modern Devotion. Confrontation with Reformation and Humanism*, Leiden, 1968, 51-175, all with extensive bibliographical reff.

Up to now only a small part of Grote's extensive literary output has been published in satisfactory editions. Most of his works have already been published in the 19th century, but those editions can in some cases best be characterized as transcripts based on one, two or three often unluckily selected manuscript witnesses, where the main criterion for the choice was the vicinity of a given library's manuscript department to the editor's house. For some texts, most notably Grote's Latin translations of texts originally written in Middle Dutch by the Brabantine mystic Jan van Ruusbroec and his followers, the editions in *Corpus Christianorum* are editiones principes.

The desirability of an *Opera omnia* edition project was realized in the 17th century already, and now and then suggested in the following centuries. [2] The first serious attempt to launch such a project took shape in the 1930's, when an editorial plan — on the occasion of the 600th anniversary of Grote's birth — was submitted to the board of the Historisch Genootschap in Utrecht by the Dutch Carmelite Titus Brandsma (1881-1942), professor at the Catholic University in Nijmegen, holding the chair of the History of Philosophy, which included the history of mysticism. Initially, the plan failed because several board members considered Grote's output as religious rather than as historical and — even more important — because during the second World War Brandsma died in Dachau long before the first volume could be published. Shortly after the founding in 1968 of the Titus Brandsma Institute for the scientific study of spirituality, its Board of Governors decided to restart Brandsma's project. Much preliminary work has now resulted in the *Prolegomena* section in *Corpus Christianorum, Continuatio Mediaeualis*, vol. 192. The establishment of an

---

(2) Cfr on this subject further VAN DIJK, *Prolegomena*, p. 601-626.

editorial board in 1997 stimulated the progress of the *Opera omnia* project, of which two volumes have now been published (*CM* 172; 192).

Dr. Rijcklof Hofman
Editorial board of *Gerardi Magni Opera omnia*
Secretary

Prof. Dr. E.C. Coppens
Editorial board of *Gerardi Magni Opera omnia*
President

Gerardi Magni Opera omnia: Titus Brandsma Instituut
Erasmusplein 1
NL-6525 HT Nijmegen (The Netherlands)
tel.: +31 24 3612162/3611836; fax: +31 24 3612151
e-mail: c.coppens@jur.kun.nl; rijcklof.hofman@tbi.kun.nl

CORPVS CHRISTIANORVM *CONTINVATIO MEDIAEVALIS*
HERMES LATINVS: OPERA OMNIA

Il progetto "Hermes Latinus" nasce nel 1986-1988 per iniziativa di una équipe internazionale di studiosi coordinata da Paolo Lucentini. La ricerca si proponeva i seguenti obbiettivi: (1) censimento sistematico dei manoscritti attribuiti a Hermes Trismegistus; (2) edizione critica dei testi ermetici latini; (3) studi storiografici sulla letteratura e la tradizione ermetica nelle diverse aree tematiche e linguistiche. La definizione delle prospettive di ricerca e i risultati delle prime investigazioni documentarie furono presentati nel corso dell'VIII Congresso Internazionale di Filosofia Medievale, "Knowledge and the Sciences in Medieval Philosophy" (Helsinki 1987) e del IX Congresso Internazionale di Filosofia Medievale, "Les philosophies morales et politiques au Moyen Âge" (Ottawa 1992).

La serie di edizioni critiche *Hermes Latinus*, diretta da Paolo Lucentini e da Vittoria Perrone Compagni, pubblica i testi ermetici latini composti o tradotti dall'età tardo antica fino al 1500. Inaugurata nel 1994 dal *De triginta sex decanis*, proseguita nel 1997 con il *Liber uiginti quattuor philosophorum* e nel 2001 con il volume collettaneo *Astrologica et diuinatoria*, la serie prevede nel prossimo anno la pubblicazione dei *Textus Magici*. Sono già in fase di preparazione o di completamento le edizioni del *Liber de sex rerum principiis*, dell'*Asclepius* e di testi di carattere magico-naturalistico.

Questa complessa impresa editoriale veniva incontro a molteplici esigenze scientifiche: (1) individuare e determinare la reale consistenza della letteratura ermetica completando le notizie, talora generiche o inesatte, dei pochi repertori e studi prima disponibili (Diels, Thorndike, Carmody); (2) rendere possibili indagini dirette sui testi offrendo edizioni attendibili; (3) soddisfare l'interesse crescente per le fonti ermetiche del pensiero medievale e rinascimentale.

Tale programma imponeva in via preliminare la definizione non equivoca della nozione di 'ermetismo' e la ricognizione esaustiva dei manoscritti e delle stampe ermetiche. Come criterio iniziale della recensione dei testi è stata assunta l'attribuzione a Ermete e a personaggi mitologici o storici che si presentano come divulgatori della sua dottrina. L'analisi testuale condotta in conformità con questo criterio ha dato due importanti risultati: (1) la rigorosa delineazione di un ambito letterario che in precedenza si presentava come una confusa e stravagante collezione di opere disparate (dalle tradizioni egiziane all'alchimia, dalle rivelazioni filosofico-religiose alla magia): (2) l'individuazione di opere anonime di sicura provenienza ermetica (un testo anonimo di scapulomanzia, il *Liber orationum planetarum septem*, ampie sezioni del *Liber Razielis*). Sull'altro versante, la ricognizione dei manoscritti non soltanto ha ampliato in misura imprevista il numero dei testimoni, ma ha consentito il rinvenimento di celebri opere ritenute perse (*De stationibus ad cultum Veneris*), il completamento di testi conosciuti solo in misura parziale (*Liber septem planetarum*), la scoperta di nuovi scritti (*Flores artis magicae*), di diverse recensioni latine e di traduzioni dal greco e dall'arabo.

Le edizioni di *Hermes Latinus* costituiscono l'unica collezione dei testi ermetici latini. Le Introduzioni non si limitano a descrivere la trasmissione manoscritta, ma illustrano l'origine, la storia e il contenuto dei testi, collocandoli nella loro tradizione letteraria o disciplinare. L'apporto scientifico più significativo è costituito dal nuovo quadro della cultura filosofica e scientifica nel Medioevo e nel Rinascimento, che *Hermes Latinus* ha contribuito a delineare. Oggi non è più possibile trascurare la letteratura ermetica o pseudo-ermetica − dall'*Asclepius* al *Liber de sex rerum principiis*, dalle opere di contenuto astrologico ai testi di magia − nell'esame di ambienti e temi significativi: questo vale per autori del secolo XII (Teodorico di Chartres, Bernardo Silvestre, Alano di Lille), per il pensiero di Guglielmo d'Alvernia, Tommaso di York e Ruggero Bacone, per motivi centrali nella speculazione filosofica di Alberto il Grande, per il dibattito sulla magia che culmina nello *Speculum astronomiae*, per la scuola 'albertina' da Ulrico di Strasburgo a Bertoldo di Moosburg, per teologi e filosofi come Tommaso Bradwardine, Meister Eckhart, Nicola Cusano, e per tanta parte del pensiero rinascimentale che sempre più si svela nutrito dalle sue radici medievali. Né si possono dimenticare i tanti autori che in modo frammentario od occasionale hanno derivato dalla stessa tradizione elementi eruditi o dottrinali.

I principi ispiratori della collezione sono di carattere filologico e storiografico. L'intento primario è di perseguire criteri di esaustività. La serie non solo raccoglierà tutti i testi ermetici latini nei diversi ambiti tematici (filosofia e teologia, scienze naturali, astrologia, magia, alchimia) e documentari (manoscritti, stampe, iconografia), ma offrirà, se possibile, anche l'edizione o il censimento dei testi che trasmettono in altre lingue (arabo, ebraico, greco) le stesse opere: così nel volume *Astrologica et diuinatoria* sono stati editi gli originali arabi e le traduzioni ebraiche di alcune opere o frammenti (*Liber de stellis beibeniis*, *Liber Antimaquis*, *Liber de spatula*). Non minore rilievo verrà attribuito allo studio delle fonti e delle testimonianze posteriori, che potranno così guidare lo studio dell'ermetismo nel suo complesso intreccio storico.

Questa prospettiva riprende con efficacia, e insieme orienta, i recenti sviluppi della storiografia ermetica. Nell'area dei testi filosofico-religiosi, in questi ultimi venti anni si è assistito a nuove e originali ricerche sulla presenza dell'*Asclepius* tra le fonti di teologi e filosofi di età medievale e rinascimentale; l'edizione del *Liber uiginti quattuor philosophorum* a cura di Françoise Hudry ha suscitato una vivace discussione che ha visto contrapporsi tesi molto diverse. In generale può dirsi che la bibliografia sull'ermetismo nel Medioevo e nel Rinascimento (edizioni, saggi, dissertazioni universitarie) ha registrato un ampio incremento e ha aperto nuovi percorsi nella storia del pensiero. Nell'area dei testi naturalistici e operativi, dopo i primi repertori e le grandi storie del pensiero scientifico, le ricerche si sono volte ad analisi filologiche e testuali, per offrire un quadro più compiuto e documentato dell'ermetismo latino. Le edizioni del *De triginta sex decanis* e dei testi raccolti in *Astrologica et diuinatoria* rappresentano il compimento di numerosi studi (da Franz Cumont a Paul Kunitzsch) e pongono le premesse per nuove ricerche. Di particolare importanza i lavori, connessi all'edizione dei *Textus magici*, che in questi ultimi anni hanno tentato di illustrare la genesi, la storia e il significato dei testi magici di Ermete, e hanno contribuito ad affrontare in una nuova prospettiva questioni di grande rilievo dottrinale.

Prof. Paolo Lucentini

Dott. Vittoria Perrone Compagni

Direttori del Progetto *Hermes Latinus: Opera omnia*

Hermes Latinus: Prof. Paolo Lucentini
Università degli Studi di Napoli "L'Orientale"
Via dei Fiorentini 10
I-80133 Napoli (Italia)
tel. +39 081 5804207/219; fax +39 081 5511514
e-mail: Lucentini@unifi.it.

Prof. Vittoria Perrone Compagni
Università degli Studi di Firenze
Via Bolognese 52
I-50126 Firenze (Italia)
tel. +39 055 4622433; fax +39 055 483857
e-mail: vpch@dada.it

http://www.iuo.it/dipfp/ATTIVITA_DI_RICERCA/HermesLatinus/index.html

CORPVS CHRISTIANORVM *CONTINVATIO MEDIAEVALIS*
LEXICA LATINA MEDII AEVI

La série *Lexica Latina Medii Aeui* a pour but l'édition et l'analyse de lexiques latins et bilingues compilés au cours du moyen âge. Sa première réalisation, le *Nouveau Recueil des lexiques latins-français du moyen âge*, continue le travail de pionnier exécuté par Mario Roques dès 1936 et 1938 avec la publication chez H. Champion (Paris) de l'Abauus et de l'Aalma. Cette initiative, inspirée au xixe siècle par l'éminent Gaston Paris, suivait une partie du vaste plan élaboré par Roques pour mettre au jour tous les textes lexicographiques médiévaux contenant du français. Dans la série *Lexica Latina Medii Aeuii* on espère ajouter aux textes latins-français d'autres lexiques bilingues ainsi que des lexiques purement latins.

Le *Nouveau Recueil des lexiques latins-français du moyen âge* débuta en 1994 avec la publication du *Firmini Verris Dictionarius : Dictionnaire latin-français de Firmin Le Ver*, suivi en 1998 par un volume réunissant deux lexiques plus courts l'*Anonymi Montepessulanensis Dictionarius : le glossaire latin-français du ms. Montpellier H236* et le *Glossarium Gallico-Latinum : le Glossaire français-latin du ms. Paris lat.7684*. Un des glossaires du Montpellier H236 et le Glossarium gallico-latinum peuvent être comptés parmi les premiers lexiques à renverser l'ordre classique latin-français et donc de préfigurer les grands lexiques de la Renaissance. La publication en 2003 du *Vocabularius familiaris et compendiosus : dictionnaire latin-français de Guillaume Le Talleur* met en lumière un important dictionnaire incunable. Plus substantiel que le premier imprimé latin-français, le *Catholicon abbreuiatum* (ou *paruum*), le *Vocabularius* que Le Talleur imprima vers 1490 à Rouen connaîtra une deuxième édition publiée par Martin Morin, successeur de Le Talleur. Il marquera toutefois la fin de la grande tradition médiévale initiée par Papias, Hugutio de Pise, Guillaume Brito et Jean Balbi dont le *Catholicon* (1286) devint la source principale de la pluaprt des lexiques bilingues à travers l'Europe.

L'intérêt principal de ces lexiques est indéniablement leur portrait du français du quatorzième et surtout du quinzième siècle, révélant de nombreux néologismes et d'expressions dont certains ne survivront pas tandisque que d'autres ne seront repris que beaucoup plus tard.

D'une importance presque égale est l'intelligence des structures lexi-cographiques par lesquelles les compilateurs démontrent leur réflexion sur les problèmes de la consultabilité. Firmin Le Ver en particulier sa-vait organiser sa matière dans des articles qui montrent son sens lin-guistique très fin.

La série de volumes sur papier sera doublée par des index en format CD-rom et on vise à l'avenir une ouverture interactive de tout lexique adopté pour la série.

Professor Brian Merrilees
Editor *Lexica Latina Medii Aeui*

Lexica Latina Medii Aeui: Victoria College
University of Toronto
73, Queen's Park Crescent
Toronto, Ont. M5S 1K7 (Canada)
tél. +1 416 5854481; fax +1 416 5854584
www.corpuschristianorum.org
e-mail: brian.merrilees@utoronto.ca

CORPVS CHRISTIANORVM   *THESAVRVS PATRVM LATINORVM*
INSTRVMENTA LEXICOLOGICA LATINA

Le *Corpus Christianorum* et son informatisation
Perspectives au sein et au-delà du *CC*:
l'étude de la tradition occidentale

Qui pourrait ne pas ressentir une profonde admiration pour l'entreprise du *Corpus Christianorum* lancée par le Père Eligius Dekkers en concertation avec les éditions Brepols? Je me rappelle comme si c'était hier descendre du train à Bruges par une belle journée de 1969 et attendre l'autobus pour aller à l'abbaye Saint-Pierre avec Dom Olivier Rousseau, moine de Chevetogne. Avant de devenir médiéviste, j'avais à vrai dire hésité à travailler (entre autres...) sur les Pères de l'Eglise grecque et la compétence de Dom Rousseau, ainsi que toute la tradition de Chevetogne, avaient retenu toute mon attention. Nous allions tous deux à la grande manifestation présidée par Mgr Albert Descamps et à laquelle assistaient le Cardinal Pellegrino et Mademoiselle Christine Mohrmann pour fêter la parution du cinquantième volume du *Corpus Christianorum*. Ce fut mon premier contact direct avec l'abbaye de Saint-Pierre. J'ai eu dès ce moment le sentiment qu'il fallait à tout prix faire la connexion entre les éditions du *Corpus Christianorum* et ce que l'on appelait encore à l'époque les méthodes mécanographiques. Faut-il rappeler que le mot informatique ne fut créé qu'en 1962 et qu'en ce temps il n'avait pas encore ou guère passé la rampe? Nous suivions les pas du grand initiateur que fut et demeure le Père Roberto Busa qui, peu après la seconde guerre mondiale, avait lancé le projet de *l'Index Thomisticus* et procédé ainsi à la première application « informatique » à un corpus textuel.

J'ai rappelé ailleurs le chemin parcouru des années 1960 jusqu'en ce début du XXIe siècle – tout particulièrement lors d'une session organisée à Strasbourg en juin 2002 par l'European Science Foundation dont les actes portent ce titre évocateur: « Informatica e scienze umane. Mezzo secolo di studi e ricerche ». Je veux cependant raconter ici une anecdote qui remonte au colloque de la Mendola de 1964. Pour la première fois j'y avais présenté la possibilité de faire des index de textes latins médiévaux en utilisant l'exemple des travaux de ma thèse de doctorat consacrée à Raoul, abbé de Saint-Trond au début du XIIe siècle. Après ma présentation, nous dirigeant vers une réception, Dom Jean Leclercq me dit: « Mais alors, il faudrait faire toute la Patrologie latine! », et je lui ai répondu: « et pourquoi pas? »... L'idée d'un traitement systématique des Pères de l'Eglise latine m'a semblé de fait depuis longtemps une nécessité.

Avec le temps, la *Continuatio Mediaeualis* du *Corpus Christianorum*, dont le premier volume a paru en 1966, prenait de plus en plus de développement. La publication de textes sans qu'il y ait des instruments de travail pour les étudier rigoureusement constituait à mes yeux une lacune qu'il fallait combler. Bien sûr − et les Mauristes particulièrement avaient bien ouvert la voie −, on constituait des index de toutes sortes qui figuraient la plupart du temps en fin de volume. Ces index étaient, sauf exception, partiels; c'étaient des index de termes choisis, rarement des index exhaustifs. Ils correspondaient à ce que l'on appelait les index idéologiques, ce qui en marquait du même coup les limites. Or il nous fallait au contraire, dans la lignée de Descartes et de sa fameuse règle du Discours de la méthode, des dénombrements exhaustifs où l'on serait sûr de ne rien omettre. Tout est intéressant dans un texte, les mots dits significatifs comme les mots outils, ces simples mots que l'on retrouve partout, ou presque, mais dont les emplois et les fréquences varient d'un texte à l'autre, les marquant de leur spécificité. Reprendre l'ensemble de l'information lexicale − les mots mêmes du texte − devait du même coup permettre d'élaborer tant des outils sémantiques que des instruments de travail de type pédagogique: on établirait le vocabulaire de base d'un auteur, d'une époque, d'un genre, que sais-je encore. Continuer de faire de tels instruments « à la main » était une chose absurde pour plusieurs raisons: le temps nécessaire, la quasi impossibilité de faire les statistiques voulues, et finalement, surtout l'éternel recommencement des tâches. Le travail dit manuel aboutissait sans doute à une publication, mais nécessitait une reprise intégrale à zéro lorsqu'on voulait compléter un index donné par celui d'une autre œuvre, par exemple. Il fallait que le recensement des faits linguistiques puisse automatiquement être poursuivi et enrichi au fur et à mesure des textes traités. Seule l'informatique rendait cela possible.

Dès les années septante, le Cetedoc, encore établi à ce moment dans la ville de Louvain, a commencé à multiplier les contacts avec le *Corpus Christianorum* afin que l'on établisse les index des éditions du *Corpus* en recourant aux méthodes nouvelles. Ces contacts furent certes cordiaux, mais pas évidents pour tous les interlocuteurs, certains défendant fermement les index de type idéologique. Il est clair que l'on passait d'une génération à une autre et la grandeur de Dom Dekkers a été de l'avoir compris, comme celle de Laurent Bols, à ce moment directeur des éditions Brepols, d'avoir vu clairement qu'entre l'unité académique qui proposait au *CC* ses services pour un traitement informatique systématique des œuvres et le groupe éditorial de Bruges il fallait faire un accord de collaboration. Celui-ci vit le jour à la fin des années septante.

Le premier volume qui inaugura la coopération du *CC* et du Cetedoc fut publié en 1978 par le Père Goulven Madec et concerna le *De diuina praedestinatione* de Jean Scot Érigène : en fin de volume parut un *Index uerborum* lemmatisé donnant les lemmes, leurs fréquences et les références. Y manquaient tant les formes que les contextes. Le premier pas marquait ainsi l'abandon d'index sélectifs. Le second pas a été la création des *Instrumenta Lexicologica Latina* (ILL) dont les résultats étaient également insérés à la fin des volumes du *Corpus*. Trois volumes inaugurèrent cette façon de faire : le *De Trinitate* d'Hilaire de Poitiers, la *Summa de confessione* de Pierre de Poitiers, tous deux publiés en 1980, et les *Opera omnia* d'Agobard de Lyon en 1981 — je fis cette fois moi-même l'analyse lexicale de ces textes. Les index et concordances étaient de fait le fruit d'une lemmatisation ou analyse lexicale de base (sur laquelle il n'y a pas lieu de s'étendre ici). Les listes de lemmes, avec leurs fréquences, paraissaient en fin de volume ; les concordances, les index de formes et de lemmes, les tables de fréquences décroissantes, étaient fournis sur microfiches rangées dans une pochette insérée dans l'ouvrage. L'adoption des microfiches permettait de multiplier l'information et d'offrir tout particulièrement des concordances exhaustives dont la publication imprimée aurait été non seulement hors prix, mais particulièrement encombrante. La réduction adoptée offrait une microfiche qui comporte 207 pages, des index à la fin de chaque microfiche permettant de retrouver immédiatement la page d'une microfiche où figure l'information désirée.

Ce système d'insertion dans les volumes avait de nombreux inconvénients : il ne permettait pas de distinguer plusieurs lieux d'observation du texte : les instruments que l'on établit à partir des formes et ceux que l'on constitue à partir des lemmes, ces deux instruments ayant leur spécificité propre. D'autre part, le travail de lemmatisation est un travail qui demande beaucoup de temps et d'énergie et il n'est pas possible de permettre toujours en même temps la publication d'une édition nouvelle et des instruments de travail basés sur la lemmatisation, d'autant plus que le niveau d'ambiguïté lexicale est particulièrement élevé dans le domaine du latin. C'est ainsi qu'il fut décidé de créer deux séries parallèles : la *series A — Formae* et la *series B — Lemmata*. Ces deux séries étaient conçues de manière rigoureusement complémentaire. Il est curieux qu'il faille parfois persuader les chercheurs de la pertinence de la complémentarité de ces instruments de travail. La plupart raisonnent en quelque sorte comme un menuisier qui considérerait qu'il n'y a qu'une sorte de marteau ou qu'un type de tournevis ! Plus nous avançons et plus nous nous apercevons combien il est difficile d'analyser les textes, d'en dégager tout le contenu. On a souligné que lire est une opération sans fin : on peut en déduire que cette opération de re-connaissance (ana-gignôskein) exige une diversité d'outils d'observation.

Les *ILL* ont été conçus en liaison directe avec la collection du *Corpus Christianorum, Series Latina* et *Continuatio Mediaeualis*. Il n'y a donc d'*ILL* que pour les volumes du *CC* et, au fur et à mesure de l'évolution, on a considéré qu'il fallait donner la priorité aux nouvelles éditions, dès leur parution, afin de donner l'état linguistique le plus récent pour les textes édités, qu'il s'agisse d'inédits ou de nouvelles éditions critiques. On désire de la sorte fournir le *status quaestionis* textuel. Il est clair qu'avec l'avancement des recherches et les mises en ordinateur systématiques auxquelles on procédait de plus en plus, il fallait créer des *thesauri* qui regroupent systématiquement l'œuvre d'un auteur patristique ou médiéval, que les textes en question aient été ou non publiés dans le *CC*. Ceci amena à la création de la collection *Thesaurus Patrum Latinorum* (*TPL*), pour laquelle on conçut également deux séries: la *series A – Formae* et la *series B – Lemmata*, certains volumes pouvant parfois intégrer les deux séries dans une même publication. Le premier volume fut consacré à l'ensemble de l'œuvre de Grégoire le Grand et parut en 1986.

La collection *TPL* ne se borne pas à publier des instruments de travail d'ensemble: de façon générale, les *opera omnia* d'un auteur et dans certains cas tel corpus formant une unité particulière (comme, par exemple, l'œuvre visionnaire d'Hildegarde de Bingen). Chaque *Thesaurus* offre non seulement un état de la question en ce qui concerne le point de vue historique et bibliographique (sorte de synthèse immédiate offerte), mais également la mise en œuvre des distinctions qu'il importe d'opérer pour un auteur donné, et notamment celle d'hypothèses de travail particulières. Pour mettre tout cela en évidence, il est décidé dans chaque cas de ce que l'on imprime sur papier et de ce qui est fourni sur microfiches. L'idée directrice est toujours de suggérer grâce aux informations rassemblées sur papier, les modes de consultation que l'on peut opérer. On s'est toujours efforcé de permettre deux types d'interrogation: celle qui part de soi (– on voudrait rechercher tel mot, telle expression, par exemple –), celle qui doit partir des textes mêmes et donc des formes ou des lemmes mêmes, et pour cela il faut les parcourir par grappes et de diverses manières. C'est en quelque sorte le texte qui nous interroge. On voit ainsi que le but est de permettre le dialogue: de nous au texte, du texte à nous.

Deux exemples permettront d'illustrer clairement ce propos. Le *Thesaurus Augustinianus* regroupe toutes les œuvres d'Augustin; il permet de voir ce qui a été considéré comme non authentique ou douteux. Les formes qui constituent les entrées des index imprimés comme celles de la concordance sont des formes dites normalisées: les variantes graphiques d'une même forme sont donc regroupées sous une forme que l'on peut considérer comme un lemme graphique. (Seul le premier *Thesaurus* publié, celui du pape Grégoire le Grand, offrait une situation préliminaire : une liste de renvois pour des variantes graphiques.) Cette analyse graphique est particulièrement importante, car, bien souvent, les chercheurs ne pensent pas à interroger toutes les variantes graphiques d'une même forme (assimilation-dissimilation, diphtongues-voyelles, mutations phoniques, aspiration-absence d'aspiration, mais aussi cas d'altération profonde). Même dans les cas où l'œuvre d'un auteur a été reprise selon des éditions aux graphies normalisées, cette normalisation n'est pas toujours uniforme. Les habitudes selon les lieux et les époques et les auteurs varient, parfois d'ailleurs de manière non justifiée. C'est dire que ce travail n'est pas aisé ni rapide. Pour en revenir à Augustin, l'*Enumeratio formarum* est donc une liste de formes normalisées (un code avertissant quand une normalisation a été pratiquée). Le *Thesaurus* d'Augustin présente cette liste de formes en plusieurs colonnes dont la distinction a le mérite de se reporter à Augustin lui-même − et dans tous les volumes du *TPL* on va poursuivre ce même type de réflexion − : dans le volume que l'évêque d'Hippone a consacré à la révision de ses œuvres − les *Retractationes* − il a offert le modèle à suivre et c'est notre ami le Père Goulven Madec qui nous a donné l'idée de mettre en œuvre la division d'Augustin − à chaque fois, en effet, nous nous efforçons d'établir les contacts nécessaires avec des personnalités scientifiques particulièrement compétentes pour le dossier textuel traité. En l'occurrence, il apparaissait opportun de distinguer les traités, les sermons et les lettres, et pour les traités, d'observer la distinction augustinienne : ce qui a été écrit avant qu'il ne soit évêque, ce qui a été écrit quand il était évêque. Dans la première tranche − œuvres d'avant l'épiscopat −, nous avons opéré une distinction supplémentaire : ce qui fut écrit avant qu'il ne soit prêtre et ce qui fut écrit quand il était prêtre. Enfin, dans la masse des sermons, on a distingué les sermons sur l'évangile de Jean et la première lettre johannique, les *Enarrationes in Psalmos* et le reste des sermons (auxquels vont venir s'ajouter par après les nouveaux sermons découverts par François Dolbeau qui feront l'objet d'un supplément qui verra le jour cette année). L'examen des diverses attestations ainsi regroupées est, comme on peut s'en douter, particulièrement suggestif.

Autre exemple : le *Thesaurus* de Thomas a Kempis. On sait les problèmes que pose l'*Imitatio Christi*. Tout a donc été fait pour que les instruments de travail distinguent chaque fois qu'il y a lieu le corpus d'ensemble repris, avec et sans l'Imitation, et l'Imitation elle-même. Tout cela aboutit à constater qu'il n'y a pour un auteur ou un corpus donné meilleur instrument de recherche afin de connaître un ensemble textuel que le type d'information que fournit un *TPL*, la spécificité du *TPL* ayant abouti à diversifier les outils d'information bien au-delà de ce qu'offrent les *ILL*. Je pense par exemple aux diverses listes de fréquences décroissantes (allant des fréquences les plus élevées jusqu'à l'ensemble des 'hapax legomena').

Les limites chronologiques du *TPL* ne correspondent pas aux limites traditionnelles de la patristique et du moyen âge latin. J'ai dit et répété qu'il fallait englober les productions de la dite Renaissance et de la post-Renaissance, et, pourquoi pas, aller jusqu'au seuil de notre temps. Un volume consacré aux conciles œcuméniques, de Nicée à Vatican II, a été ainsi publié dans une série appelée *Supplementum* au *TPL*. Ce *Thesaurus Conciliorum oecumenicorum et generalium Ecclesiae catholicae* offre la liste imprimée de toutes les formes utilisées, avec leurs fréquences distinguées selon chacun des conciles, du ıv^e au xxe siècle : tableau impressionnant soulignant le vocabulaire commun, les présences et les absences, les apparitions de mots et leur disparition. Bien entendu, la concordance générale permet d'observer toutes les expressions et notamment toutes les reprises.

* * *

Dans toute notre démarche nous n'avons jamais négligé le domaine grec. Le traitement informatique du grec − comme d'ailleurs de bien d'autres langues, comme l'arabe notamment − a fait partie du programme du Cetedoc quasi dès le début de sa création en 1968-1969.

C'est ainsi qu'après avoir produit un certain nombre d'index ou de concordances pour le grec, nous avons publié en 1987 à Louvain-la-Neuve, sous la signature du Père Albert-Marie Denis, la « Concordance grecque des Pseudépigraphes d'Ancien Testament », dont une des particularités est d'avoir reproduit en appendice le texte même de ce corpus dont on connaît la dispersion éditoriale. Cette concordance était une concordance lemmatisée. J'avais mis au point avec mes collaborateurs de l'époque les règles de lemmatisation pour le grec dont les principes de base étaient par ailleurs les mêmes que ceux du latin. Ces principes de base avaient été publiés en 1983, lors d'un colloque consacré à Pise aux dictionnaires et l'informatique, et complétés par la suite. Si ces principes ont abouti à l'élaboration d'un « Dictionnaire automatique latin », appliqué de longue date, ils ont ainsi également permis la constitution d'un « Dictionnaire automatique grec ». Cette concordance a été le modèle de la nouvelle collection lancée en 1990 pour les Pères de l'Eglise grecs: le *Thesaurus Patrum Graecorum* (*TPG*). Dans le premier volume qui est l'œuvre du Professeur Justin Mossay et qui est consacré à Grégoire de Nazianze, j'ai publié comme « Liminaire » un texte intitulé: « Pour un *Thesaurus Patrum Graecorum* ». Sur le modèle latin, on offrait désormais une série d'instruments de travail, les uns sur papier, les autres sur microfiches.

Un volume, à mes yeux particulièrement marquant, célébrait en quelque sorte la rencontre entre le monde grec et le monde latin, celui consacré à l'ensemble de l'œuvre du Pseudo-Denys l'Aréopagite. Dans le cadre du *TPG* nous avons publié en 1993 l'instrument de travail offrant en parallèle et en correspondance le texte grec lemmatisé, les formes grecques correspondant à chacun des lemmes et toutes les traductions latines, d'Hilduin à Ambrosio Traversari, et en 1995, dans le cadre du *TPL*, nous avons publié les versions latines lemmatisées, offrant en parallèle le texte grec correspondant. Du point de vue lexical, ce *TPL* consacré au Pseudo-Denys latin comprend notamment une *Concordantia latino-graeca lemmatum post A.D. 550 uel 604 testatorum* : dans cette concordance on trouve une quantité incroyable de mots latins nouveaux qui ne se trouvent attestés dans aucun dictionnaire publié à ce jour. C'est bien la raison pour laquelle, de manière exceptionnelle, cette concordance de lemmes nouveaux dans l'histoire du vocabulaire latin a été intégralement imprimée.

Devant la multitude des tâches à réaliser, j'ai confié par la suite à un jeune collègue, le Professeur Bernard Coulie, qui a la responsabilité à Louvain-la-Neuve du « Centre Grégoire de Nazianze », le soin de diriger ce *TPG* ; il a ainsi assuré la publication de plusieurs volumes importants et permis de ce fait l'extension du « Dictionnaire automatique grec » évoqué plus haut. Parmi les derniers volumes du *TPG*, il y a notamment celui consacré à l'œuvre complète de Basile le Grand.

Entre temps s'était développé le monde nouveau des bases de données. Au cours des années 80, nous avons mis en place la première publication proprement électronique, la base de données qui allait s'appeler la « Cetedoc Library of Christian Latin Texts ». La volonté était claire et nette : rassembler en une base de données l'ensemble de la littérature latine dite chrétienne, en privilégiant la période allant des débuts de cette littérature à la fin du second siècle jusque 1500. Parut ainsi en 1991 la *CLCLT*-1 qui comprenait quelque 27 millions de formes. Dès le point de départ, s'affirmait la volonté qui a toujours été la nôtre de marier informatique et érudition, et de ne pas publier des instruments de travail qui ne tiendraient compte ni des derniers acquis de la science ni des besoins fondamentaux de la recherche. Il n'était donc pas question de faire œuvre purement archéologique en reprenant des éditions vieillies, des attributions dépassées, de reprendre même des textes récemment publiés sans opérer tous les *corrigenda* qu'on aurait pu détecter. On sait que beaucoup ne se soucient guère de critères scientifiques et publient des instruments qui sont assurément sources d'erreurs pour ceux qui ne sont pas dûment avertis des confusions et des fautes intégrées. Tout texte inséré faisait pour nous l'objet d'un examen critique et de *corrigenda*. Le logiciel élaboré permettait dès le point de départ de faire des examens et des analyses comparatives.

Aujourd'hui nous en sommes à la *CLCLT*-5 publiée en 2002 par une nouvelle entité, le CTLO − *Centre Traditio Litterarum Occidentalium* − établi au Béguinage de Turnhout. C'est que, en 2001, prenaient fin les activités latines poursuivies par le Cetedoc depuis 1968. Un accord dûment signé le 3 octobre 2000 par les autorités académiques de l'Université Catholique de Louvain, par les responsables de Brepols Publishers et par moi-même, a mis au point le passage de l'ancienne à la nouvelle structure. Comme cela fut écrit et publié, le CTLO n'aurait pu exister et la continuation de cet immense travail ne serait pas une réalité sans tout l'apport de l'Université Catholique de Louvain, et ce, principalement sous le rectorat de Mgr Édouard Massaux, puis sous celui de ses successeurs. Une personne à laquelle je dois aussi rendre un vibrant hommage, est assurément Mgr Philippe Delhaye auquel le Recteur Massaux avait confié à la fin des années 60 la présidence du « Centre pour l'Informatique en Sciences Humaines » et qui a pleinement soutenu nos recherches. Il importe donc ici de remercier l'UCL ainsi que, de manière toute particulière, le Fonds National de la Recherche Scientifique Belge qui a rendu possibles les projets du Cetedoc dès 1969 en soutenant à l'époque les travaux du Comité National du Dictionnaire du Latin Médiéval qui ont abouti notamment au *Thesaurus Linguae Scriptorum Operumque Latino-Belgicorum Medii Aeui*, dont les cinq premiers volumes ont paru en 1986, et au *Thesaurus Diplomaticus* publié en 1997 en collaboration avec la Commission Royale d'Histoire. La continuation de ces travaux est désormais prise en charge par le CTLO et les prochains mois verront notamment plusieurs publications nouvelles qui en émanent.

La grande nouveauté de la *CLCLT*-5, c'est d'abord qu'elle marque une jonction nouvelle avec les travaux du *CC* en incluant dans les mémentos de chaque œuvre patristique les notices de la *Clauis Patrum Latinorum* selon la dernière édition publiée par le Père Dekkers. L'autre nouveauté importante réside dans le fait qu'elle aborde l'ensemble de la latinité, des débuts à nos jours : il s'agit désormais d'une *Library of Latin*

Texts. Cette préoccupation d'une étude de l'ensemble de la latinité a été mon cheval de bataille depuis bien des années, et dans mon enseignement jusqu'en 2001 et dans mes recherches. En atteste notamment la publication en 1998 du *Thesaurus formarum totius latinitatis a Plauto usque ad saeculum xx^{um}* (*TF*) : pour la première fois on disposait, imprimé et sur CD (avec, bien entendu, des finalités complémentaires), d'un répertoire de quelque 63 millions de formes latines, des origines au Concile Vatican II de 1962-1965. Une des grandes nouveautés de ce répertoire, c'est qu'il offrait pour chacune des formes une datation précise selon le siècle, et ce, en distinguant : siècle certain, siècle douteux, siècle '*terminus ad quem*', siècle '*terminus ad quem*' douteux. Le logiciel permet de faire tous les recoupements et comparaisons voulus. Rares sont ceux qui ont vraiment perçu toutes les possibilités de cet outil qui offre en plus l'analyse de toutes les formes, pour mettre en relation les formes réelles attestées et les formes normalisées possibles. Inutile de préciser que cet outil ne concerne pas uniquement les latinistes, quelle que soit leur période de prédilection : toutes les langues européennes sont directement concernées et les données de bien des dictionnaires tant latins que ceux des autres langues doivent être complétées ou corrigées grâce au *TF*.

Dans cet ensemble se trouvent notamment intégrées toutes les œuvres de la littérature latine antique. Leur mise en ordinateur et leur analyse spécifique ont abouti à la publication de la base de données appelée *Bibliotheca Teubneriana Latina*, dont la première édition a paru en 1999. La seconde édition, publiée par le CTLO en 2002, intègre le corpus complet des *Grammatici Latini*. Inutile de préciser que ce corpus, tout comme tous les autres, est en accroissement constant et que l'on travaille actuellement tant à la sixième version de la *CLCLT* qu'à la troisième de la *BTL*, sans oublier une nouvelle version du *Thesaurus Diplomaticus*. Cette année le CTLO a eu le bonheur de publier l'*Aristoteles Latinus Database* (*ALD*-1) qui comprend les éditions critiques de l'Aristote latin. Ce travail est le fruit d'une collaboration entre la Katholieke Universiteit Leuven et le CTLO. Le Professeur Jozef Brams a assumé la direction de ces travaux du côté de l' « Aristoteles Latinus Centre ».

L'avantage dans tous ces cas, c'est que les procédures utilisées et le logiciel intégré demeurent toujours les mêmes ; l'évolution des techniques et des logiciels est assumée pour tous les corpus intégrés, ce qui constitue pour les chercheurs un avantage et une sécurité dans la consultation de ces bases de données. C'est dans cet esprit que le Cetedoc hier, le CTLO aujourd'hui, a offert et offre toujours sa collaboration à la réalisation d'autres bases de données textuelles : celle des *Monumenta Germaniae Historica* et celle de l'*Archive of Celtic Latin Literature* publié par la Royal Irish Academy.

Le Père Dekkers avait lancé une « nouvelle édition des anciens textes chrétiens », annoncée dans le premier volume de *Sacris Erudiri* de 1948 ; en 1957 il y annonçait la *Continuatio Mediaeualis*. Son programme dépassait ainsi l'annonce d'un « nouveau Migne ». On faisait l'état critique permettant l'abandon des fausses attributions et dépassant des éditions non seulement de la première moitié du XIXe siècle, mais bien souvent des XVIe, XVIIe, et XVIIIe siècles. On sait en effet que l'abbé Migne a pris son bien partout où il pouvait le trouver et toute informatisation du corpus textuel rassemblé par Migne doit être considérée comme un travail de type « archéologique » à utiliser en tant que tel. On aura clairement constaté que les travaux du CTLO prennent en compte l'ensemble des perspectives du Père Dekkers − et donc une Patrologie latine à la fois complète et élargie −, mais dépassent aussi le cadre des seuls textes patristiques et médiévaux, permettant ainsi l'étude d'un 'Vorleben' et d'un 'Nachleben' de toute cette littérature. Dans son développement actuel, le CTLO continue bien sûr l'intégration d'œuvres patristiques et médiévales, mais donne assurément une priorité croissante aux œuvres de la modernité. Faut-il rappeler l'assertion d'Antoine Meillet selon laquelle la pensée occidentale jusqu'au XIXe siècle s'est essentiellement exprimée en latin. Après avoir écrit son Discours de la méthode en français, Descartes est revenu au latin, et si le mot esthétique se trouve dans notre vocabulaire latin, c'est que Baumgarten l'a créé en latin au XVIIIe siècle.

L'attention aux œuvres de la dite Renaissance et de la post-Renaissance est de nature à favoriser concrètement une nouvelle histoire de notre Occident latin. Il faut résolument en finir avec une rupture entre un monde dit médiéval et le monde inauguré par la dite Renaissance. J'ai plaidé ailleurs pour une vision patristico-médiévale qui fait commencer ce monde à la fin du second siècle par la jonction entre Rome, Athènes et Jérusalem et qui le termine au seuil du xixᵉ siècle, le monde du xviiᵉ siècle, celui particulièrement de Spinoza, offrant les signes manifestes d'une rupture en gestation.

L'avantage majeur de l'informatique pour l'ensemble de la perspective du *CC* et de ce que le *CC* implique, c'est de permettre des mises en relation de plus en plus étendues et de plus en plus complexes. Nos bases de données sont jusqu'à ce jour publiées sous forme de CD-Roms, mais elles seront également consultables sur Internet et nous ferons tout pour les mettre sans cesse à jour et du point de vue technique et du point de vue scientifique. J'ajouterai cependant que nous veillons à chaque coup à tenir compte des possibilités concrètes des utilisateurs : il n'est pas nécessairement de leur intérêt de se trouver devant des changements techniques incessants. Il faut dès lors procéder par étapes réalistes.

* *
*

Le dernier développement que connaît la collaboration entre le *CC* et le CTLO concerne ce qu'il convient d'appeler la dictionnairique, c'est-à-dire en l'occurrence l'informatisation de dictionnaires et de lexiques latins. On aura compris combien la création d'outils nouveaux pour la recherche est au creux des préoccupations de notre équipe de travail. Il apparaît dès lors évident que, de la même manière que nous avons fait la jonction entres les formes réelles attestées dans les éditions de textes et les formes normalisées, tout comme celle entre les formes et les lemmes ou entrées lexicales, il est indispensable de faire désormais la jonction entre les lemmes et les descriptions lexicales figurant dans les dictionnaires, tant ceux du passé que ceux d'aujourd'hui. Nous avons dès lors abordé ce monde des dictionnaires et des lexiques tant du point de vue que j'ai déjà appelé « archéologique » (et qu'on peut appeler aussi historique) – reprise telle quelle des éléments anciens en y opérant si possible les *corrigenda* évidents, mais en respectant l'état de la question correspondant à l'instrument mis en mémoire –, que du point de vue contemporain, c'est-à-dire celui de l'élaboration de dictionnaires mis à jour, voire résolument de dictionnaires nouveaux. C'est là que s'impose à mes yeux le terme de dictionnairique proposé par mon ami Bernard Quemada, l'ancien directeur de l'Institut de la langue française et du Trésor de la langue française : en créant ce terme, il a voulu souligner que la combinaison 'dictionnaire' et 'automatique' inaugurait une ère nouvelle en la matière.

Nous sommes tout naturellement partis du « Dictionnaire Latin-Français des Auteurs Chrétiens » d'Albert Blaise, publié aux éditions Brepols en 1954, revu par l'auteur en 1962 avec des *addenda* et des *corrigenda*. Ce dictionnaire est actuellement entièrement en machine, corrigé et complété dans une première phase. Se trouvent également aujourd'hui sous forme électronique le *Lexicon Latinitatis Medii Aeui* du même Albert Blaise, publié en 1975, le dictionnaire latin-anglais de Lewis-Short, le premier tome de l'imposant *Lexicon totius latinitatis* de Forcellini selon l'édition la plus récente, celle qui comprend les *addenda* de Mgr Perin, et, enfin, l'ensemble du *Glossarium mediae et infimae latinitatis* de Du Cange selon l'édition de Léopold Favre. Comme on peut s'en douter, tous ces travaux de mise en ordinateur ne sont pas menés par le seul CTLO : notre équipe travaille en connexion avec le Comité National du Dictionnaire du Latin Médiéval qui fait partie de l'Académie Royale de Belgique et qui œuvre sous l'égide de l'Union Académique Internationale, cadre dans lequel précisément se publie le *Nouum Glossarium mediae latinitatis*. Comme ce fut le cas dans le passé, il y a entre le CTLO et ledit Comité une synergie particulièrement heureuse, et ce, notamment au bénéfice de toutes les équipes nationales qui de par le monde travaillent à l'élaboration de dictionnaires. Et là aussi, dans nos premiers pas, nous avons eu l'heureux et généreux soutien du Fonds National de la Recherche Scientifique.

Les lexiques et les dictionnaires du passé ne sont évidemment pas oubliés. On sait que, sous l'égide du *CC, Continuatio Mediaeualis,* se publie une série, inaugurée en 1994 par Brian Merrilees et poursuivie essentiellement sous son impulsion et grâce à son travail, intitulée *Lexica Latina Medii Aeui* dont le troisième tome consacré au dictionnaire latin-français de Guillaume le Talleur a paru en 2002. Tous ces instruments du passé, comme d'autres encore, sont actuellement organisés en bases de données au sein de notre équipe et interrogeables en accès direct. Une collection nouvelle va ainsi être inaugurée en cette année anniversaire du *CC*: le *Thesaurus lexicorum et dictionariorum latinorum* qui englobera tant des dictionnaires contemporains que des instruments lexicaux du passé. Ce nouveau type de *Thesaurus* est le fruit des analyses lexicales et informatiques réalisées. Le travail mené permettra, par exemple, d'aboutir pour les dictionnaires latin-français du passé, à des dictionnaires français-latin, ou de confronter, grâce à l'usage d'un hyperlemme, les rubriques de l'ensemble des dictionnaires modernes intégrés. De même encore, sera-t-il possible de générer des instruments de travail nouveaux qui explorent l'ensemble des informations enfouies dans ces dictionnaires. Je pense, par exemple, à la synonymie, aux index inverses, aux tables morphologiques, etc. Notre volonté est de permettre l'accès à ces nouvelles banques et bases de données tant par CD que par consultation du réseau.

* * *
*

Et demain? Eh bien, demain il y aura autre chose! L'extension au niveau du nombre d'œuvres intégrées, mais aussi l'extension au niveau de la diversité et des spécifications des analyses. « *Caritas Christi urget nos* », écrivait saint Paul, pour le reprendre selon les termes de la tradition latine: « *quaerenda ueritas urget nos* », dirions-nous. Nous sommes embarqués en un nouveau quotidien! N'est-ce pas l'image même de la recherche en action que celle d'un « *ecce noua facio omnia* » vécu au plan journalier?

Si, pour avoir réalisé ce que j'ai rapidement présenté ici, il fallait, comme je l'ai fait, rendre hommage à ceux qui nous ont compris et soutenus dans le passé, pour aujourd'hui et pour demain il faut rendre hommage aux équipes de Brepols Publishers, à son Administrateur général, Jean-Louis de Cartier de Marchienne, et à son directeur, Paul De Jongh, à l'équipe du *CC* à Bruges, à tous les collaborateurs actuels du CTLO, Eddy Gouder, Kris Klykens, Claire Pluygers et Frauke Valcke, à ceux du Comité National du Dictionnaire du Latin Médiéval, particulièrement Philippe Demonty et Hubert Maraite, mais aussi à quantité de personnes qui, aujourd'hui, comme hier ont permis la réalisation de nos travaux. Qu'on me permette de citer ici le R.P. Roberto Busa, l'initiateur et l'auteur de l'*Index Thomisticus*, le Professeur Tullio Gregory qui nous a notamment permis d'intégrer bien des textes de la latinité récente, le R.P. Georges Mailleux, mon assistant d'autrefois et directeur actuel des éditions de Quaracchi à Grottaferrata, le Professeur Jacqueline Hamesse dont les travaux informatiques publiés en 1972 ont été marquants et qui s'est efforcée d'assurer tout la synergie nécessaire au sein de la Société Internationale de Philosophie Médiévale pour que nous puissions intégrer dans nos bases de données philosophes et théologiens médiévaux (pour ne rien dire du soutien assuré au quotidien dans l'effort incessant qui a été le nôtre). Je pense également à la reconnaissance due à ceux qui contribuent d'une manière ou d'une autre à la réalisation des *ILL*, *TPL*, lexiques et bases de données, comme, par exemple, pour ne citer qu'une des dernières réalisations, l'équipe dirigée à la Katholieke Universiteit Leuven par Jozef Brams pour l'Aristote latin. Je n'oublie pas non plus les éditeurs de textes, tant du point de vue scientifique que commercial, qui ont rendu possible le fait de rassembler les œuvres qu'ils ont publiées dans nos banques de données. Nous ne cesserons d'avoir besoin d'eux pour pouvoir servir demain les propos de la recherche: l'intégration de nouvelles œuvres est un aspect primordial dans notre collaboration.

On aura compris mon titre: nous sommes partis du *CC*, mais nous avons en définitive intégré le *CC* dans un vaste ensemble afin de contribuer à l'étude de la tradition occidentale, celle-la même dont le *CC* constitue un maillon irremplaçable.

Prof. ém. Dr. Paul Tombeur

Directeur *Centre 'Traditio Litterarum Occidentalium'*

Thesaurus Patrum Latinorum/Instrumenta Lexicologica Latina:
Begijnhof 67
B-2300 Turnhout (Belgique)
tél. +32 14 689741 ; fax +32 14 428919
www.corpuschristianorum.org
e-mail : info@CTLO.net

CORPVS CHRISTIANORVM   *SERIES GRAECA*

En visite chez les Pères grecs et les théologiens byzantins

L a Série grecque du *Corpus Christianorum* est destinée à remplacer la *Patrologia Graeca* de Jacques-Paul Migne (161 volumes, Paris, 1857-1866); ceci ne nie en rien les services considérables que la *P.G.* a rendus et qu'elle rendra encore; l'ensemble des textes réunis constitue une sorte de somme de près de cinq siècles de recherches sur la littérature grecque chrétienne; néanmoins, il est clair que cette compilation ne répond plus aux exigences de la science actuelle. À tous ceux qui veulent étudier minutieusement la pensée d'un auteur, une édition critique s'impose. Plusieurs entreprises, dont celle des *Sources Chrétiennes* et du Corpus de Berlin, se sont lancées pour combler les lacunes de la *P.G.* et refaire ses éditions insuffisantes.

La Series Graeca s'inscrit tout à fait dans le même projet. Ayant débuté en 1976, elle comporte aujourd'hui 51 volumes, consacrés tant à l'ère patristique qu'à la période byzantine et tous accueillis favorablement dans le monde scientifique. Les volumes ont été préparés à la Katholieke Universiteit Leuven, à l'Instituut voor Vroegchristelijke en Byzantijnse Studies (Institut d'études paléochrétiennes et byzantines), sauf pour la bonne quinzaine de volumes de la sous-série *Corpus Nazianzenum*, édités à l'Institut Orientaliste de Louvain-la-Neuve (les numéros 20, 27, 28, 34, 36-38, 41-47 et 49-50). Toutes ces éditions de textes non édités ou mal édités dans le passé, ont été établies selon les règles strictes du Centre de Leuven; les introductions sont essentiellement consacrées à la description des manuscrits et à l'établissement d'un stemma codicum qui permette d'arriver à un texte fiable; à cette partie philologique, s'ajoutent des remarques grammaticales, des discussions sur l'authenticité ou la date des ouvrages, l'étude des sources des écrits et une description de leur contenu. On a également ment accordé beaucoup d'attention aux manuscrits byzantins, jusque dans leur orthographe (par ex. pour ce qui est de l'accentuation des enclitiques et de la ponctuation). Après l'introduction vient le texte grec même, accompagné de plusieurs apparats; l'apparat des sources identifie autant que possible les sources littérales et rassemble, sans prétendre à l'exhaustivité, les allusions, parfois les passages parallèles. L'apparat critique visualise l'histoire de la tradition textuelle et permet de porter un jugement sur le texte tel qu'il a été établi.

Avant d'entreprendre la *Series Graeca* une tâche préliminaire s'imposait: l'établissement de la *Clauis Patrum Graecorum*, cet instrument de travail indispensable dû à Maurice Geerard et gardé à jour par notre collègue louvaniste Jacques Noret (5 volumes parus, 1974-1987; M. Noret prépare actuellement une édition revue et augmentée du tome 3). Cet inventaire annoté de la littérature patristique grecque vient d'être en quelque sorte augmenté par un inventaire des écrits des principaux théologiens byzantins, dirigé par Vassa et Carmelo Giuseppe Conticello (le volume 2 a paru, sous le titre *La théologie byzantine et sa tradition*, Turnhout, 2002).

La Série grecque cherche tout particulièrement à donner l'édition des *opera omnia* des auteurs qu'elle publie; c'est le cas d'Eustathe d'Antioche, père du ive siècle (vol. 51), du moine Alexandre de Chypre (milieu du vie siècle; vol. 26 et un volume préparé aux États-Unis qui donnera l'édition de l'*Inuentio crucis* de cet auteur), de Pamphile, théologien du vie siècle (vol. 19) et de Pierre de Callinique, patriarche d'Antioche à la fin du vie siècle (vol. 29, 32, 35 et un dernier volume en préparation). Une place d'honneur est occupée par le théologien byzantin Maxime le Confesseur (580-662); en effet, les volumes 7, 10, 18, 22, 23, 39, 40 et 48 sont consacrés à ce personnage considéré souvent comme le premier théologien byzantin; ainsi, on dispose aujourd'hui d'un texte fiable pour les *Quaestiones ad Thalassium*, les *Quaestiones et Dubia*, l'Explication du psaume LIX, l'Exégèse du Notre Père, les *Ambigua ad Thomam*, la Seconde lettre à Thomas, le *Liber Asceticus*, la traduction ancienne des *Ambigua ad Ioannem*, et toute une série de documents permettant d'esquisser la vie du Confesseur. Plusieurs autres volumes maximiens sont actuellement en chantier (par ex. le texte grec des *Ambigua ad Ioannem*, la collection de traités dogmatiques, les Lettres, une série de petits opuscules dont l'authenticité est parfois douteuse, toutes les recensions de la Vie de Maxime, la *Mystagogie*, le *De anima*, la *Disputatio cum Pyrrho*).

De plus, la Série grecque s'est spécialisée dans plusieurs domaines de la littérature grecque chrétienne. Il y a d'abord l'époque patristique tardive, avec, par exemple, Maxime le Confesseur déjà mentionné, Eustrate de Constantinople, de la fin du vi^e siècle (vol. 25, et un volume en préparation consacré au *De statu animarum post mortem* de cet auteur), Léonce de Constantinople, également du vi^e siècle (vol. 17), Anastase le Sinaïte, viie-viiie siècle (vol. 8 et 12, ainsi que les Questions et réponses de cet auteur, volume sous presse), un volume consacré à quelques auteurs post-chalcédoniens (vol. 19), et deux ouvrages en préparation centrés sur Sophrone de Jérusalem, du viie siècle (par ex. sur ses *Miracula SS. Cyri et Ioannis*). Il y a ensuite quelques volumes purement byzantins portant sur la controverse hésychaste, des xive-xve siècles (vol. 16, un volume consacré à l'empereur Jean Cantacuzène; le vol. 31, éditant Grégoire Akindynos — un second volume est en préparation; un livre, sous presse, contenant des écrits de Théodore Dexios, et un autre centré sur Néophyte Prodromènos). La période iconoclaste, de plus en plus étudiée et commentée ces dernières années, est présente dans le vol. 33, avec l'édition d'un important traité du patriarche Nicéphore de Constantinople (du début du ixe siècle), ainsi que par un volume en préparation qui renfermera quelques documents iconophiles du viiie siècle. La littérature anthologique byzantine (florilèges, chaînes exégétiques) figure également à notre programme: voir les vol. 2, 5, 11, 15, 24, ainsi que plusieurs autres dont on attend la publication avec impatience, tels celui consacré à la Chaîne sur le Cantique de Procope de Gaza, et celui de Grégoire d'Agrigente sur l'Ecclésiaste. Le genre byzantin du dialogue contre les Juifs se rencontre dans les vol. 14 et 30. Les écrits hagiographiques sont eux aussi bien représentés: vol. 9, 21, 25, 26 et le volume qui rassemblera toutes les versions de la Vie de Maxime le Confesseur.

On notera également que la *Series Graeca* n'édite pas seulement le texte original grec, mais également leurs traductions anciennes et médiévales; à ce propos, il faut signaler l'édition des *Quaestiones ad Thalassium* de Maxime le Confesseur (vol. 7 et 22) où le texte grec est accompagné de la traduction latine d'époque carolingienne due à Jean Scot Érigène, puis l'édition de la traduction latine érigénienne des *Ambigua ad Ioannem* du Confesseur (vol. 18), la traduction latine par Anastase le Bibliothécaire, vers 875, des documents illustrant la Vie de S. Maxime (vol. 39), la plupart des volumes du *Corpus Nazianzenum* (des traductions faites dans des langues orientales chrétiennes), l'édition de la version syriaque du long traité du patriarche d'Antioche Pierre de Callinique (vol. 29, 32 et 35, ainsi qu'un dernier volume en préparation), l'édition de deux traductions latines du *Liber Asceticus* de Maxime (vol. 40), l'édition de fragments syriaques d'ouvrages attribués à Eustathe d'Antioche (vol. 51).

La *Series Graeca* met en œuvre une très large collaboration organisée à partir de notre Institut, à la K.U. Leuven; cette entreprise regroupe des chercheurs de nombreux pays (Belgique, Allemagne, Suisse, Pays-Bas, Autriche, Grèce, France, Espagne, Italie, Angleterre, Russie, États-Unis, Australie, ...), qui contribuent tous au succès remarquable de la série. Notre centre a coordonné et coordonne également plusieurs grands projets de recherche, attirant et canalisant les efforts de nombreux jeunes érudits; plusieurs de ces projets ont tourné autour de Maxime le Confesseur et ont été menés à bonne fin; un autre est actuellement en cours de réalisation, consacré aux rites funéraires à Byzance.

Prof. Dr. Peter Van Deun
Directeur *Series Graeca*

Series Graeca: Instituut voor Vroegchristelijke en Byzantijnse Studies
Katholieke Universiteit Leuven
Blijde Inkomststraat 21
B-3000 Leuven (Belgique)
tél. +32 16 324914; fax +32 16 324748
www.corpuschristianorum.org
e-mail: peter.vandeun@arts.kuleuven.ac.be

CORPVS CHRISTIANORVM   *SERIES GRAECA*

CORPVS NAZIANZENVM

S aint Grégoire de Nazianze (env. 330-390) est l'un des plus grands noms de la littérature grecque chrétienne: originaire de Cappadoce, formé aux écoles d'Alexandrie et d'Athènes, prêtre à Nazianze, puis évêque de Constantinople, il est considéré comme le Théologien de l'Église grecque orthodoxe. Il est aussi l'un de ceux qui ont cherché à concilier l'héritage de la culture classique avec le message chrétien, proposant une synthèse qui servira de base à l'ensemble de la culture occidentale. Il est l'auteur de discours, de lettres et de poèmes. En raison de leurs qualités littéraires et de la profondeur de leur pensée, les œuvres de Grégoire de Nazianze ont connu un succès considérable: en grec, tout d'abord, comme en atteste le nombre exceptionnellement élevé des manuscrits qui les transmettent (près de 1500 manuscrits antérieurs à l'an 1550, date de la première édition imprimée). Dans l'ensemble du monde chrétien, ensuite, grâce à une série de traductions anciennes: en latin, arménien, arabe, copte, éthiopien, géorgien, slavon, et syriaque. La plupart de ces textes, et en particulier les discours en raison de l'abondance de leur tradition manuscrite, n'avaient pas encore fait l'objet d'une édition critique. Une équipe de l'Institut orientaliste de l'Université catholique de Louvain, à Louvain-la-Neuve, entourée de nombreuses collaborations internationales, a entrepris les travaux relatifs à l'édition du texte grec et des principales versions orientales des discours de Grégoire de Nazianze. C'est pour accueillir le résultat de ces recherches qu'a été créé le « Corpus Nazianzenum » au sein de la *Series Graeca* du *Corpus Christianorum*.

Le *Corpus Nazianzenum* est essentiellement destiné à publier les éditions critiques des discours de Grégoire de Nazianze, en grec et dans les versions orientales. Comme le projet s'attache à mettre en lumière les relations qu'entretiennent entre elles les différentes versions du texte, et en particulier les relations des traductions orientales avec leurs modèles grecs, un système particulier de notes a été mis au point dans les volumes du *Corpus Nazianzenum*: les différences entre le texte grec et les versions y sont présentées de manière détaillée, et traduites, en latin ou dans la langue de rédaction du volume, afin que les informations apportées par les langues orientales soient rendues accessibles aussi aux non spécialistes. Cette démarche est une innovation dans le domaine des éditions critiques de textes anciens. En outre, les textes édités dans les langues orientales font l'objet d'une analyse lexicologique détaillée, qui débouche sur la constitution d'index ou de concordances lemmatisés. Ceux-ci peuvent également être publiés dans les volumes, à la suite des textes qu'ils concernent. Ces instruments complètent la concordance du texte grec, publiée dans la collection « Thesaurus Patrum Graecorum ».

Au-delà des éditions des discours de Grégoire de Nazianze, le *Corpus* entend couvrir aussi l'ensemble du domaine étudié par le projet de recherche consacré au Théologien, qui travaille également sur les commentaires dont l'œuvre de Grégoire a fait l'objet, dans la tradition byzantine ou dans le monde de l'Orient chrétien, en arménien, en syriaque, en arabe, en géorgien par exemple. Quelques volumes sont également consacrés à des études particulières sur l'histoire du texte et sur les manuscrits.

C'est ainsi qu'ont déjà été publiés plusieurs volumes de textes, présentant les traductions arabes, arméniennes, géorgiennes et syriaques de certains discours de Grégoire de Nazianze. Dans le cas du géorgien, où les discours ont fait l'objet de plusieurs traductions, celles-ci sont publiées en regard l'une de l'autre, afin que le lecteur puisse avoir une idée précise de la réception des textes du Nazianzène dans les milieux géorgiens. Des notes de comparaison avec les modèles grecs permettent de situer chaque version dans l'histoire du texte et de mettre en évidence les procédés de traductions utilisés. Des introductions présentent les manuscrits et les éléments permettant d'aboutir à un stemma codicum. Plusieurs commentaires grecs ont également été publiés. D'une part, les « Commentaires mythologiques » du Pseudo-Nonnos à quatre discours de Grégoire de Nazianze, qui ont constitué le principal manuel de mythologie grecque pour l'époque byzantine; d'autre part, le commentaire du byzantin Basile le Minime au discours 38, reflétant la compréhension du texte du Théologien au xe siècle. La version géorgienne du Pseudo-Nonnos a fait l'objet d'un autre volume. Deux volumes contiennent des études variées, portant sur les manuscrits, les traductions, les commentaires, ou l'iconographie des œuvres de Grégoire de Nazianze.

Aucune autre série ou collection ne permettait, avant le *Corpus Nazianzenum*, de réunir des éditions de textes grecs et de textes orientaux, et d'y adjoindre des études sur ces matériaux. Par leur diffusion exceptionnelle et l'influence qu'elles ont exercée durant des siècles sur toutes les nations de la chrétienté, les œuvres de Grégoire de Nazianze constituent un cas unique permettant de mettre en évidence les phénomènes de diffusion et d'assimilation des textes et des idées dans l'Orient chrétien. À terme, le *Corpus Nazianzenum* proposera au public, à travers la variété des langues et des textes traités, un véritable portrait de l'extraordinaire richesse de l'Orient chrétien.

Prof. Dr. Bernard Coulie
Directeur *Corpus Nazianzenum*

Corpus Nazianzenum: Université catholique de Louvain
Institut orientaliste
Place Blaise Pascal 1
B-1348 Louvain-la-Neuve (Belgique)
tél. +32 10 473793; fax +32 10 472001
www.corpuschristianorum.org
http://nazianzos.fltr.ucl.ac.be
e-mail: coulie@ori.ucl.ac.be

CORPVS CHRISTIANORVM   *THESAVRVS PATRVM GRAECORVM*

Depuis plusieurs décennies déjà, les développements des techniques de calculs statistiques, de calculs de fréquences et de tris sont appliqués aux sources écrites ; si les langues modernes ont été les premières à en bénéficier, les langues anciennes ont rapidement suivi le mouvement. C'est ainsi, par exemple, que les sources latines font l'objet de traitements informatiques depuis de nombreuses années, et que le *Corpus Christianorum* leur a accordé une large place dans le cadre des *Thesauri Patrum Latinorum* et des *Instrumenta Lexicologica Latina*. Ce sont précisément les démarches novatrices, dans le domaine du latin, du Centre de Traitement Électronique des Documents (CETEDOC) de l'Université catholique de Louvain, sous la direction du professeur Paul Tombeur, qui ont ouvert la voie à un traitement similaire des sources grecques et permis la création d'une série intitulée *Thesaurus Patrum Graecorum*.

Développé au départ sur les bases des travaux du CETEDOC sur les textes latins, le traitement des sources grecques se voulait avant tout lexical, de type morpho-sémantique : il s'agissait, dans un texte donné, de classer toutes les formes du texte, de regrouper les formes identiques, d'attribuer à chacune d'entre elles un lemme ou « entrée de dictionnaire », et de lever les ambiguïtés résultant des homographies (formes semblables mais relevant des deux ou plusieurs lemmes possibles). Les résultats étaient présentés dans des volumes proposant aux lecteurs une série d'instruments, allant de la concordance lemmatisée elle-même (les formes présentées dans leurs contextes textuels), aux index inverses, aux listes de lemmes et de formes et à diverses listes de fréquence. La taille des textes traités empêchant de publier l'ensemble de ces outils sur papier, le choix de la microfiche s'est imposé comme le moyen le plus commode, et le plus stable dans la durée. Pour la réalisation de l'ensemble de ces outils, le CETEDOC a adapté au grec les logiciels développés pour le latin.

Quelques options spécifiques ont cependant été prises du côté du grec, dont deux méritent d'être signalées. La première fut de chercher à traiter des corpus d'auteurs complets, au détriment d'index d'œuvres séparées, ce qui a rendu inutile la création d'une série qui aurait servi de parallèle aux *Instrumenta Lexicologica Latina*, puisque les résultats étaient destinés à paraître dans les seuls *Thesauri*. La seconde option fut de ne préparer et de ne publier que des instruments lemmatisés, sans passer par l'équivalent des volumes de la « Series A. Formae » du latin. Ces options ont entraîné deux conséquences.

La première conséquence était que la volonté de traiter des corpus complets rendait plus important encore le choix des auteurs. Pour des raisons qui tiennent aux projets en cours à l'Université catholique de Louvain, le premier auteur analysé fut Grégoire de Nazianze, un auteur grec chrétien, Père de l'Église du ivᵉ s. (sur cet auteur et le projet qui le concerne, voir la présentation du *Corpus Nazianzenum*). Ce choix a naturellement orienté le développement du grec au CETEDOC vers le domaine de la patristique, et cela d'autant plus que d'autres centres d'analyse statistique des langues anciennes concentraient leurs efforts sur des œuvres de la littérature grecque classique. Mais les Pères grecs sont aussi des auteurs représentatifs de la société byzantine : ils utilisent les mêmes mots, les mêmes cadres conceptuels et le même bagage culturel que les auteurs byzantins profanes ; tous ont en commun la volonté de s'inscrire dans l'héritage de l'Antiquité classique, et cette volonté confère à leur langue et à leur lexique des caractères bien particuliers, faits de conservatisme et d'innovations. C'est pourquoi les efforts d'analyse des textes grecs se sont ouverts à des œuvres non patristiques, en particulier aux œuvres des historiens et chroniqueurs byzantins. Pour éviter une trop grande dispersion, deux axes ont été suivis de manière prioritaire mais non exclusive : d'une part, les œuvres de l'ensemble des Pères Cappadociens (Grégoire de Nazianze, Basile de Césarée, Grégoire de Nysse [en préparation], Amphiloque d'Iconium, Astère d'Amasée et Firmus de Césarée), et, d'autre part, les historiens du vιᵉ s. (Procope de Césarée [publié], Agathias le Scholastique, Ménandre Protecteur, Théophylacte Simocatta [en préparation], etc.). Ces deux axes permettront des analyses non seulement sur des corpus d'auteurs, mais aussi sur des corpus de groupes d'auteurs.

Si les historiens ont trouvé place, aux côtés des Pères, dans une collection intitulée *Thesaurus Patrum Graecorum*, c'est en raison de leur appartenance commune à un monde chrétien, de tradition classique et de langue grecque. Derrière cette uniformité apparente se cache toutefois une grande diversité! Dans le domaine de la langue, le monde byzantin est caractérisé par un phénomène de diglossie, c'est-à-dire d'écart croissant entre une langue littéraire, fidèle à ses modèles classiques, et une langue parlée, lieu d'adaptations, d'influences et de créations de toutes sortes. Comme il est naturel, des usages de la langue parlée finissent par entrer, de manière plus ou moins organisée, dans la langue littéraire; plus les auteurs sont tardifs, plus leurs œuvres sont perméables à ces innovations de la langue parlée. L'analyse lexicale des textes doit rendre compte de ce phénomène, et la lemmatisation doit pouvoir les intégrer.

C'est la seconde conséquence des options du projet grec. Désireux de rendre compte des réalités lexicales de textes aussi divers que des œuvres patristiques et des œuvres historiographiques, dont les dates de composition partent du IVe siècle après Jésus-Christ pour avancer dans le temps jusqu'à la fin de l'époque byzantine, le système d'analyse nécessitait un travail de réflexion approfondie sur la nature des lemmes, sur la nature des néologismes, des formes populaires, des emprunts, etc. Des innovations morphologiques dans la déclinaison ou dans la conjugaison impliquent-elles la création de lemmes nouveaux? Quels lemmes définir pour des mots résultant d'emprunts à des langues étrangères et qui apparaissent sous plusieurs formes possibles? Telles sont quelques questions auxquelles le projet devait apporter des réponses. Ce qui sous-tend l'ensemble de l'analyse des formes, c'est la conception du rapport de la forme à son lemme, et l'ensemble des lemmes doit proposer une représentation aussi exacte que possible de l'étendue du champ lexical de la langue grecque. La liste des lemmes et les liens entre lemmes et formes constituent le « Dictionnaire Automatique Grec » (D.A.G.); le D.A.G. est le « coeur » du traitement des textes; le D.A.G. est lui-même un projet scientifique, en arrière-plan de la publication des *Thesauri*, et c'est lui qui assure la cohérence d'ensemble de la collection.

La conception du dictionnaire comme projet confère à la série *Thesaurus Patrum Graecorum* une identité particulière : elle n'est pas qu'une simple collection de volumes juxtaposant des concordances d'auteurs. Elle est aussi, et surtout, l'expression d'un projet plus vaste, dont chaque volume est un élément et une étape. À terme, les volumes de *Thesauri* sont destinés à présenter au public une image de la richesse du domaine lexical grec : dans cette optique, la série *Thesaurus Patrum Graecorum* recèle une grande originalité parmi les publications relevant de la linguistique computationnelle.

Prof. Dr. Bernard Coulie

Directeur *Thesaurus Patrum Graecorum*

Thesaurus Patrum Graecorum : Université catholique de Louvain
Institut orientaliste
Place Blaise Pascal 1
B-1348 Louvain-la-Neuve (Belgique)
tél. +32 10 473793 ; fax +32 10 472001
www.corpuschristianorum.org
http://tpg.fltr.ucl.ac.be
e-mail : coulie@ori.ucl.ac.be

CORPVS CHRISTIANORVM   *SERIES APOCRYPHORVM*

Une collection au profil original, portée par un projet de recherche collectif

L'année du 50ᵉ anniversaire du *Corpus Christianorum* est aussi celle des 20 ans d'une des collections qui le composent. C'est en effet en 1983 qu'a été inaugurée la publication de la *Series Apocryphorum*, avec le double volume consacré aux *Actes de Jean* [1].

La création au sein du *Corpus Christianorum*, à côté de la *Series Latina* et de la *Series Graeca*, d'une nouvelle série consacrée à la littérature apocryphe chrétienne, n'allait nullement de soi. Elle a été rendue possible par la rencontre entre le projet d'un groupe de chercheurs franco-suisses, à la recherche d'un éditeur, et l'esprit d'ouverture des responsables du *Corpus Christianorum* et des éditions Brepols, en particulier Dom E. Dekkers et M. Laurent Bols. Son acte de naissance a été signé le 8 octobre 1981 à l'Abbaye Saint-Pierre de Bruges, sous la forme d'une convention entre quatre parties: Brepols, le *Corpus Christianorum*, l'Institut des Sources Chrétiennes (Lyon) et l'«Association pour l'étude de la littérature apocryphe chrétienne» (AELAC). qui venait d'être fondée en juin de la même année.

Le rôle moteur de l'Association pour l'étude de la littérature apocryphe chrétienne

La présence de l'AELAC parmi les signataires mérite d'être relevée, car elle signale un des traits originaux de la *Series Apocryphorum*. La responsabilité éditoriale de la collection est placée entre les mains du Comité de l'AELAC [2], une Association dont font partie toutes celles et ceux qui participent à la préparation d'un volume. La *Series Apocryphorum* a été conçue dès l'origine et s'est développée jusqu'à aujourd'hui grâce au travail d'une communauté de chercheurs, qui se

---

(1) É. Junod – J.-D. Kaestli, *Acta Iohannis* (CCSA 1-2), Turnhout, 1983.

(2) Le Comité de l'AELAC est actuellement composé de Bernard Outtier, président; Jean-Daniel Kaestli, secrétaire général; Alain Le Boulluec, vice-président; Jacques-Noël Pérès, vice-président; Albert Frey, secrétaire scientifique.

rencontrent régulièrement pour réfléchir ensemble à l'objet que constitue la littérature apocryphe et pour partager les découvertes et les questions liées à l'étude de tel texte particulier.

Ces échanges peuvent prendre plusieurs formes. Chaque année, tous les membres de l'Association et d'autres personnes intéressées sont conviés à une rencontre de deux jours à Dole, dans le Jura français, à mi-chemin entre Paris et la Suisse. Des équipes de travail se retrouvent plusieurs fois par année, autour d'un texte en chantier, comme les *Actes de Pilate*, ou régionalement, comme en Suisse romande. Depuis 1991, le *Bulletin de l'AELAC* fournit chaque année aux membres de l'Association et à toutes les personnes intéressées par la littérature apocryphe chrétienne un reflet de nos rencontres et des travaux en cours, ainsi qu'une liste des publications les plus récentes.

La rencontre de Dole de 2001, qui marquait le 20ᵉ anniversaire de l'AELAC, a été l'occasion d'un jeter un regard sur l'histoire du projet. Jean-Daniel Dubois y a notamment évoqué les débats sur la définition des apocryphes qui ont agité le groupe initial des chercheurs, issus d'une part des Facultés de théologie des Universités de Suisse romande, autour de François Bovon, d'autre part de l'École Pratique des Hautes Études de Paris, autour de Pierre Geoltrain ; il a aussi rappelé les choix qui ont résulté de ces débats et qui ont conduit en 1981 à la fondation de l'AELAC et à la création de la *Series Apocryphorum* ([3]).

Une nouvelle définition, ou quand la « littérature apocryphe chrétienne » remplace les « apocryphes du Nouveau Testament »

La définition du corpus des textes à éditer a occupé une place centrale dans les débats d'alors et continue à nourrir nos discussions d'aujourd'hui. Stimulés par les réflexions d'Éric Junod et de Jean-Claude Picard, nous avons été amenés à abandonner la notion tradi-

---

(3) Voir le *Bulletin de l'AELAC*, 11, 2001, en particulier l'article de J.-D. Dubois, « L'AELAC, vingt ans après. Ou remarques sur l'étude des littératures apocryphes », p. 24-30.

tionnelle d'«apocryphes du Nouveau Testament» au profit de celle de
«littérature apocryphe chrétienne» ([4]).

Il ne s'agit pas là d'un simple changement d'étiquette pour désigner
le même produit, mais d'une autre manière de définir notre objet
d'étude. Un coup d'œil du côté de l'histoire de la recherche révèle un
fait significatif: la création d'une collection d'«apocryphes du Nouveau Testament» est une opération artificielle et idéologiquement si-
tuée. Le premier recueil intitulé *Codex apocryphus Novi Testamenti* date
du début du XVIIIe siècle et est dû au savant allemand Johannes
Fabricius. En rassemblant une vaste collection d'apocryphes, Fabricius
poursuivait un double but: d'abord, donner accès à des documents
susceptibles d'éclairer l'histoire des origines chrétiennes, et notamment l'histoire des hérésies; en second lieu, discréditer des textes
légendaires et entachés d'erreur, pour mieux faire ressortir la vérité du
Nouveau Testament.

Fabricius a fait école. C'est en fonction du Nouveau Testament que
l'on a continué à rassembler les apocryphes dans des recueils, à les
classer par genres littéraires — évangiles, actes, épîtres, apocalypses —
et surtout à les étudier. On a ainsi créé de toutes pièces un corpus
d'écrits rivaux des écrits néotestamentaires; on a considéré les apocryphes en bloc comme des textes qui ont eu la prétention d'entrer
dans le canon du Nouveau Testament.

Nous estimons que cette perspective classique doit aujourd'hui être
abandonnée, et cela pour plusieurs raisons. (1) Une telle perspective

---

(4) Voir É. Junod, «Apocryphes du Nouveau Testament ou apocryphes chrétiens
anciens? Remarques sur la désignation d'un corpus [...]», *Études théologiques et religieuses*,
58, 1983, p. 409-421; idem, «'Apocryphes du Nouveau Testament': une appellation er-
ronée et une collection articielle. Discussion de la nouvelle définition proposée par
W. Schneemelcher, *Apocrypha*, 3, 1992, p. 17-46; J.-C. Picard, «L'apocryphe à l'étroit:
notes historiographiques sur les corpus d'apocryphes bibliques», *Apocrypha*, 1, 1990,
p. 69-117. Une contribution à cette même réflexion vient d'être présentée à la réunion de
Dole 2003 par P. Piovanelli, «Qu'est-ce qu'un 'écrit apocryphe chrétien', et comment ça
marche? Quelques suggestions pour une herméneutique apocryphe» (à paraître).

occulte l'extrême diversité des écrits ainsi regroupés sous un même label ; (2) elle conduit à les comparer unilatéralement avec les écrits canoniques, et néglige leur parenté avec d'autres documents, chrétiens ou profanes ; (3) elle ne permet pas de comprendre le processus constant de productions des apocryphes, qui déborde largement les limites chronologiques de l'époque où s'est constitué le recueil canonique du Nouveau Testament ; (4) enfin, elle crée l'illusion que les apocryphes entretiennent un rapport de concurrence avec les écrits du canon néotestamentaire.

En réalité seuls quelques apocryphes, parmi les plus anciens, ont pu être composés indépendamment des textes du Nouveau Testament et être considérés dans certains milieux comme des textes fondateurs de la foi chrétienne. Tel a sans doute été le cas de l'*Évangile de Thomas* ou de l'*Évangile de Pierre*. Mais une large part de la littérature apocryphe entretient un rapport positif avec le canon biblique. Plusieurs des textes qui la composent, à l'instar du *Protévangile de Jacques* ou des *Questions de Barthélemy*, sont le fruit d'une interprétation narrative de l'Écriture et peuvent être considérés à ce titre comme l'équivalent chrétien du midrash juif ([5]).

L'adoption du terme de littérature apocryphe chrétienne est donc une manière de remettre en cause les frontières établies et d'élargir le champ des textes à éditer et à étudier, aussi bien dans l'espace que dans le temps. Ce nouveau territoire, à qui l'on reconnaît même les dimensions d'un « continent » ([6]), doit cependant être jalonné et délimité. C'est ce que tente de faire la définition proposée par Éric Junod. Les écrits apocryphes chrétiens sont des

---

(5) Voir J.-D. Kaestli, « Les écrits apocryphes chrétiens. Pour une approche qui valorise leur diversité et leurs attaches bibliques », dans *Le mystère apocryphe. Introduction à une littérature méconnue* (Essais bibliques, 28), éd. J.-D. Kaestli − D. Marguerat, Genève, 1995, p. 27-42.

(6) Voir l'ouvrage posthume de J.-C. Picard, *Le continent apocryphe. Essai sur les littératures apocryphes juive et chrétienne* (Instrumenta patristica, 36), Turnhout, 1999.

« textes anonymes ou pseudépigraphes d'origine chrétienne qui entretiennent un rapport avec les livres du Nouveau Testament et aussi de l'Ancien Testament, parce qu'ils sont consacrés à des événements racontés ou évoqués dans ces livres ou parce qu'ils sont consacrés à des événements qui se situent dans le prolongement d'événements racontés ou évoqués dans ces livres, parce qu'ils sont centrés sur des personnages apparaissant dans ces livres, parce que leur genre littéraire s'apparentent à ceux d'écrits bibliques [7]. »

Il est à relever que ce changement de définition et de désignation du corpus, qui sous-tend la constitution de la *Series Apocryphorum*, s'il a quelque peine à s'imposer même parmi les proches de notre Association, va être adopté dans la nouvelle édition de cette « Bible des apocryphes » que constitue le recueil allemand de Hennecke-Schneemelcher ; en effet, l'intitulé retenu par le savant chargé de cette nouvelle édition, C. Markschies, est *Antike christliche Apokryphen in deutscher Übersetzung* [8].

Un corpus qui inclut certains « pseudépigraphes de l'Ancien Testament »

En accord avec la nouvelle définition, la *Series Apocryphorum* accueille des écrits portant le nom d'un personnage de l'Ancien Testament, dans la mesure où ils ont été composés dans des milieux chrétiens ou fortement remaniés au cours de leur transmission séculaire au sein du christianisme. C'est dire que la distinction traditionnelle entre

---

(7) É. Junod, art. cit., *Apocrypha*, 3, p. 26-27. La brochure de lancement de la *Series apocryphorum* donne, sous une forme plus ramassée, une définition semblable du corpus : par littérature apocryphe chrétiennne, il faut entendre « tous les textes pseudépigraphiques ou anonymes d'origine chrétienne qui ont pour centre d'intért des personnages apparaissant dans les livres bibliques ou qui se rapportent à des événements racontés ou suggérés par les livres bibliques ».

(8) Voir les réflexions présentées à la rencontre annuelle de l'AELAC de 1996 par C. Markschies et publiées sous le titre « 'Neutestamentliche Apokryphen'. Bemerkungen zur Geschichte und Zukunft einer von Edgar Hennecke im Jahr 1904 begründeten Quellensammlung », *Apocrypha*, 9 1998, p. 97-132.

«pseudépigraphes de l'Ancien Testament» et «apocryphes du Nouveau Testament», qui remonte, elle aussi, à Fabricius, est à mettre en question quand on se place dans la perspective de l'histoire des textes.

Le cas le plus évident est celui de l'*Ascension d'Ésaïe*, qui a été éditée et commentée de manière exemplaire dans la *Series Apocryphorum* par une équipe de chercheurs italiens ([9]). Cet écrit émane d'un groupe de prophètes chrétiens, et a été rédigé au tournant du premier et du deuxième siècle de notre ère. Il rapporte notamment comment le prophète Ésaïe, enlevé au septième ciel, a vu à l'avance la destinée du Christ : sa descente à travers les sept cieux, sa venue sur la terre et son retour glorieux auprès du Père. Pendant longtemps, on a postulé l'existence, derrière le récit du martyre du prophète, «scié avec une scie de bois», d'un écrit juif qu'on s'est efforcé de reconstituer en éliminant les retouches chrétiennes ([10]). Mais les recherches des savants italiens qui ont œuvré pour le *Corpus Christianorum*, notamment celles d'Enrico Norelli, conduisent à rejeter l'hypothèse d'une source juive et à attribuer l'ensemble de l'ouvrage à des cercles de prophètes chrétiens, qui cultivaient des expériences extatiques et subissaient les attaques de l'Église majoritaire ([11]). L'*Ascension d'Ésaïe* fait donc partie des témoins les plus anciens de la littérature apocryphe chrétienne. L'exemple de cet écrit illustre bien l'inadéquation des catégories traditionnelles : le ranger parmi les «apocryphes du Nouveau Testament» ne convient guère, vu son rattachement à une figure prophétique de l'Ancien Testament, et le fait qu'il utilise, dans son récit de la naissance de Jésus, des traditions antérieures à la rédaction de l'évangile de Matthieu. ; le mettre au nombre des «pseudépigraphes de l'Ancien

(9) E. Norelli, P. Bettiolo, A. Giambelluca Kossova, C. Leonardi, L. Perrone, *Ascensio Isaiae* (CCSA 7-8), Turnhout, 1995.

(10) Voir par exemple la traduction d'A. Caquot dans *La Bible. Écrits intertestamentaires* (Bibliothèque de la Pléiade), Paris, 1987, p. 1019-1033.

(11) Outre les volumes 7-8 de la *Series Apocryphorum*, voir E. Norelli, *Ascension d'Isaïe* (Apocryphes. Collection de poche de l'AELAC, 2), Brepols, 1993 ; idem, *L'Ascensione di Isaia. Studi su un apocrifo al crocevia dei cristianesimi*, Bologne, 1994.

Testament » ne satisfait pas davantage, étant donné l'époque de sa composition et son milieu d'origine.

L'*Ascension d'Ésaïe* ne restera pas une exception dans la *Series Apocryphorum*. D'autres textes transmis sous le nom d'un personnage de l'Ancien Testament figurent dans la liste des « volumes en préparation ». L'appartenance au corpus des apocryphes chrétiens va de soi dans le cas des *Odes de Salomon*, qui célèbrent, dans un langage poétique d'une grande beauté, la relation mystique du croyant avec le Christ et qui constituent le plus ancien document de la littérature religieuse des chrétiens de langue syriaque ([12]). Plusieurs des Apocalypses apocryphes placées sous l'autorité d'Esdras, de Sedrach, de Baruch, de Daniel, de Sophonie ou d'Élie ont été répertoriées à juste titre dans la *Clavis apocryphorum Novi Testamenti* de Maurice Geerard, car elles ont été composées ou profondément remaniées dans des milieux chrétiens; seules certaines d'entre elles figurent pour l'instant parmi les titres en préparation ([13]). Enfin, il est à souhaiter que l'étude exhaustive des manuscrits de la *Vie latine d'Adam et Ève* réalisée par Jean-Pierre Pettorelli débouche sur une édition critique des diverses formes latines de cet écrit, dont l'origine, juive ou chrétienne, fait l'objet depuis quelques années d'un nouveau débat parmi les spécialistes; quelle que soit la manière dont on tranche ce débat, le fait que la *Vie d'Adam et Ève* ne soit conservée que dans des copies chrétiennes et porte des traces évidentes de lecture chrétienne justifie pleinement son étude et sa publication dans le *Corpus Christianorum* ([14]).

---

(12) L'édition du texte pour la *Series* a été confiée à Marie-Joseph Pierre, qui en a donné une traduction française fort originale et remarquée: *Les Odes de Salomon* (Apocryphes. Collection de poche de l'AELAC, 4), Brepols, 1994.

(13) *Visio Esdrae latine* (F. G. Nuvolone); *Apcalypsis Esdrae graece* et *Apocalypsis Sedrach* (D. Ellul); *V-VI Esdras* (P. Geoltrain).

(14) *Vita latina Adae et Evae* (J.-P. Pettorelli).

Un corpus dont les limites s'élargissent dans le temps

Par rapport à la conception traditionnelle des «apocryphes du Nouveau Testament», la nouvelle définition adoptée pour la *Series Apocryphorum* implique un élargissement du corpus des textes à éditer, dans le temps comme dans l'espace.

Élargissement dans le temps d'abord. La production des écrits apocryphes est un processus continu; la clôture du canon du Nouveau Testament au ivᵉ siècle ne marque nullement une limite chronologique, comme le veut l'approche classique, représentée par le recueil allemand de W. Schneemelcher. Dire que la littérature apocryphe s'interrompt alors pour laisser la place à la littérature hagiographique ne rend pas compte de la complexité et de la diversité des phénomènes littéraires. C'est pourquoi nous accueillons dans la *Series Apocryphorum* des textes postérieurs au ivᵉ siècle et à la clôture du canon néotestamentaire.

Parmi les volumes publiés, tel est le cas, dans le monde latin, des réécritures médiévales du *Protévangile de Jacques* que sont l'*Évangile du Pseudo-Matthieu* et le *De Nativitate Mariae* [15], ou des compilations réunissant plusieurs récits de la naissance de la Vierge Marie et de Jésus [16]. Tel est aussi le cas, dans le monde grec, des *Actes de l'apôtre Philippe*, écrit composite dont les diverses sections ont été rédigées entre la seconde moitié du ivᵉ siècle et la première moitié du vᵉ siècle; ce texte constitue un document d'un intérêt considérable pour l'étude des courants ascétiques marginaux dans l'Asie Mineure de cette époque, et comme témoin de l'affrontement du christianisme anatolien avec l'antique culte de Cybèle, la Mère des dieux [17].

---

(15) Édités respectivement par J. Gijsel et R. Beyers dans *Libri de natiuitate Mariae* (CCSA 9 et 10), Turnhout, 1997.

(16) J.-D. Kaestli – M. McNamara, « Latin Infancy Gospels. The Compilation J. Introduction and Edition », dans *Apocrypha Hiberniae I. Evangelia Infantiae* (CCSA 14), Turnhout, 2001, p. 621-880.

(17) F. Bovon – B. Bouvier – F. Amsler, *Acta Philippi* (CCSA 11-12), Turnhout, 1999; voir aussi, des mêmes auteurs, *Les Actes de l'apôtre Philippe* (Apocryphes. Collec-

D'autres textes datant de la toute fin de l'Antiquité, de l'époque byzantine ou du Moyen-Âge figurent dans la liste des volumes en préparation pour la *Series Apocryphorum*. Ce sont soit des œuvres nouvelles, comme les récits de la mort de la Vierge (*Dormition de Marie*), ou la légende qui fait de Jésus l'un des vingt-deux prêtres du Temple de Jérusalem (*Confession de Théodose*), soit des compositions faites à partir de récits apocryphes ou de traditions plus anciennes, telles les *Vies brèves de prophètes et d'apôtres* ou la *Passion de Pierre et Paul* dite du Pseudo-Marcellus ([18]).

Une collection ouverte aux littératures chrétiennes autres que grecque et latine

C'est surtout l'élargissement de l'horizon géographique qui distingue la *Series Apocryphorum* des recueils classiques d'apocryphes et rend nécessaire son existence à côté de la *Series Latina* et de la *Series Graeca*. En effet, pour reprendre les termes de la présentation initiale du projet, « la littérature apocryphe chrétienne, du fait de ses voies de transmission, fait éclater les barrières linguistiques et ne peut donc trouver sa place dans une série consacrée exclusivement au grec ou au latin. Nombre d'écrits apocryphes ne nous sont pas parvenus dans leur langue originale ou ne le sont que partiellement; ils ont souvent, par contre, laissé des traces dans des versions ou remaniements conservés dans une grande variété de langues: latin, syriaque, copte arménien, géorgien, arabe, slave, irlandais, etc. La vocation de la *Series Apocryphorum* est précisément de regrouper tous ces textes qui contribuent directement ou indirectement à la connaissance d'un écrit apo-

---

tion de poche de l'AELAC, 8), Brepols, 1996; F. Amsler, « Les *Actes de Philippe*. Aperçu d'une compétition religieuse en Phrygie », dans *Le mystère apocryphe. Introduction à une littérature méconnue* (Essais bibliques, 28), éd. J.-D. Kaestli – D. Marguerat, Genève, 1995, p.125-140.

(18) *Dormitio Mariae, auctore Iohanne apostolo* (S. Mimouni, B. Outtier, M. van Esbroeck, S. Voicu); *De Christi Sacerdotio* (F. G. Nuvolone, G. Ziffer); *Vitae prophetarum – Indices apostolorum discipulorumque* (M. Petit, Fr. Dolbeau et alii); *Passio apostolorum Petri et Pauli* (A. d'Anna).

cryphe. La réunion de ces différents témoins à l'intérieur d'un même volume présente un double avantage: elle facilite l'étude de l'écrit concerné et permet de percevoir comment il a été transmis et remanié au cours des temps et dans des milieux divers. »

A ce jour, la réalisation de ce programme trouve sa meilleure illustration dans le double volume consacré à l'*Ascension d'Ésaïe* [19]. En dehors d'un fragment sur papyrus, l'original grec a disparu; le texte ne subsiste dans son intégralité qu'en éthiopien, et pour une moitié en latin et en vieux-slave, sans compter de brefs fragments en copte. Le tome 7 de la *Series* rassemble non seulement l'édition critique, faite chaque fois à nouveaux frais, et la traduction italienne de l'ensemble de ces témoins, mais aussi une précieuse synopse qui les met soigneusement en regard dans une traduction latine. Dans ce cas, le travail critique ne vise pas à l'établissement d'un *Urtext*, qui demeure inaccessible, mais à la comparaison minutieuse et à l'explication des différences entre les diverses formes textuelles, ce que fait Enrico Norelli dans son imposant commentaire du tome 8.

Une même diversité des voies de transmission et une situation analogue se présentent pour d'autres écrits en préparation pour la *Series*. Comme dans le cas de l'*Ascension d'Ésaïe*, cette situation exige la constitution d'une équipe de chercheurs, réunissant des spécialistes de divers domaines linguistiques et partageant régulièrement le résultat de leurs travaux. L'AELAC s'efforce de promouvoir et de soutenir de telles équipes scientifiques chargées d'un dossier apocryphe. Certaines travaillent ensemble de longue date et de manière exemplaire, comme l'équipe qui prépare l'édition des *Actes de Pilate*, sous la direction de Jean-Daniel Dubois [20], ou le groupe de travail sur la littérature

---

(19) E. Norelli, P. Bettiolo, A. Giambelluca Kossova, C. Leonardi, L. Perrone, *Ascensio Isaiae* (CCSA 7-8), Turnhout, 1995.

(20) *Acta Pilati* (J.-D. Dubois, R. Beylot, A. Frey, Ch. Furrer, R. Gounelle, Z. Izydorczyck, B. Outtier, G. Roquet, I. Younan). Parmi les travaux publiés en rapport avec ce projet, on mentionnera: Z. Izydorczyk, *Manuscripts of the Evangelium Nicodemi. A Census* (Subsidia Mediaevalia, 21), Toronto, 1993; R. Gounelle − Z. Izydorczyk, *L'Évangile*

pseudo-clémentine (²¹). D'autres ont parfois quelque peine à se constituer efficacement ou sont d'origine plus récente (²²).

L'ouverture de la *Series Apocryphorum* aux textes issus des chrétientés orientales, slave ou irlandaise ne se traduit pas seulement par leur inclusion dans des volumes consacrés à un seul et même écrit apocryphe, mais aussi par leur publication groupée dans des volumes dédiés à des productions propres à une seule aire culturelle. Ces regroupements par langue peuvent prendre plusieurs formes. Dans le cas des *Récits arméniens sur les apôtres*, nous avons jugé bon, pour rendre rapidement accessible des textes importants et dans l'attente d'une édition critique qui va prendre du temps, de publier d'abord une traduction, procurée par Dom Louis Leloir, de l'édition des Méchitaristes de Venise (1904) (²³). Au-delà de cette première étape, nous pouvons d'ores et déjà annoncer la publication d'une édition des *Actes de Paul* conservés en arménien (²⁴). Dans l'Église d'Égypte et dans l'Église d'Éthiopie, les récits relatifs aux apôtres ont été réunis pour former un recueil,

de Nicodème (Apocryphes. Collection de poche de l'AELAC, 9), Brepols, 1997 ; Z. Izydorczyck (éd.), *The Medieval Gospel of Nicodemus*, Tempe, Arizona, 1997 (voir notamment la « Thematic Bibliography of the Acts of Pilate », p. 419-519) ; R. Gounelle, *Les recensions byzantines de l'Évangile de Nicodème* (à paraître dans la sous-collection *Instrumenta* de la *Series Apocryphorum*).

(21) Outre les *Pseudo-Clementina syriaca*, dont l'édition pour est préparée par St. F. Jones, ce groupe projette de publier dans la *Series* une synopse des *Homélies* et des *Reconnaissances*. Il a également travaillé à la traduction française des deux formes du roman pseudo-clémentin pour la Bibliothèque de la Pléiade ; l'une d'entre elles a déjà paru : A. Schneider − L. Cirillo, *Les Reconnaissances du pseudo Clément. Roman chrétien des premiers siècles* (Collection de poche de l'AELAC, 10), Brepols, 1999.

(22) *Apocalypsis Pauli* (P. Piovanelli & alii) ; *Cyclus Abgari* (A. Desreumaux, A. Palmer, N. Tshkhikvadze, P. Marrassini, D. Proverbio) ; *Quaestiones Bartholomaei − Liber resurrectionis Iesu Christi* (J.-D. Kaestli, B. Philonenko-Sayar, P. Cherix) ; *Vitae prophetarum − Indices apostolorum discipulorumque* (M. Petit, F. Dolbeau et alii).

(23) L. Leloir, *Acta apostolorum armeniaca* (CCSA 3 et 4), Turnhout, 1986 et 1992 (traduction du recueil édité par Ch. Tchérakian, *Écrits apostoliques non canoniques* [en arménien], Venise, 1904).

(24) *Apocrypha armeniaca*, t. I : *Acta Pauli et Theclae − Miracula Theclae − Martyrium Pauli* (Valentina Calzolari Bouvier). Relevons ici que l'édition des textes grecs et coptes

conservé fragmentairement en copte et intégralement en arabe et en éthiopien. Pour le copte et pour l'éthiopien, des volumes consacrés exclusivement à ce recueil d'*Actes apocryphes des apôtres* sont en préparation ([25]).

L'Église d'Irlande a également produit des œuvres historiques et légendaires originales, et joué le rôle d'un «conservatoire» pour des écrits et des traditions apocryphes rares ou inconnues par ailleurs. C'est pourquoi les responsables de l'AELAC ont été très heureux d'accueillir dans la *Series Apocryphorum* le programme d'édition des *Apocrypha Hiberniae* élaboré par un Comité de l'Irish Biblical Association que préside le Martin McNamara. Un premier volume consacré aux récits de l'enfance de Marie et de Jésus vient de paraître; il fait notamment connaître pour la première fois une compilation conservée dans le *Liber Flavus Fergusiorum*, qui réunit le *Protévangile de Jacques* et un récit original de la naissance de Jésus, qui pourrait remonter au deuxième siècle ([26]).

Une collection conjugant édition critique, traduction et commentaire

Dès le départ, il allait de soi que la *Series Apocryphorum* adopterait en matière d'édition critique les mêmes exigences que les autres séries du *Corpus Christianorum*: pour chaque texte à éditer, recherche systématique et collation exhaustive des manuscrits, classement rigoureux des témoins et signalement aussi complet que possible de leurs particularités dans l'apparat critique ou l'introduction. Il arrive que ces exigences ne soient pas été respectées d'emblée de manière stricte par les collaborateurs, ou qu'un nouveau manuscrit soit repéré inopinément

---

des *Acta Pauli* doit aussi paraître bientôt dans la *Series Apocryphorum* (W. Rordorf, P. Cherix, P. W. Dunn).

(25) *Acta apostolorum coptica* (Françoise Morard); *Acta apostolorum aethiopica* (A. Bausi).

(26) M. McNamara, C. Breatnach, J. Carey, M. Herbert, J.-D. Kaestli, + B. O´Cuív, P.O. Fiannachta, + D. O´Laoghaire, R. Beyers, *Apocrypha Hiberniae*, t. I: *Evangelia infantiae* (CCSA 13-14), Turnhout, 2001.

et tardivement, ce qui reporte d'autant l'achèvement de tel ou tel volume. Mais ce qui est très réjouissant, c'est que le dépouillement des catalogues et la consultation directe de fonds mal connus ou insufisamment décrits fournissent régulièrement leur moisson d'inédits. Des textes ou des parties de texte inconnus jusqu'ici sont ainsi venus enrichir les éditions publiées dans la collection — ou feront leur entrée dans des volumes à paraître. Ainsi, la connaissance de la dernière section des *Actes d'André*, du retour de Stratoclès à Patras à l'épilogue final de l'ouvrage, a considérablement augmenté grâce à l'utilisation par l'éditeur, Jean-Marc Prieur, de plusieurs nouveaux témoins grecs (Sinait. gr. 526; Jérusalem, St-Sabas, 103; Ann Arbor 36) et de la *Passion* arménienne ([27]). Le texte des *Actes de Philippe* a été amélioré et complété par plusieurs Actes inédits grâce à la découverte et à l'édition, par François Bovon et Bertrand Bouvier, d'un nouveau témoin du Mont Athos (Xenophontos 32) ([28]).

Il a aussi été convenu dès le départ que les textes édités dans la *Series Apocryphorum*, à la différence de ce qui se fait pour les séries latine et grecque, seraient présentés et traduits dans une langue moderne internationale, et pourvus d'une introduction et d'un commentaire d'une certaine ampleur. Ce traitement particulier au sein du *Corpus Christianorum* est exigé par le fait que les volumes réunissent des pièces d'époques et d'expressions linguistiques différentes, et qu'il convient de faciliter l'étude de l'écrit qui est à l'origine d'un dossier donné et l'examen des rapports qu'entretiennent entre elles ses diverses réécritures et métamorphoses.

---

(27) J.-M. Prieur, *Acta Andreae* (CCSA 5-6), Turnhout, 1989. Le tome 6 contient également l'*editio princeps* du Papyrus copte d'Utrecht 1, réalisée par R. van den Broek, et une édition critique, sur une base manuscrite élargie, du *Martyrium Andreae prius*.

(28) F. Bovon — B. Bouvier — F. Amsler, *Acta Philippi* (CCSA 11-12), Turnhout, 1999.

Des instruments et des publications au service de la Series Apocryphorum

C'est à dessein que Maurice Geerard n'avait pas inclus la littérature apocryphe dans sa *Clauis Patrum Graecorum*. Notre regretté ami avait en effet décidé de produire une *Clauis* spécialement réservée aux textes apocryphes chrétiens, qui posent des problèmes d'identification plus redoutables que les textes d'auteurs; il a remarquablement mis en œuvre ce projet, avec le concours de certains membres de notre Association. Grâce à lui, les collaborateurs et les usagers de la *Series Apocryphorum* possèdent un outil de travail indispensable [29].

Dès l'origine de la collection le besoin a été exprimé de disposer d'autres instruments de travail, notamment de concordances. Ce souhait est maintenant réalisé, avec la création d'une collection auxiliaire de la *Series Apocryphorum* et le lancement en 2002 du premier volume d'une série de concordances [30]. À côté des concordances, il est prévu que cette collection des *Instrumenta* puisse accueillir d'autres outils ou travaux réalisés en vue des éditions de la *Series*: études préliminaires, états de la question, éditions de textes auxiliaires, études de la tradition manuscrite, répertoires de textes apocryphes, bibliographies.

Pour être complet, il convient encore de signaler deux lieux de publication qui, s'ils ne dépendent pas directement du projet de la *Series Apocryphorum*, stimulent les travaux des membres et correspondants de l'AELAC et contribuent à l'avancement de la recherche sur le corpus des apocryphes. Il s'agit d'une part de la «Collection de poche de l'AELAC», dirigée par Enrico Norelli et Alain Desreumaux, dont plusieurs titres ont été cités dans les notes précédentes, et d'autre part de la revue *Apocrypha*, fondée par Jean-Claude Picard et actuellement dirigée par Jean-Daniel Dubois, qui, comme l'indique son sous-titre

---

(29) M. Geerard, *Clavis Apocryphorum Novi Testamenti*, Turnhout, 1992.

(30) F. Amsler − A. Frey, *Concordantia Actorum Philippi* (CCSA. Instrumenta, 1), Turnhout, 2002.

(*Revue internationale des littératures apocryphes*), se propose de couvrir un domaine plus large que les seul apocryphes chrétiens.

Jean-Daniel Kaestli
Secrétaire général de l'AELAC

Series apocryphorum : Institut romand des sciences bibliques
Université de Lausanne
Bâtiment central
CH-1015 Lausanne (Suisse)
tél. : +41 21 6922730 ; fax : +41 21 6922735

École Pratique des Hautes Études (Section des sciences religieuses)
45, rue des Écoles
F-75005 Paris (France)
tél. : +33 1 40463137 ; fax : +33 1 40463146

Faculté autonome de théologie protestante
Université de Genève
Place de l'Université
CH-1211 Genève 4 (Suisse)
tél. : +41 22 7057446 ; fax : +41 22 7057430

Centre d'Études des Religions du Livre (CNRS URA 152)
7, rue Guy Mocquet
B.P. 8
F-94801 Villejuif Cedex (France)
tél. : +33 1 49583607 ; fax : +33 1 49583625

www.unil.ch/aelac
e-mail : Albert.Frey@irsb.unil.ch

CORPVS CHRISTIANORVM   *LINGVA PATRVM*

La collection *Lingua Patrum* a été créée en 1989 avec l'intention de publier des monographies sur la langue et le style d'auteurs chrétiens, tant grecs que latins. La série fut plus ou moins conçue dans l'esprit de l' « École de Nimègue », connue pour son approche spécifique du « latin des chrétiens ». A ce jour, elle comprend les trois volumes suivants : G. Sanders & M. Van Uytfanghe, *Bibliographie signalétique du latin des chrétiens* (1989) ; K. Demoen, *Pagan and Biblical Exempla in Gregory Nazianzen. A Study in Rhetoric and Hermeneutics* (1996), J. Schneider, *Les traités orthographiques grecs antiques et byzantins* (1999).

Sans nier la valeur du concept original, il importe de reconnaître que la science actuelle tend à inscrire la *latinitas* et la *graecitas* chrétiennes dans le contexte plus large du développement postclassique des langues anciennes comme telles. C'est pourquoi le nouveau comité d'éditeurs du *Corpus Christianorum* a décidé depuis un certain temps d'ouvrir la série *Lingua Patrum* non seulement à des monographies ou à des recueils consacrés à la langue et au style d'un père de l'Église ou d'un écrivain chrétien individuel, mais aussi à des études langagières ou littéraires concernant la Bible, la liturgie ou les écrits d'auteurs tardifs, médiévaux ou néolatins. La linguistique historique, et notamment la diachronie du latin et des langues romanes, trouvera également son compte dans cette perspective à la fois renouvelée et élargie.

Le titre principal de la série reste inchangé, mais un sous-titre en éclairera désormais les nouveaux contours : *L'héritage du latin et du grec dans des textes chrétiens.*

Prof. Dr. M. Van Uytfanghe

Lingua Latrum : Sint-Pietersabdij Steenbrugge
Baron Ruzettelaan 435
8310 Brugge (Belgique)
tél. +32 50 359112 ; fax +32 50 371457
www.corpuschristianorum.org
e-mail : corpuschr@brepols.net

CORPVS CHRISTIANORVM   *AVTOGRAPHA MEDII AEVI*

L a sotto-collana *Autographa Medii Aeui* nasce da un'idea formulata in una discussione scientifica, svoltasi a Roma nel 1984, su "Grafia e interpretazione del latino nel Medioevo". Quali erano i termini di questa discussione?

Poiché le grafie medievali variano da manoscritto a manoscritto, le posizioni degli studiosi presenti al dibattito, erano fondamentalmente due: chi era favorevole ad una grafia uniforme (e per lo più favorevole alla grafia ritenuta "classica"), chi invece riteneva che si dovessero rispettare le diverse grafie presenti anche nel solo manoscritto che tramanda un'opera. Grafia uniforme o grafia poliforme? Grafia classica o grafia medievale? Ma quale è la grafia medievale?

« A ben guardare dietro le due posizioni di tecnica editoriale stavano due posizioni di teoria ecdotica. Da una parte si continua la tradizione teorica che si attribuisce a Karl Lachmann, che sia cioè possibile, almeno in molti casi − com'è noto − risalire da più testimoni manoscritti, mediante un sistema di comparazione che ha il suo punto forte nelle corruttele di trasmissione, a un testo il più vicino possibile a quello voluto dall'autore (l'archetipo); dall'altra si ritiene che questo sistema, anche quando è realmente applicabile, snaturi la qualità di un testo/testimone così come si è storicamente formato. Nel primo caso l'interpunzione e la grafia seguono la sorte del testo, che non è quella di un manoscritto ma è quella dell'archetipo ricostruito, e dunque vengono unificate (la grafia di solito secondo l'uso dei classicisti, l'interpunzione secondo l'uso di ogni editore, che segue di solito, oltre variazioni personali, anche variazioni nazionali, basterebbe controllare l'uso interpuntivo tedesco e italiano). Nel secondo caso si privilegia un codice, per le ragioni più diverse (più antico o più vicino all'ambiente o al tempo che si vuole documentare o altro) e dunque si accetta la poligrafia e la varietà di interpunzione che il codice presenta. » ([1])

---

(1) Così riassumevo il dibattito in *Gli autografi medievali. Problemi paleografici e filologici*, a cura di P. CHIESA e L. PINELLI, Spoleto 1994, p. VIII (Quaderni di cultura mediolatina. Collana della Fondazione Ezio Franceschini, 5).

Queste due posizioni scientifiche non sono a mio giudizio conciliabili in quanto esprimono due diversi tipi di conoscenza. Il problema della grafia medievale deve perciò rimanere senza soluzione? In quella stessa sede romana, vent'anni fa, proposi una ricerca che non voleva essere la soluzione a quel problema, ma un modo di porre in modo diverso la questione. Osservai che, a differenza degli autori dell'antichità, di un numero considerevole di autori mediolatini si conservano manoscritti in cui essi stessi hanno scritto la loro opera (i manoscritti autografi) o manoscritti in cui le loro opere sono scritte da copisti o da segretari, mentre l'autore è intervenuto a rivedere, correggere, mutare la sua opera (i manoscritti idiografi). Questi manoscritti potevano diventare l'oggetto di una ricerca specifica. L'obiettivo di questa ricerca era duplice:

1) Un obiettivo paleografico, che consiste soprattutto nella dimostrazione scientifica che un manoscritto è autografo o idiografo; e nella successiva descrizione delle caratteristiche peculiari dell'autografia (quali modi di vergare le lettere? le legature, le abbreviazioni? ecc. Quale il modo di iscrizione e soscrizione? Quale l'uso nell'impaginazione? E ogni altra possibile traccia autografica, come i segni di interpunzione, la pratica di *notabilia, uariae lectiones*, glosse);

2) Un obiettivo filologico, che consiste in particolare nel valutare gli elementi emersi dall'indagine paleografia in sede filologica. È noto che un autore commette errori nello scrivere la sua opera (e non solo errori di grafia e di interpunzione) – il caso di Giovanni Boccaccio è clamoroso –; questa condizione di corruttela, spesso presente, impone allo studioso di definire il rapporto tra l'autore e il suo testo (soprattutto nel caso di manoscritti autografi) e di definire il rapporto tra l'autore e i suoi segretari- copisti (nel caso di manoscritti idiografi).

La ricerca proposta ha una sua autonoma specificità, ma ha anche un preciso riflesso in sede di grafia e di interpunzione. È infatti evidente che l'autografo svela (sia pure con un margine di errore) non la grafia del latino medievale, ma senza dubbio il sistema grafico di un autore. Ma questo sistema è proprio uno dei settori, della ricerca medievistica come delle norme editorie dei testi mediolatini, meno studiati e conosciuti. La ricerca ha lo scopo di evidenziare le abitudini filologiche e codicologiche di un autore e di conseguenza le pratiche del centro scrittorio in cui l'autore opera.

Avevo sostenuto questa posizione scientifica nel 1984. Qualche anno dopo Guglielmo Cavallo mi ha dato l'occasione di svilupparne tutta la potenzialità, proponendo alla Fondazione Ezio Franceschini (che si era costituita nel dicembre 1987) un convegno su "Gli autografi medievali" da tenersi in Sicilia, ad Erice, all'interno dell'attività dell'International School for the Study of Written Records da lui diretta presso il Centro Ettore Majorana.

Per la proposta del 1984 il convegno del 1990 costituì la piena giustificazione scientifica e l'elaborazione, in prima accumulazione, della relativa problematica. Vi parteciparono, dopo una mia introduzione M. Accame, H. Atsma, R. Beadle, W. Berschin, J. Hamesse, C. Mendo Carmona, F. Gasparri, L. Holtz, M. Lapidge, A. de la Mare, M. Mundó i Marcet, G. Ouy, M.B. Parkes, M.D. Reeve, P.G. Schmidt, J. Trechs, F. Troncarelli, J. Vezin, R. Wielockx, P. Zutschi. [2]

Durante il convegno fu costituito un Comitato coordinatore composto da G. Cavallo, L. Holtz, M. Lapidge e C. Leonardi, avendo come segretari P. Chiesa e L. Pinelli (quest'ultima sostituita poi da L. Castaldi). I contatti con le edizioni Brepols e in particolare con Laurent Bols erano già stati presi. Si arrivò ben presto alla costituzione di un Comitato scientifico composto da H. Atsma (Paris), J. Autenrieth (München), L.E. Boyle (Città del Vaticano), M.C. Díaz y Díaz (Santiago de Compostela), F. Dolbeau (Paris), M.-C. Garand (Paris), J. Hamesse (Louvain-la-Neuve), M. Mundó (Barcelona), G. Orlandi (Milano), G. Ouy (Paris), M.B. Parkes (Oxford), A. Petrucci (Pisa), M.D. Reeve (Cambridge), P.G. Schmidt (Freiburg i. Br.), J. Vezin

---

(2) Vedi nota 1.

(Paris), oltre che dai membri del Comitato coordinatore. Alcuni studiosi del Comitato scientifico sono già scomparsi e a loro va in particolare il nostro ricordo e il nostro grazie.

Il Comitato ha sinora potuto pubblicare cinque ricerche: quella di Paolo Chiesa su Liutprando di Cremona (1994), di M.C. Garand su Guiberto di Nogent (1995), di Edouard Jeauneau e Paul Edward Dutton su Giovanni Scoto Eriugena (1996), di Albert Derolez sul *Liber Floridus*, di Attilio Bartoli Langeli su Francesco di Assisi e Frate Leone (2002). Non è un risultato molto grande, anche se un buon gruppo di volumi sono progettati e in preparazione su autori e testi significativi come lo sono, senza dubbio, i saggi sinora pubblicati.

Il mio giudizio critico, dopo poco più di 10 anni dall'iniziativa, con un volume circa ogni 2 anni, è tuttavia positivo. L'originalità della collana rispetta l'originalità della ricerca. Del resto le recensioni hanno ampiamente riconosciuto questo carattere. La proposta del 1984 realizzata circa 10 anni dopo si è rivelata una buona proposta. Anche se una proposta non facile a realizzarsi. Non è infatti comune trovare le competenze di paleografo e di filologo in uno stesso studioso. Questa è la principale ragione del ritmo in apparenza lento nella comparsa dei volumi.

Ritengo che gli aspetti positivi non solo per i singoli testi, ma complessivamente su tutto l'ordine degli studi mediolatini, anche per i problemi di grafia nelle edizioni, potranno venire solo dopo che un maggior numero di casi sia stato analizzato e sia possibile da questo trarre qualche conclusione generale.

Prof. Claudio Leonardi
Direttore *Autographa Medii Aeui*

Autographa Medii Aeui: Certosa del Galluzzo
I-50124 Firenze (Italia)
tel.: +39 055 2048501; fax: +39 055 2320423
e-mail: claudio.leonardi@sismelfirenze.it

CORPVS CHRISTIANORVM   *HAGIOGRAPHIES*

Les études hagiographiques se sont si bien multipliées et diversifiées depuis quatre décennies que plusieurs spécialistes ont jugé bon ces derniers temps non seulement de dresser des bilans et d'ouvrir des perspectives nouvelles, mais aussi de s'interroger sur le statut de leur discipline et sur son objet propre, voire sur son nom. L'anniversaire du *Corpus Christianorum* nous donne l'occasion de localiser la collection *Hagiographies* dans l'organigramme de ces recherches en pleine expansion et de rappeler les services que celle-ci est appelée à rendre.

Le « champ hagiographique » peut se décrire de plusieurs façons. Par exemple, de manière analytique, par un inventaire de tout ce qui relève des études en rapport quelconque avec les « saints » et qu'ont investi des disciplines aussi variées que l'histoire classique, l'anthropologie, la sociologie, la linguistique, la philologie, l'iconologie, l'archéologie, l'onomastique, l'ecdotique, etc. Par exemple aussi, en distinguant les trois concepts — et derrière eux les trois états — que le terme « saint » désigne: le saint en vie, dont on peut écrire la biographie et décrire le milieu; le saint mort, auquel on voue un culte; le « saint de papier », c'est-à-dire le « personnage littéraire » fabriqué par les hagiographes. Ici, nous nous placerons plutôt au point de vue du fonctionnement social, pour distinguer quatre phénomènes majeurs en rapport avec les « saints ».

Le premier phénomène à prendre en compte, le plus visible, est celui des relations que les vivants entretiennent avec leurs morts, avec leurs morts les plus sublimes, le Christ ressuscité d'abord puis ces « morts très spéciaux », comme les a appelés Peter Brown, qui ont été accueillis dans la cour céleste, dans la société des anges, où, de concert avec eux, ils peuvent représenter les intérêts des vivants auprès de Dieu, tout en continuant d'intervenir dans la vie mondaine par leurs reliques ou par des apparitions ou des voix surnaturelles. Le « champ hagiographique » des relations des vivants avec ces « morts très spéciaux » est si familier aux chercheurs qu'il n'est guère utile de le présenter longuement: les pratiques liturgiques et les formes de la dévotion, les mots de la prière et la gestuelle, les offrandes et les imprécations, les pèlerinages et les emblèmes guerriers, les représentations mentales et les dispositifs économiques ou politiques qui s'y adaptent, voilà autant d'objets de ce vaste « champ hagiographique » que connaissent bien les chercheurs.

Le deuxième phénomène est celui des relations que les vivants peuvent entretenir avec les personnalités charismatiques *en vie*: ascètes, prophètes, visionnaires, pieux évêques, thaumaturges, prédicateurs populaires, évergètes, rois justes... En somme des personnalités auxquelles les contemporains reconnaissent des « vertus », au double sens du mot dans sa forme latine originelle: des pouvoirs singuliers et des vertus morales; des personnalités exceptionnelles parmi lesquelles, après leur mort, les communautés et l'institution choisiront leurs saints. Le « champ hagiographique » qui se dessine alors est beaucoup moins familier qu'il n'y paraît; le terme « saint » s'y estompe d'ailleurs, pour laisser place à d'autres, car il n'y a de « saint » que mort. Les questions qui se posent alors sont entre autres de déterminer le rôle social réel qu'ont pu remplir les personnalités charismatiques selon les époques et les lieux; dans la Syrie du VIe siècle, par exemple, ou dans l'entourage de Charlemagne, ou dans l'Italie du Quattrocento. De se demander si ces personnalités ont été plus nombreuses dans certains milieux ou à certaines époques et pourquoi. Ce champ d'enquête est mal défriché, en dépit de quelques travaux majeurs; il est parsemé de pièges critiques. Il n'est pas suffisamment distingué de l'histoire biographique des saints et de l'histoire du culte. Il n'est généralement étudié qu'au travers des œuvres hagiographiques, qui projettent dans le passé « réel » des personnalités charismatiques en bonne partie imaginaires et entretiennent l'illusion que celles-ci exerçaient sur leurs contemporains une fascination extrême. Au lieu d'analyser les histoires de saints, qui traitent forcément de morts, il faudrait ici lire plutôt les annales par exemple ou les correspondances, qui parlent des gens en vie; quel contraste alors entre les premières qui s'appliquent à nous faire croire que leurs héros s'imposaient de leur vivant par leurs charismes et les secondes qui semblent ignorer jusqu'à leur existence. Mais aussi en contrepartie, dans les secondes, quel monde bigarré de personnalités charismatiques souvent mineures, la plupart oubliées aujourd'hui, quelques-unes seulement canonisées. Peu importe d'ailleurs pour l'historien, ici du moins, le destin posthume de ces personnalités; ce qui compte c'est leur qualité charismatique et le rôle social qu'elles ont rempli. Il faut s'efforcer de les voir avec les yeux du contemporain, sans distinguer entre celles que l'ordre clérical et politique agréera et celles qu'il négligera comme insignifiantes ou rejettera comme victimes d'illusions, voire possédées ou hérétiques.

Le troisième phénomène est celui des pratiques et des procédures à la suite desquelles un mort devient un « saint ». Mouvements d'opinion autour de la tombe d'un homme respecté et généreux, d'un prophète, de la victime d'un meurtre, d'un pénitent, d'un ermite; gestion, par une communauté, de la mémoire d'un mort; procédure juridique mise en place par l'Église... Que faut-il pour qu'un culte « prenne »? Pourquoi le culte du comte de Namur Philippe (1212), qui choisit d'aller mourir dans une masure pour expier ses fautes et sur la tombe duquel il y eut ensuite des miracles, ne s'est-il pas développé? Les chanoines de Saint-Aubain étaient-ils trop peu dynamiques pour profiter de la circonstance, leur manquait-il à eux ou dans leur entourage un lettré suffisamment doué pour rédiger une Vie ou une collection de miracles? Qu'importe en l'occurrence. Ce qui nous intéresse ici c'est ce champ d'enquête que la riche documentation du bas moyen âge permet d'investiguer efficacement: les attentes « populaires », les croyances, les règles de droit, le milieu culturel, les circonstances, politiques et autres, qui vont contribuer à la « sanctification » d'un mort ou lui faire barrage. Ce champ particulier de l'hagiographie a été prospecté de façon remarquable dans les dernières décennies.

Le quatrième phénomène est celui de la création du « personnage », par le texte, par l'image et par le rite. Les bibliothèques se peuplent de « saints de papier »; les murs des églises racontent leurs histoires; les liturgies, avec leurs chants, leurs prières et leurs rites, construisent une représentation imaginaire et anhistorique du personnage céleste et de ses pouvoirs. Ici aussi l'historien d'aujourd'hui se trouve en terrain connu, balisé, étudié. Il s'inscrit en effet dans une tradition savante pluriséculaire inaugurée, ou peu s'en faut, au début du xviie siècle par Rosweyde. Tradition qui a développé depuis quelques décennies des exégèses nouvelles, montré comment et dans quelle perspective les figures des « saints de papier » étaient conçues et formées, selon les milieux, les époques, les circonstances, analysé aussi les techniques textuelles des hagiographes, leurs écritures et leurs récritures.

En même temps que la recherche s'appliquait à ces quatre phénomènes sociaux, les chercheurs multipliaient dans la meilleure tradition critique les travaux érudits sans lesquels les sciences humaines tourneraient au bavardage. Dans le domaine textuel en particulier, les inventaires et les expertises, qui ont désormais recours aux moyens de l'informatique et de la statistique, nourrissent des ambitions inouïes. Les spécialistes entendent mettre à la disposition des historiens des textes dûment expertisés, inscrits dans leur époque et dans leur milieu; des textes dont grâce à l'étude typologique chacun puisse connaître les conventions et qui alors seulement seront lus comme il se doit.

Cette vue cavalière du champ hagiographique n'a pas de prétention dogmatique; elle ne tend pas à légitimer des hiérarchies ou à fixer des étapes de la recherche; c'est une « manière de voir ». En la choisissant, nous avons cru mieux faire découvrir comment la matière s'inscrit au cœur des phénomènes majeurs des sociétés anciennes. Elle nous montre assurément que les spécialistes qui en traitent, doivent interroger toutes les catégories de sources, diplomatiques, épistolaires, historiographiques, liturgiques, doctrinales, normatives..., et pas seulement celles qu'à juste titre on appelle « hagiographiques ». Ces dernières sont néanmoins si multiformes, si riches, si généreusement représentées dans toute l'aire chrétienne et à travers tous les siècles de la chrétienté depuis les origines, et en fin de compte si mal connues dans leur ensemble, qu'il devenait de plus en plus urgent d'en donner un aperçu raisonné. Les répertoires ne manquaient pas, dont la *Bibliotheca hagiographica latina* des bollandistes constitue le fleuron, mais d'histoire générale classique, point.

Ce sont cette lacune et la conjoncture qui ont présidé à la conception et à la genèse de notre *Histoire internationale de la littérature hagiographique*. Non pas une histoire de tous les documents qui peuvent être qualifiés d'hagiographiques à savoir de tous ceux qui ont spécifiquement les saints pour matière, où voisinent des chants, des prières, des sermons, des traités, des inscriptions, des pièces sculptés, gravées ou peintes..., mais une histoire de ceux d'entre eux qui ont pour trait commun de nous raconter par écrit des histoires. Les circonstances de sa genèse ? Le professeur Léopold Genicot souhaitait la publication d'un volume consacré aux sources hagiographiques dans sa *Typologie*. Il apparut vite que sans une bonne connaissance factuelle, documentée, « historique » au sens le plus traditionnel du terme, de la littérature hagiographique, toute typologie serait incertaine. Sans une bonne histoire générale, globalement exhaustive, de cette littérature, comment se risquer à une typologie d'ensemble ? Mais quelle histoire générale ? Il n'en existait pas. Surprenant constat : les études hagiographiques n'avaient-elles pas déjà une longue tradition, née au moment même où en Occident se fixaient les principes de la méthode critique dans les sciences ? Pourtant la cause était claire : si les dossiers étudiés étaient innombrables, si des genres livresques − les martyrologes par exemple, ou les légendiers − avaient fait l'objet de travaux d'ensemble, si des catégories de textes, pour ne pas dire des genres littéraires − qu'on songe aux passions des martyrs ou aux récits de translations de reliques −, avaient été présentés de manière éclairante, si des chapitres particuliers d'histoire avaient été rédigés, il manquait encore une histoire classique générale de la littérature hagiographique, qui tiendrait de l'inventaire, d'un inventaire solide, ordonné dans le temps et dans l'espace.

Les incertitudes étaient telles qu'on aurait pu être tenté, après avoir perdu ses illusions sur les possibilités actuelles d'une solide typologie d'ensemble, puis nourri des doutes sur la faisabilité d'une histoire littéraire générale, de se replier sur des inventaires critiques systématiques et des bases de données. Mais la machine était lancée et la réflexion d'ailleurs nous convainquit que notre « histoire littéraire » venait bien à son heure et qu'elle serait réalisable si ses ambitions étaient bien définies, si elle jouait sa juste partition dans le concert des travaux en cours. C'est ainsi qu'après en avoir débattu avec François Dolbeau, Martin Heinzelmann et André Vauchez, nous avons proposé le schéma d'une histoire classique articulée sur la géographie et la chronologie, et sollicité plus de soixante collaborateurs de quelque 15 pays différents.

L'ampleur et l'austérité de la tâche sont vite apparues. Il fallait, à l'aide de répertoires partiels et de monographies dispersées, dresser des listes de textes, puis pour chacun d'eux réunir une bibliographie, consulter et apprécier les travaux des érudits. Tant de recherches pour constater bientôt que les argumentations de base sur les dates et les provenances étaient souvent fragiles voire fantaisistes, découvrir que les éditions étaient incertaines.

Mais les résultats sont là : au fil des ans s'élabore la première histoire d'ensemble de la littérature hagiographique narrative antérieure au Concile de Trente. En 1994 paraissait le premier volume, en 1996 le deuxième, en 2001 le troisième ; le quatrième devrait paraître en 2004. Comme nous l'écrivions en tête du volume III, à l'heure qu'il est, « l'époque antique est, si on peut dire, achevée. L'espace septentrional est presque totalement couvert, de l'Islande et de l'Irlande à la Finlande et à la Pologne. Pour les aires françaises et allemandes, les littératures vernaculaires ont toutes été traitées. Attendent encore d'être présentées les hagiographies croate et tchèque, qui restent somme toute des ensembles relativement modestes. Les choses se compliquent un peu avec l'Espagne ; elles deviennent très difficiles avec les énormes massifs littéraires latins des aires allemande, française et italienne. »

Près de quarante chercheurs d'Allemagne, du Danemark, des États-Unis, de France, de Hongrie, d'Islande, d'Italie, des Pays-Bas, de Pologne, du Portugal, du Royaume Uni, de Suède, ont contribué aux trois premiers volumes. Nous nous réjouissons en particulier que grâce à eux notre histoire porte à la fois sur les textes vernaculaires et sur les textes latins, rapprochant ainsi des univers homogènes que seule la spécialisation − d'ailleurs indispensable − des savants avait désintégrés.

Nous espérons que les chapitres à paraître seront rédigés dans de bons délais. Une fois l'édifice achevé, nous pourrons élaborer des index systématiques, dessiner des cartes qui ne soient pas de simple localisation, proposer peut-être des périodisations, identifier les temps de mutations ou de changements accélérés, reconnaître les œuvres fondatrices ou les milieux les plus féconds, voire corréler notre histoire hagiographique à celle des autres « littératures » et à celle de la société. Présomption ? Sans doute, sinon que ce vœu démesuré définit les perspectives et donne cohérence aux recherches.

L'étude des quatre phénomènes sociaux qui constituent le « champ de l'hagiographie », à savoir les relations des vivants avec leurs saints morts, les relations des vivants avec les personnalités charismatiques contemporaines, les procédures de « sanctification » posthume, la fabrique des « personnages littéraires », pourra désormais se faire sur le fond d'une vue panoramique du vaste corpus documentaire de l'hagiographie narrative, soit de milliers de textes. Tous pourront y puiser. Plus que les autres, bien sûr, ceux qui s'interrogent sur les relations des vivants avec leurs saints morts et sur cette immense fabrique des saints que constituaient les ateliers médiévaux. Mais les autres aussi, qui ont coutume d'interroger souvent et patiemment la littérature hagiographique narrative pour se documenter. Notre *Histoire* doit leur offrir les repères indispensables.

L'*Histoire internationale de la littérature hagiographique* ne s'écrit pas en cercle fermé. La plupart de nos collaborateurs sont attelés en même temps à des projets dont notre programme profite. De notre côté nous poursuivons parallèlement d'autres travaux d'ensemble en relation étroite avec notre *Histoire*. Ainsi, comme nous le rappelions aussi dans le tome III, notre banque de données des légendiers latins ne cesse de s'enrichir. Les bollandistes ont accepté d'en diffuser une partie sur leur site internet, sous le titre *Index analytique des Catalogues de manuscrits hagiographiques latins publiés par les Bollandistes,* et avec le sigle *BHLMs* (*http://bhlms.fltr.ucl.ac.be*). Mais cette publication électronique ne donne accès qu'à une partie limitée de notre banque, qui s'est non seulement enrichie de très nombreuses données nouvelles empruntées à de multiples autres catalogues hagiographiques, mais comprend en outre une masse d'informations érudites et inédites sur les dossiers hagiographiques, les saints, les hagiographes, les textes, les manuscrits, les toponymes, la chronologie, la géographie, etc. Données, à partir desquelles, grâce aux ressources de l'informatique, il est possible de faire toutes les recherches croisées imaginables. De cet ensemble, un autre petit segment encore est public à l'heure actuelle : la liste de tous les textes hagiographiques latins, classés dans l'ordre des numéros de la *BHL*, avec pour chacun d'eux une datation provisoire, dont la précision chronométrique est extrêmement variable *http://www.fundp.ac.be/philo.lettres/histoire/h2220.htm*) ([1]). Dans le même temps encore, une thèse de doctorat consacrée à l'analyse linguistique statistique des passions des martyrs, articulée sur notre *Histoire* est en cours.

---

(1) Le programme de recherche a été plusieurs fois présenté et de premiers résultats ont déjà été présentés. Voir entre autres : G. Philippart, *Pour une histoire générale, problématique et sérielle, de la littérature et de l'édition hagiographique latines de l'antiquité et du moyen âge,* in *Cassiodorus. Rivista di studi sulla tarda antichità,* 2, 1996, p. 197-213. – F. De Vriendt et M. Trigalet, *Littérature hagiographique et bases de données. À propos de deux projets en cours à l'Université de Namur,* in *Le médiéviste et l'ordinateur,* n° 34 (1996-1997), p. 5-16. – G. Philippart et M. Trigalet, *Légendes hagiographiques des provinces de Parme et de Plaisance : circulation des textes et voies de communication,* in *Itinerari medievali e identità europea,* a cura di Roberto Greci, *Atti del Congresso internazionale Parma, 27-28 febbraio 1998,* Bologna, 1999 (*Itinerari medievali*), p. 249-312. – G. Philippart, *L'hagiographie sicilienne dans le cadre de l'hagiographie de l'Occident,* in *La Sicilia nella tarda antichità e nell'alto medioevo. Religione e società. Atti del Convegno di Studi (Catania-Paternó),* a cura di R. Barcellona e S. Pricoco, 1999, p. 167-204. – G. Philippart, F. De Vriendt et M. Trigalet, *Problèmes et premiers résultats d'une histoire générale de la littérature hagiographique,* in J. Carey, M. Herbert & P. Ó Riain, *Studies in Irish Hagiography. Saints and Scholars,* 2001, p. 337-355. – M. Trigalet, *Compter les livres hagiographiques. Aspects quantitatifs de la création et de la diffusion de la littérature hagiographique latine (iie-xve siècle),* in *Gazette du livre médiéval,* 38 (2001), p. 1-13. – G. Philippart et M. Trigalet, *L'hagiographie latine du xie siècle dans la longue durée. Données statistiques sur la production littéraire et sur l'édition médiévale,* in Michael W. Herren, C. J. McDonough, Ross G. Arthur, edd., *Latin Culture in the Eleventh Century. Proceedings of the Third International Conference on Medieval Latin Studies, Cambridge, September 9-12 1998,* vol. 2, Turnhout, 2002, p. 281-301 (*Publications of the Journal of Medieval Latin,* 5/2).

Née au sein de la très vivante communauté internationale des hagiographes, notre *Histoire* leur rendra, espérons-le, les services que nous avons conçus pour elle.

Prof. Dr. Guy Philippart
Directeur *Hagiographies*

Hagiographies : Facultés Universitaires Notre-Dame-de-la-Paix
rue de Bruxelles 61
B-5000 Namur (Belgique)
tél. +32 81 724195 ; fax +32 81 724203
www.corpuschristianorum.org
e-mail : guy.philippart@fundp.ac.be

ALBVM EDITORVM

In his collectionibus
quae sub titulo CORPVS CHRISTIANORVM proferuntur,
editiones curauerunt:

W. ADAMS ∞ M. ADRIAEN ∞ J. ALAERTS ∞ M.I. ALLEN ∞ P. ALLEN
F. AMSLER ∞ W. ARNDT ∞ D. ASCHOFF ∞ M. AUBINEAU ∞ L. BADIA
P.A. BALLERINI ∞ J. BARBET ∞ A. BARTOLI LANGELI ∞ J. BAUER
M. BAUZÀ OCHOGAVÍA ∞ S. BECK ∞ J. BECQUET ∞ P. BEGUIN ∞ D.N. BELL
J. BERLIOZ ∞ R. BERNDT ∞ P. BETTIOLO ∞ C. BEUKERS ∞ R. BEYERS
BEZARACHVILI ∞ F. BEZLER ∞ L. BIELER ∞ B. BISCHOFF ∞ A. BLAISE
P. BONNERUE ∞ J.G.PH. BORLEFFS ∞ G. BOS ∞ P. BOURGAIN-HEMERYCK
D. BOUTHILLIER ∞ B. BOUVIER ∞ F. BOVON ∞ R. BRAUN ∞ C. BREATNACH
T. BREGADZÉ ∞ S. BROCK ∞ F. BUCCHI ∞ V. BULHART ∞ C. BURNETT
E.M. BUYTAERT ∞ M. BÉVENOT ∞ W. BÜCHEL ∞ M. CAHILL ∞ P. CALLENS
A. CANELLIS ∞ B. CAPELLE ∞ R. CARANDE HERRERO
C. CARDELLE DE HARTMANN ∞ J. CAREY ∞ A. CARLEVARIS
J. CARRACEDO FRAGA ∞ P. CAZIER ∞ S. CEGLAR ∞ P. CHANDLER
M. CHANIDZE ∞ L. CHARLO BREA ∞ T. CHARMASSON ∞ A. CHAVASSE
P. CHIESA ∞ J. CHITTENDEN ∞ J. CHÂTILLON ∞ J.-M. CLÉMENT
C. COEBERGH ∞ G. CONSTABLE ∞ M. CONTI ∞ C.-G. CONTICELLO
V. CONTICELLO ∞ B. COPPIETERS 'T WALLANT ∞ H. COSTELLO ∞ B. COULIE
PH. CROWLEY ∞ M.P. CUNNINGHAM ∞ O. CUNTZ ∞ R.C. DALES ∞ C. DATEMA
KL.-D. DAUR ∞ A. DAVRIL ∞ G. DE BAERE ∞ C. DE CLERCQ ∞ D. DE BRUYNE
L. DE CONINCK ∞ A. DE HALLEUX ∞ R. DE KEGEL ∞ P. DE LAGARDE
M. DE MARCO ∞ G. DE MARTEL ∞ P. DE PUNIET ∞ B. DE VREGILLE
J. DECLERCK ∞ J.H. DECLERCK ∞ E. DEKKERS ∞ R. DEMEULENAERE
K. DEMOEN ∞ A.-M. DENIS ∞ A. DEROLEZ ∞ J. DESHUSSES ∞ G.F. DIERCKS
J. DOIGNON ∞ M. DOLAKIDZE ∞ FR. DOLBEAU ∞ B. DOMBART
F. DOMÍNGUEZ REBOIRAS ∞ I. D'ONOFRIO ∞ H. DOUTEIL ∞ M. DOVE
P. DRONKE ∞ A. DUMAS ∞ P. DUTTON ∞ R.Y. EBIED ∞ W. EDWARDS
B.A. EGAN ∞ J.-L. EICHENLAUB ∞ K. EMERY ∞ J.A. ESTÉVEZ SOLA ∞ R. ÉTAIX
W. EULER ∞ E. EVANS ∞ M. EVANS ∞ R. FAESEN ∞ E. FALQUE REY
J. FEARNS ∞ J.M. FEATHERSTONE ∞ P.J. FEDWICK ∞ J.L. FEIERTAG
S. FERABOLI ∞ J. FERNÁNDEZ VALVERDE ∞ M.C. FERRARI ∞ M. FORNASARI
J. FRAIPONT ∞ E. FRANCESCHINI ∞ I. FRANSEN ∞ A. FREY ∞ Å.J. FRIDH
Y. FRIEDMAN ∞ M. FROMONT ∞ A. FÜHRKÖTTER ∞ F.L. GANSHOF
M.-C. GARAND ∞ B. GARI ∞ B. GARITTE ∞ G. GARITTE ∞ M. GASTALDO
J. GAYÀ ESTELRICH ∞ G.J. GEBAUER ∞ M. GEERARD ∞ S. GENNARO
A. GERLO ∞ P. GEYER ∞ A. GIAMBELLUCA KOSSAVA ∞ J. GIJSEL ∞ J. GIL
FR. GLORIE ∞ F. GORI ∞ M. GOULLET ∞ J. GRAND'HENRY ∞ W.M. GREEN
B. GRIESSER ∞ C. GRIFONI ∞ A. GRONDEUX ∞ R. GRYSON ∞ R. GUARNIERI
W. GUNDLACH ∞ B.G. GUYOT ∞ S. GWARA ∞ G.P. GÖTZ ∞ H. HAACKE
J.-C. HAELEWYCK ∞ F. HALKIN ∞ J.B. HALL ∞ J.W. HALPORN ∞ J. HAMESSE

H. HARADA ∞ A. HARNACK ∞ O. HEIMING ∞ M. HERBERT ∞ F. HEYLEN
J.N. HILLGARTH ∞ R.H.F. HOFMAN ∞ L. HOLTZ ∞ A. HOSTE ∞ M. HOSTENS
P.F. HOVINGH ∞ F. HUDRY ∞ J.E. HUDSON ∞ D. HURST ∞ R.B.C. HUYGENS
R.M. ILGNER ∞ J. MARTIN ∞ B. JANSSENS ∞ E. JEAUNEAU ∞ L. JOCQUÉ
CH.W. JONES ∞ M.-H. JULLIEN ∞ E. JUNOD ∞ J.-D. KAESTLI ∞ A. KALB
K.S.B. KEATS-ROHAN ∞ J.F. KELLY ∞ C.B. KENDALL ∞ A. KIBRE ∞ B. KINDT
M.H. KING ∞ M. KLAES ∞ M. KORS ∞ R. KOTTJE ∞ T. KOURTSIKIDZE
A. KROYMANN ∞ B. KRUSCH ∞ P. KULSCÁR ∞ P. KUNITZSCH ∞ L. KÖRNTGEN
A. LABATE ∞ C. LAGA ∞ M.L.W. LAISTNER ∞ C. LAMBOT ∞ S LANCEL
R. LANDES ∞ P. LARDET ∞ CH.M. LAWSON ∞ S. LEANZA ∞ J. LEEMANS
A. LEFEVERE ∞ A. LEHNER ∞ F. LELLI ∞ L. LELOIR ∞ J. LEMARIÉ
CL. LEONARDI ∞ X. LEQUEUX ∞ W. LEVISON ∞ FR. LIPP ∞ CH. LOHR
J. LONGÈRE ∞ IO. LUCCHESI ∞ P. LUCENTINI ∞ S. LUCÀ ∞ B. LÖFSTEDT
G. MACGINTY ∞ J. MACHIELSEN ∞ G. MADEC ∞ A. MADRE ∞ J. MARTIN
L. MARTIN ∞ L.T. MARTIN ∞ M. MATCHAVARIANI ∞ E.A. MATTER
S. MATTON ∞ A. MAYA SÁNCHEZ ∞ H.E. MAYER ∞ J. MCCULLOH ∞ J. MCEVOY
R.E. MCNALLY ∞ M. MCNAMARA ∞ N. MELIKICHVILI ∞ B. MERRILEES
TH. MERTENS ∞ H. METREVELI ∞ C.J. MEWS ∞ J. MEYERS ∞ E. MIKKERS
W. MILDE ∞ L. MILIS ∞ E. MOELLER ∞ P. MOMMAERS ∞ J. MONFRIN
F. MORENZONI ∞ C. MORESCHINI ∞ G. MORIN ∞ J. MOSSAY ∞ W.J. MOUNTAIN
J. MULDERS ∞ C. MUNIER ∞ J.A. MUNITIZ ∞ A. MUTZENBECHER
J. NADAL CAÑELLAS ∞ M. NASTA ∞ L. NAUTA ∞ B. NEIL ∞ L. NEYRAND
J. NIMMO SMITH ∞ D. NORBERG ∞ E. NORELLI ∞ J. NORET ∞ H. NOÉ
B. O'CUIV ∞ P. O'FIANNACHTA ∞ D. O'LAOGHAIRE ∞ M.V. O'REILLY
A. OLIVAR ∞ A. OLIVER ∞ J.-M. OLIVIER ∞ H. OOSTHOUT ∞ A.P. ORBÁN
T. OTKHMEZURI ∞ B. PAULUS ∞ M. PEREIRA ∞ F. PERELMAN ∞ M. PERRIN
L. PERRONE ∞ F. PETIT ∞ G. PHILIPPART ∞ TH. PINDL-BÜCHEL
C. PLUYGERS ∞ D. POIREL ∞ G. PON ∞ J.-M. PRIEUR ∞ J.H. PRYOR
J. PUJOL ∞ R. QUADRI ∞ G. RACITI ∞ M. RAPHAVA ∞ R.F. REFOULÉ
P.L.D. REID ∞ A. REIFFERSCHEID ∞ S. REITER ∞ M. RICHARD ∞ J. RIDER
H. RIEDLINGER ∞ A. RIPBERGER ∞ L. RIZZERIO ∞ H. ROCHAIS ∞ H. ROLFSON
I. RONCA ∞ P.W. ROSEMANN ∞ S.D. RUEGG ∞ G. RÖSCH ∞ P. SAINT-ROCH
L. SALA-MOLINS ∞ P. SALMON ∞ G. SANDERS ∞ G. SCALIA ∞ J. SCHILLING
A.B. SCHMIDT ∞ T.S. SCHMIDT ∞ J. SCHNEIDER ∞ R.J. SCHNEIDER
B. SCHWANK ∞ M. SENELLART ∞ J. SEYFARTH ∞ L.F. SHERRY ∞ P. SICARD
M.A. SIGNER ∞ G. SILAGI ∞ M. SIMONETTI ∞ D. SIMPSON ∞ A. SIRINIAN
P. SMULDERS ∞ A. SORIA FLORES ∞ U. SPENGLER-REFFGEN
M. STALLINGS-TANEY ∞ C. STEEL ∞ W. STEVENS ∞ J.M. SÁNCHEZ MARTÍN
C.H. TALBOT ∞ L. TRAUBE ∞ V. TENGE-WOLF ∞ M. TESTARD ∞ J. THEUWS
T.M. THIBODEAU ∞ J.J. THIERRY ∞ F. TINNEFELD ∞ B.-M. TOCK
P. TOMBEUR ∞ L. TRAUBE ∞ A. TUERLINCKX ∞ K.-H. UTHEMANN
L. VAN ACKER ∞ J. VAN BANNING ∞ A. VAN BURINK ∞ R.C. VAN CAENEGEM
B. VAN DEN ABEELE ∞ M.P.J. VAN DEN HOUT ∞ P. VAN DEUN
R.TH.M. VAN DIJK ∞ F.A. VAN LIERE ∞ B. VAN NAME EDWARDS ∞ A. VAN ROEY
M. VAN UYTFANGHE ∞ R. VANDER PLAETSE ∞ P.-P. VERBRAKEN ∞ P. VERDEYEN
L. VERHEIJEN ∞ D. VERHELST ∞ P. VILLALBA-VARNEDA ∞ E. VOORDECKERS
J.H. WASZINK ∞ R. WEBER ∞ S. WEINFURTER ∞ L.R. WICKHAM ∞ R. WILLEMS
A. WILMART ∞ G. WISSOWA ∞ C. WOLLIN ∞ P. YANNOPOULOS
W. ZECHMEISTER ∞ M. ZIER

flosculi

AMBROSIVS MEDIOLANENSIS
Expositio Euangelii secundum Lucam

Griechische Christliche Schriftsteller
in lateinischer Sprache? – ein Geburtstagsgruß

Bei einem Geburtstagsgruß, den der derzeitige Leiter der „Griechischen Christlichen Schriftsteller" an der Berlin-Brandenburgischen Akademie der Wissenschaften dem jüngeren, aber ungleich produktiveren Schwesterunternehmen schreibt, muß wenigstens kurz auf den alten Berliner Plan eingegangen werden, diejenigen (alt-)lateinischen Übersetzungen der griechischen christlichen Schriftsteller zu edieren, die noch nicht durch andere Editionsunternehmen bearbeitet wurden. Er wurde und wird gern kurzgefaßt „Altaner-Plan" genannt, weil er sich dem Drängen des schlesischen Kirchenhistorikers Bertold Altaner (1885-1964) [1] verdankte. Einer meiner Vorgänger im Amt, Hans Lietzmann (1875-1942), griff diesen Plan energisch auf. Die ungünstigen politischen Umstände, unter denen das Berliner Akademieunternehmen seit 1933 und bis 1989 zu arbeiten hatte, sind der Umsetzung dieses Planes nicht eben günstig gewesen, und doch sind einige Bände in der Reihe „Texte und Untersuchungen" des Vorhabens erschienen [2] – ich nenne insbesondere aus den letzten Jahrzehnten die Editionen der altlateinischen Thomas-Akten und eine

---

(1) G. J. Ziebertz, Berthold Altaner (1885-1964). Leben und Werk eines schlesischen Kirchenhistorikers (Forschungen und Quellen zur Kirchen- und Kulturgeschichte Ostdeutschlands 29), Köln u.a.: Böhlau 1997.

(2) Für Details vgl. F. Winkelmann, Spätantike lateinische Übersetzungen christlicher griechischer Literatur, in: Theologische Literaturzeitung 92 (1967), 229-240. Der Beitrag enthält nicht nur Bemerkungen zur Geschichte des Altaner-Plans, sondern auch Literatur zum Thema und einen an den Forschungsstand des Jahres 1967 angepaßten und fortgeschriebenen Abdruck des Altaner-Plans, dessen Original sich im Handarchiv der Arbeitsstelle „Griechische Christliche Schriftsteller" der „Berlin-Brandenburgischen Akademie der Wissenschaften" befindet.

lateinische Übersetzung Philos (³). Der erfreuliche Aufschwung, den die Bemühungen um die Edition antiker christlicher Texte in anderen Ländern nach dem zweiten Weltkrieg nahmen, haben dazu geführt, daß die Umsetzung des „Altaner-Plans" nun nicht mehr allein vom Berliner Unternehmen mit seinen beschränkten Mitteln angegangen werden muß. Damit wird nun der Blick dafür frei, daß allein eine Zusammenstellung der reinen Übersetzungen ganzer Werke in der Art Altaners das spannende Verhältnis von griechischer und lateinischer christlicher Literatur in der Antike nicht ausreichend erfaßt. Neben eine solche Liste der Übersetzungen müßte nämlich ein Inventar der übersetzten Urkunden und sonstigen Passagen gestellt werden, die vor allem in den diversen theologischen Auseinandersetzungen der Spätantike eine erhebliche Rolle spielten, dann aber auch eine Zusammenstellung der mehr oder weniger freie Bearbeitungen griechischer Werke (⁴).

Ein klassisches Beispiel solcher freier Bearbeitung ist der Lukas-Kommentar des Mailänder Bischofs Ambrosius (*CPL* 143), den M. Adriaen 1957 im „Corpus Christianorum" ediert hat. Nach einem ausführlichen Prolog beginnt die Kommentierung so:

---

(3) L'Ancienne Version Latine des Questions sur la Genèse de Philon d'Alexandrie, Vol. I Édition critique par F. Petit (Texte und Untersuchungen 113), Berlin: Akademie Verlag 1973; Vol. II Commentaire par F. Petit (Texte und Untersuchungen 114), 1973; Die alten lateinischen Thomasakten, herausgegeben von K. Zelzer (Texte und Untersuchungen 122), 1977. Weiteres bei Winkelmann, aaO., 234-238.

(4) Einige Bemerkungen dazu in meiner Tübinger Habilitationsschrift: Ch. Markschies, Ambrosius von Mailand und die Trinitätstheologie (Beiträge zur historischen Theologie 90), Tübingen: J.C.B. Mohr (P. Siebeck) 1995, v-viii und 9-38 („Terminologischer Teil").

"quoniam" inquit "multi conati sunt ordinare narrationem re-rum". pleraque nostrorum quemadmodum ueterum Iudaeorum paribus et generibus formantur et causis atque exemplorum similium pari usu exituque conueniunt principioque rerum et fine concordant. nam sicut multi in illo populo diuino infusi spiritu prophetarunt, alii autem pro-phetare se pollicebantur et professionem destituebant mendacio − erant enim pseudoprophetae potius quam prophetae, sicut Ananias filius Azot, erat autem populi gratia discernere spiritus, ut cognosceret quos referre deberet in numerum prophetarum, quos autem quasi bonus num-mularius inprobare, in quibus materia magis corrupta sorderet quam ueri splendor luminis resultaret − sic et nunc in nouo testamento multi euangelia scribere conati sunt, quae boni nummularii non probarunt, unum autem tantummodo in quattuor libros digestum ex omnibus arbi-trati sunt eligendum.

et aliud quidem fertur euangelium, quod duodecim scripsisse di-cantur. ausus etiam Basilides euangelium scribere, quod dicitur secundum Basilidem. fertur etiam aliud euangelium, quod scribitur se-cundum Thomam. noui aliud scriptum secundum Matthiam. legimus aliqua, ne legantur, legimus, ne ignoremus, legimus, non ut teneamus, sed ut repudiemus et ut sciamus qualia sint in quibus magnifici isti cor exaltant suum. sed ecclesia, cum quattuor euangelii libros habeat, per uniuersum mundum euangelistis redundat; haereses, cum multa ha-beant, unum non habent; multi enim conati, sed dei gratia destituti sunt.

(ed. M. Adriaen, 1957: *Corpus Christianorum, Series Latina* 14, p. 6-7, l. 1-27)

„Weil denn viele versucht haben, eine geordnete Darstellung von den Tatsachen zu geben" (Lukas 1,1). Die Geschichte unserer Zeit weist in ihrer Entwicklung vielfach die gleichen Erscheinungen und Ursachen auf wie die alte jüdische, teilt mit ihr analoge Vorgänge, die den gleichen Lauf und Verlauf nehmen, hat Geschehnisse mit ihr gemeinsam, die sich vom Anfang bis zum Ende ähneln. Wie nämlich viele in jenem Volk auf Eingebung des göttlichen Geistes geweissagt haben, andere hingegen nur versprechen zu weissagen und ihren Beruf durch Lügenhaftigkeit herabwürdigten – sie waren mehr Pseudopropheten als Propheten, wie Ananias, der Sohn Azots (vgl. Jeremia 28,1-17); das Volk aber besaß die Gabe der Unterscheidung der Geister, um zu erkennen, welche es zur Zahl der Propheten rechnen, welche es dagegen gleich einem tüchtigen Münzbeschauer für unecht erklären solle, nachdem an ihnen mehr die trübe Farbe eines falschen Münzstückes als das Blinken echten Metallglanzes hervorträte – so haben wir dieselbe Erscheinung auch jetzt noch im Neuen Testament: Viele haben versucht, Evangelien zu schreiben, welche die tüchtigen Münzbeschauer für unecht befunden haben. Nur eines aber, in vier Büchern dargestellt, glaubten sie aus allen (als echt) auswählen zu müssen.

Noch ein anderes Evangelium zwar ist im Umlauf, angeblich von den Zwölfen verfaßt. Auch Basilides unterfing sich, ein Evangelium zu schreiben, das sogenannte „Evangelium nach Basilides". Wiederum ein anderes Evangelium zirkuliert unter dem Titel „Evangelium nach Thomas". Eine weitere Schrift kenne ich „Evangelium nach Matthias". Wir haben einige (dieser Evangelien) gelesen, um ihre Lektüre zu verhindern; gelesen, um nicht im Unwissenden darüber zu sein; gelesen, nicht um sie zu behalten, sondern zurückzuweisen; um zu wissen, welcher Art die Schriften sind, mit denen diese Leute da (die Gnostiker) mit großem Getue „ihr Herz erheben" (Daniel 11,36). Doch die Kirche hat, obwohl sie nur vier Evangelienbücher besitzt, die ganze Welt voll Evangelisten, die Häresien trotz deren Menge nicht einen; denn viele haben wohl „den Versuch gemacht", doch durch Gottes Gnade ohne Erfolg ([1]).

---

(1) Übersetzung nach J.E. Niederhuber, Des Heiligen Kirchenlehrers Ambrosius von Mailand Lukaskommentar (...) (Bibliothek der Kirchenväter. Des Heiligen Kirchenlehrers Ambrosius von Mailand ausgewählte Schriften aus dem Lateinischen übersetzt, 2. Band [in der Reihenfolge des Erscheinens Band 21]), Kempten und München: Verlag der J. Kösel'schen Buchhandlung 1915, 13f.

D ER TEXT DES MAILÄNDER BISCHOFS — vermutlich gegen 391 veröffentlicht — ist allein schon durch die plastische Ausmalung des Bild vom *nummularius*, des „Münzbeschauers" (oder im Falle staatlicher Anstellung eines „Münzbeamten") ([1]), mit dessen Geschäft die „Unterscheidung der Geister" (nach Deuteronomium 18,21f.) verglichen wird, ein charakteristisches Beispiel seiner prachtvollen Rhetorik, die bekanntermaßen selbst einen professionellen Vertreter dieses Faches wie Augustinus angezogen hat. Für unsere Frage nach „Griechischen Christlichen Schriftstellern in lateinischer Sprache" ist er aber von Bedeutung, weil schon Hieronymus Ambrosius in äußerst polemischen Worten des geistigen Diebstahls anklagte und bis heute in den kritischen Ausgaben wie den Übersetzungen dieser Passage auf die erste Homilie zum Lukasevangelium des Origenes verwiesen wird, die uns in einer lateinischen Übersetzung des Hieronymus erhalten ist. Aber stimmt denn der Vorwurf, Ambrosius habe sich als Abschreiber ohne theologische

---

(1) R. Herzog, Art. Nummularius, in: Paulys Realencyclopädie der classischen Altertumswissenschaft. Neue Bearbeitung begonnen von G. Wissowa, Bd. XVII/2, Stuttgart/Weimar: J.B. Metzlersche Verlagsbuchhandlung 1931, 1415-1455; G. Schienemann, Art. Nummularius, in: Der Neue Pauly. Enzyklopädie der Antike, hg. v. H. Cancik u. H. Schneider, Bd. VIII, Stuttgart/Weimar: Verlag J.B. Metzler 2000, 1062f.

Originalität und stilistische Eleganz verhalten, wie ein Rabe, „der, selber pechschwarz, sich mit der Farbenpracht aller anderen Vögel schmückt" (²), wenn schon die stilistische Kritik des Hieronymus den Konkurrenten nicht wirklich trifft („Nichts von der Kunst der Dialektik, nichts Energisches, keine übersichtliche Darstellung ..., sondern ganz und gar verwelkt, dahinplätschernd, geschwätzig und geziert" (³))?

Nimmt man zum Vergleich die lateinische Fassung der einschlägigen Passagen von Origenes dazu, muß man einerseits den inhaltlichen Teil der Vorwürfe des Hieronymus relativieren: Wohl zitiert Ambrosius zu Beginn Origenes ziemlich wörtlich – *sicut olim in populo Iudeorum multi prophetiam pollicebantur* (⁴) –, aber die strukturvergleichende Geschichtsbetrachtung zwischen der alten jüdischen und der zeitgenössischen Geschichte fehlt. Wohl findet sich bei Origenes ein knapper Hinweis darauf, daß die falschen Prophetien durch die „tüchtigen Wechsler" verworfen wurden (⁵), aber Ambrosius baut die Anspielung auf das bekannte Agraphon 87 Resch (γίνεσθε τραπεζῖται δόκιμοι) aus, indem er das Bild relativ ausführlich entfaltet und den Fachterminus *nummularius* statt des Fremdwortes *trapezita* anwendet (⁶). Max Rauer hat in der Einleitung zu seiner vorbildlichen Edition im Rahmen des Berliner Corpus gezeigt, daß man einigermaßen sicher sein kann, daß dieser Eindruck größerer Ausführlichkeit des Ambrosius gegenüber Origenes zutrifft und nicht durch Kürzungen

---

(2) Hier. Orig. *Luc. praef.* (GCS Origenes IX², 1,18-2,1 Rauer = Fontes Christiani 4/1, 56,20-59,2 Sieben; vgl. auch: Opera Omnia di Sant'Ambrogio. Sussidi 24/2, 106 Banterle): *praesertim cum a sinistro oscinem corvum audiam crocitantem, et mirum in modum de cunctarum avium ridere coloribus, cum totus ipse tenebrosus sit.*

(3) Hier., Did. *spir. praef.* (Sources Chrétiennes 386, 138,24-140,27 Doutreleau): *Nihil ibi dialecticum, nihil uirile atque districtum, quod lectorem uel ingratis in assensum trahat, sed totum flaccidum, molle, nitidum atque formosum et exquisitis hinc inde coloribus pigmentum.*

(4) Hier. Orig. *Luc. hom.* I 1 (3,4-6 = 60,4f.).

(5) Hier. Orig. *Luc. hom.* I 1 (3,13 = 60,9), auch wörtlich im Griechischen erhalten.

(6) Vgl. die bei A. Resch, Agrapha. Außercanonische Schriftfragmente (...) (Texte und Untersuchungen 30/3-4), Leipzig: J.C. Hinrichs'sche Buchhandlung 1906, 112-122 gesammelten Bezugnahmen auf den Text, die beide Begriffe bieten (übrigens auch bei Hieronymus selbst).

des Übersetzers Hieronymus in seiner Vorlage entstanden ist [7]. Auf der anderen Seite muß man allerdings auch die berechtigten Züge der Vorwürfe des Hieronymus wahrnehmen: Ob Ambrosius tatsächlich die apokryphen Evangelien gelesen hat, die er nennt? Oder ob er nur abgeschrieben hat: *et alia plura legimus*, und noch mehrere andere habe ich gelesen [8]? Seine Liste entspricht praktisch der des Origenes, nur das Ägypterevangelium läßt er aus — weil er es als einziges von den genannten nicht gelesen hat?

Vergleicht man so detailliert eine explizite lateinische Übersetzung des Origenes mit einer freien und durchaus originellen Bearbeitung dieses griechischen christlichen Schriftstellers [9], dann wird deutlich, wieviel Arbeit noch zu leisten ist, bevor (nun vielleicht gemeinsam) die großen Editionsunternehmen für die christliche Antike einen erneuerten „Altaner-Plan" vorlegen können. Von einer umfassenden Nachzeichnung der lateinischen Rezeption griechischer christlicher Literatur sind wir jedenfalls noch weit entfernt. Denn es kommt ja nicht nur darauf an, Übersetzungen und Entlehnungen statistisch zu katalogisieren, sondern zu sehen, was man aus solchen Übernahmen gemacht hat.

Christoph MARKSCHIES
(Heidelberg)

---

(7) Origenes Werke, Neunter Band. Die Homilien zu Lukas in der Übersetzung des Hieronymus und die griechischen Reste der Homilien und des Lukaskommentars, hg. und in zweiter Auflage neu bearbeitet im Auftrage der Kommission für spätantike Religionsgeschichte der Deutschen Akademie der Wissenschaften zu Berlin von M. Rauer (GCS Origenes IX[2]), Berlin: Akademie Verlag 1959, xivf.

(8) Hier. Orig. *Luc. hom.* I 2 (5,10f. = 62,8f.).

(9) Vgl. dafür Th. Graumann, Christus Interpres. Die Einheit von Auslegung und Verkündigung in der Lukaserklärung des Ambrosius von Mailand (Patristische Texte und Studien 41), Berlin/New York: W. de Gruyter 1994; Ch. Markschies, Ambrosius und Origenes. Bemerkungen zur exegetischen Hermeneutik zweier Kirchenväter, in: Origeniana Septima. Origenes in den Auseinandersetzungen des 4. Jahrhunderts, hg. v. W.A. Bienert u. U. Kühneweg (Bibliotheca Ephemeridum Theologicarum Lovaniensium 137), Löwen 1999, 545-570 und besonders die Literaturnachweise auf S. 550 in Anm. 31.

APPONIVS
In Canticum Canticorum Expositio

Et ut ostenderet se pro omnium hominum salute omnium naturam adsumpturum, diuersarum gentium plebem pro loco uel causa amicam, sponsam, sororem, columbam *et* immaculatam *appellat; et unamquamque animam, prout uiderit dignam, coniunctam sibi quasi reginam in singulis deliciarum introducit et collocat locis. De quibus, uelut unum corpus quinque motibus sensibusque quibus uniuersa opera aguntur, ita in hoc Cantico figurauit quinquies sub sponsae imagine ... Quas quinque personas quinque opinor intellegi linguas: id est hebraea, quae omnium linguarum prima est; de qua primum Ecclesia in aduentu Christi est congregata; ad quam primum euangelium hebraea lingua editur per Mattheum apostolum; − graeca, de qua etiam primum post hebraeam adiutores apostolorum Marcus et Lucas euangelistae exstitisse probantur; − aegyptia, in qua non ignarus Marcus, apostolorum discipulus, doctor directus ab eis refertur; quae exempla magistri nuncusque florere in sanctam religionem probantur; − latina, quae auxonia a ueteribus dicta est ab Auxono rege; quae, principe apostolorum magistro et praesule Petro, doctrinae monilibus exornata, Christi consortio sociatur; cui opinamur dictum:* Quam pulchri sunt gressus tui in calceamentis tuis filia principis; *− quinta uero assyria, id est syra, in qua captiua ducta est, et cum ea lingua, meritum religionis eius dicendo, unum corpus effecta est plebs illa, decem tribus, regnum Ephraim; quae intellegitur de deserto, ubi Christus non colebatur, et de spinosa conuersatione hominum adducta a Verbo Dei sanctimoniorum in amoenitate collocata hortorum.*

(ed. B. de Vregille et L. Neyrand, 1986: *Corpus Christianorum, Series Latina* 19, p. 308-309, l. 1323-1331 et 1335-1353; la lacune va de la l. 1316 à la l. 1356)

Et pour montrer qu'il prendra, pour le salut de tous les hommes, la nature d'eux tous, il donne à la foule des diverses nations, suivant le lieu ou l'occasion, les noms d'*amie,* d'*épouse,* de *sœur,* de *colombe* et d'*immaculée,* et chacune des âmes, dans la mesure où il la voit digne, il l'*introduit* et l'établit comme reine en un lieu de délices approprié, après se l'être unie. Ainsi, à leur sujet, sous la même image de l'épouse − de même qu'un corps unique possède cinq opérations des sens par lesquelles s'accomplissent toutes ses activités − , il a donné dans ce Cantique cinq figures, en variant les personnages...

En ces cinq personnages, il faut, à mon avis, reconnaître cinq langues : l'hébreu, qui est la première de toutes les langues, langue de ceux dont a été rassemblée l'Église à la venue du Christ ; à eux est adressé par l'apôtre Mathieu le premier évangile, écrit en hébreu ; − le grec, langue de ceux dont, tout de suite après ceux parlant l'hébreu, sont sortis les collaborateurs des apôtres, les évangélistes Marc et Luc ; − l'égyptienne, que Marc, disciple des apôtres, n'ignorait pas, langue de ceux à qui, dit-on, il fut envoyé par eux comme docteur ; aujourd'hui encore les exemples de ce maître fleurissent en la sainte religion ; − le latin, que les anciens ont appelé l'ausonien, du nom du roi Ausone, langue de l'Église qui a pour maître et président le prince des apôtres, Pierre, et, toute parée des colliers de son enseignement, est en société et en communion avec le Christ : c'est à elle, selon nous, qu'il a été dit : « *Que tes pieds sont beaux dans tes sandales, fille de prince!* » ; − la cinquième est l'assyrien, autrement dit le syrien, langue du pays où fut emmenée captive cette nation des dix tribus, le royaume d'Éphraïm : en proclamant dans cette langue la valeur de sa religion, elle est devenue un seul corps avec ce pays ; en elle, il faut reconnaître la nation qui a été amenée par le Verbe de Dieu *hors du désert,* où l'on n'adorait pas le Christ, et hors de la vie épineuse des hommes, pour être établie *dans les* plaisants *jardins* de la sainteté.

(ed. B. de Vregille et L. Neyrand, 1998 : *Sources chrétiennes* 430, p. 279-281).

L ORSQUE LES CISTERCIENS ROMAINS Jérôme Bottino et Joseph Martini éditèrent pour la première fois, en 1843, les six derniers livres du commentaire d'Apponius sur le Cantique des Cantiques, à partir d'un manuscrit du XIe siècle provenant de Nonantola et conservé alors à la Bibliotheca Sessoriana (Sainte-Croix de Jérusalem), ils ne purent que déplorer une évidente lacune du texte vers la fin du livre XII. Seul un très ancien résumé du commentaire, transmis par ailleurs, donnait quelque idée du contenu de ce passage manquant, mais non de son étendue.

En fait, ce passage n'était pas perdu. Il subsistait bel et bien dans un autre témoin, ignoré des éditeurs : un manuscrit de Sélestat, provenant de Beatus Rhenanus, copie prise en 1506 sur un très ancien manuscrit de Blois. Le fait n'a pas échappé à Harnack qui, préparant une nouvelle édition du commentaire d'Apponius, édition jamais parue, a relevé de sa main, à Sélestat, la page ignorée de Bottino et Martini. Plus tard, dom Donatien de Bruyne a copié à son tour cette même page, tandis qu'il relevait, pour l'édition critique de la Vulgate, les variantes au texte du Cantique figurant dans le commentaire d'Apponius, mais lui non plus ne l'a pas publiée.

Indiquons d'abord le contexte dans lequel se situe ce passage. Apponius, tout au long du commentaire qu'il se prépare à conclure, a cherché dans le déroulement du Cantique la continuité et le progrès d'une histoire unique, celle de l'Église aimée de Dieu, depuis sa première enfance à Jérusalem jusqu'à son achèvement par le retour de l'Israël de la dispersion. Ont été parcourues successivement les grandes étapes de la conversion du monde, jalonnées par les épreuves des persécutions, des hérésies, des invasions. « Tout ce qui, depuis l'incarnation de notre Seigneur Jésus Christ, s'est accompli ou s'accomplit a été exprimé en énigmes et en figures au sujet de l'Église, depuis le début de ce Cantique jusqu'au présent verset ('Fais-moi entendre ta voix...', 8, 13). Et maintenant, à l'approche de la fin du

Cantique, l'Esprit saint expose ce qui doit s'accomplir lorsque le monde prendra fin » et que le Seigneur répondra à la voix de l'Église qui l'appelle.

C'est dans le commentaire que fait Apponius de cet appel et de cette réponse pleine de tendresse que prend place le passage qui nous intéresse.

Cinq titres pour l'Église épouse, qui est un seul corps, de même que le corps humain vit et agit par ses cinq sens; cinq langues de l'Église parlant d'une seule voix, dans une seule foi; Apponius s'enchante de ces parallèles, qui sont des trouvailles de sa part (seule la mention des cinq sens est courante). Et là-dessus – cette suite du texte était connue –, un verset célèbre d'Isaïe se présente bien à propos: « Il y aura en ce jour... cinq cités dans la terre d'Égypte à parler la langue de Chanaan, et l'une aura pour nom 'Cité du soleil'. »

Or « Égypte » dit « ténèbres »; « Chanaan », « breuvage brûlant ». Ainsi, ces cinq cités parlent une seule langue, lumière au milieu des ténèbres, breuvage brûlant du feu de la Pentecôte, et cela dans l'unité de la « Cité du soleil », qui ne peut être que Jérusalem, d'où est issu le Christ, Soleil de justice. Jérusalem ne s'est-elle pas appelée « Héliopolis »? Autant de traits symboliques exprimant l'achèvement de l'Église, une et parfaite. « Voilà la communauté de ceux qui craignent le Seigneur » et qui appellent « le jour de la joie du face à face » avec lui. A ce terme tendait tout le déroulement du Cantique.

A son exégèse, originale et hardie, Apponius, on le voit, a apporté, comme il en est coutumier, toutes les ressources de son érudition: les origines des évangélistes; la fondation de l'Église d'Égypte, dont on vante la ferveur; l'antique histoire romaine, prolongée par le ministère éminent de Pierre, brillamment mis en lumière; la survivance des dix tribus demeurées en exil, dont le retour constituera le dernier acte de l'accomplissement de l'Église; les étymologies d'« Égypte » et de « Chanaan » (celle-ci déformée); plus curieusement, la dénomination d'*Helia* (ou *Aelia*), donnée par Hadrien à Jérusalem, transformée librement ici en « Héliopolis ».

Il n'est pas indifférent que le fragment retrouvé de *l'In Canticum* nous ait restitué tous ces traits pittoresques de l'éxégèse, toujours si originale, d' Apponius*.

Bernard DE VREGILLE s.j.
(Lyon)

---

* La présente note est dépourvue de références détaillées. On trouvera l'histoire de l'édition d'Apponius dans *CCL* 19, p. XLIII-LII, et des notes explicatives dans *SC* 430, p. 274-287.

CHROMATIVS AQVILEIENSIS
Tractatus XLII in Mathaeum

Oratio ueri discipulorum excitantium Dominum et auxilium implorantium ut liberarentur, preces sanctorum omnium ostenduntur, qui orta tempestate persecutionis, seuiente diabolo et angelis eius, deuota fide ac iugi oratione patientiam Domini uelut de somno excitant, ut misericordiae suae auxilio, per timorem humanae infirmitatis periclitantibus subuenire dignetur, quo increpitis uentis, immundis scilicet spiritibus qui auctores sunt persecutionis, et mitigata omni saeculi tempestate, ecclesiam suam in pace et tranquillitate restituat.

In admiratione uero eorum qui in naui erant, qui post factam tranquillitatem Dei Filium confitentur, omnium credentium persona et fides ostensa est, qui in ecclesia constituti, prius orationibus Dominum excitantes, reddita sibi pace, uere Dominum ac defensorem ecclesiae suae, Dei Filium confitentur. Quod factum statim in Actis apostolorum post persecutionem Herodis et Iudaeorum a sanctis pro ecclesia recognoscimus.

Vnde et quamuis infestatione inimici ecclesia uel saeculi tempestate laboret, quibusuis temptationum fluctibus pulsetur, naufragium facere non potest, quia Filium Dei habet gubernatorem. Inter ipsos enim turbines mundi, inter ipsas saeculi persecutiones, plus gloriae ac uirtutis acquirit, dum in fide firma et indissolubilis permanet. Nauigat enim instructa fidei gubernaculo felici cursu per huius saeculi mare, habens Deum gubernatorem, angelos remiges, portans choros omnium sanctorum, erecta in medio ipsa salutari arbore crucis, in qua euangelicae fidei uela suspendens, flante Spiritu sancto, ad portum paradisi et securitatem quietis aeternae deducitur. Et haec quidem nauis, quamuis per hoc tempus uitae, per has temptationes saeculi nauiget, non est tamen saeculi nauis, sed Dei. Est enim et alia saeculi nauis, non Dei, id est

La supplication des disciples qui réveillent le Seigneur et implorent son secours pour être délivrés représente les prières de tous les saints. Ceux-ci, au moment où se lève la tempête de la persécution, quand sévit le diable et ses anges, animés par leur foi profonde et grâce a leur prière assidue réveillent comme d'un sommeil le Seigneur qui perrnet cette épreuve; ils le réveillent pour qu'en manifestant sa miséricorde il daigne secourir ceux qui courent un danger que redoute leur faiblesse humaine; ayant ainsi invectivé les vents, c'est-à-dire les esprits mauvais qui suscitent la persécution, et ayant apaisé toute tempête de ce monde il rend la paix et la tranquillité a son Église. Quant a l'étonnement de ses disciples qui étaient dans la barque et qui reconnaissent et confessent le Fils de Dieu après la tempête apaisée, il signifie la foi de tous les croyants; ces croyants, établis dans l'Église, après avoir réveille le Seigneur par leur supplication et obtenu que la paix leur ait été rendue, reconnaissent et confessent vraiment le Fils de Dieu, lui qui est le Seigneur et le protecteur de son Église. Nous voyons cela dans les Actes des Apôtres: c'est ce que les saints ne tardèrent pas a faire en faveur de l'Église après la persécution d'Hérode et des Juifs.

C'est pourquoi, aussi violente que soit l'hostilité de l'ennemi ou la tempête du monde qu'endure l'Église, quels que soient les flots des épreuves qui l'assaillent, l'Église ne peut faire naufrage, parce que le Fils de Dieu est son pilote. Au milieu en effet de ces tourbillons du monde, au milieu de ces persécutions du siècle présent, elle acquiert davantage de gloire et de force, en demeurant ferme et indestructible dans la foi. Muni en effet du gouvernail de la foi, son navire poursuit un heureux parcours sur la mer du siècle présent, car elle a Dieu pour pilote, les anges pour rameurs; ce navire transporte les choeurs de tous les saints, avec, dressé en son milieu, l'arbre du salut qu'est la croix. Ayant suspendu à cet arbre

collectio haereticorum, quae sibi huius nomen ecclesiae uendicat. Aduersum quam diem iudicii futurum Esaias manifeste demonstrat dicendo: Dies, *inquit,* Domini sabaoth aduersus omnem contumeliosum et superbum. *Et post aliquantum ait:* Et aduersus omnem nauem maris, *id est omnem ecclesiam haereticorum. De qua alibi idem Esaias retulit:* Dirupti sunt, *inquit,* funes tui, quia non ualuit arbor tua, inclinauerunt uela tua et non laxabunt uela tua. *Nauem uero hanc maris esse dixit, quia huiusmodi ecclesia non Dei est, sed saeculi, quae licet habere in se praedicationem crucis dominicae uideatur, inualidam hanc tamen arborem eius ostendit, quia ubi non est ueritas fidei, infirma crucis assertio est. Vnde inclinata et ⟨non⟩ laxata uela eius ostensa sunt, quod nullo flatu sancti Spiritus diriguntur. Et ideo huiusmodi nauis, hoc est ecclesia haereticorum, amisso uerae fidei gubernaculo, dominantibus aduersis spiritibus, in naufragium mortis aeternae dimergitur, quae gubernari a Christo Domino non meretur, qui est Deus benedictus in saecula saeculorum. Amen.*

(ed. R. Étaix & J. Lemarié, 1975: *Corpus Christianorum, Series Latina* 9A, p. 403-404, l. 92-139)

qui est son mât les voiles de la foi évangélique (ce navire qu'est l'Église) grace au souffle de l'Esprit-Saint est conduit jusqu'au port du paradis et jusqu'a la paix définitive et bienheureuse du repos éternel. Et ce navire, bien qu'il navigue durant le temps de cette vie présente, à travers les épreuves de ce monde, n'est cependant pas un navire de ce monde, mais celui de Dieu. Il y a en effet un autre navire, qui est celui du monde et non celui de Dieu: c'est le rassemblement des hérétiques qui revendiquent pour eux le nom de cette Église. Isaïe montre on ne peut plus clairement que pour eux arrivera le jour du jugement, quand il déclare: *Voici le jour du Seigneur Sabaoth contre tous les orgueilleux et les superbes*. Il ajoute ensuite: *Et contre tont navire de la mer*, c'est-à-dire contre toute assemblée d'hérétiques. A leur sujet le même Isaïe a encore déclaré dans un autre endroit: *Tes cordages ont cédé, parce que l'arbre de ton mât n'a pas tenu; tes voiles se sont affaissées et l'on ne tendra plus tes voiles*. Isaïe a présenté ci-dessus l'Église des hérétiques comme un navire ordinaire de la mer, car une telle Église n'est pas l'Église de Dieu, mais celle du monde. Bien qu'elle paraisse posséder la proclamation de la croix du Seigneur, elle présente pourtant cet arbre qu'est son mât comme privé de force, parce que là où n'existe pas la vraie foi, raffirmation de la croix est sans efficacité. C'est pourquoi les voiles sont décrites comme affaissées et non tendues au vent, puisque manque le souffle de l'Esprit-Saint pour les guider et les redresser. Voila pourquoi un tel navire qu'est l'Église des hérétiques, dépourvu du gouvernail de la vraie foi, dominé par les vents contraires (des puissances mauvaises) sombre dans le naufrage d'une mort éternelle, lui qui n'est pas digne d'avoir pour pilote le Christ Seigneur, Dieu béni pour les siècles des siècles. Amen.

C E TRACTATUS EST ATTESTÉ par les quatre manuscrits majeurs (*T M P F*) de la tradition textuelle du commentaire sur Matthieu de Chromace attribué à Jean Chrysostome et par deux homéliaires : Turin, B.N. F II, 19, provenant de Bobbio et Grenoble, B.M. 32, provenant de la Grande-Chartreuse, dépendant l'un et l'autre d'un manuscrit identique aux quatre manuscrits susdits. L'édition, parue dans le neuvième volume de la *Series Latina*, a été faite à partir de ces six témoins. Notons aussi que ce tractatus a été inséré dans le commentaire sur Matthieu pseudo-chrysostomien dit *Opus imperfectum* pour combler une lacune (*PG* 56, 754-756).

À la fin de son commentaire sur Matthieu 8, 23-27, Chromace s'est complu a donner la signification typologique et ecclésiale de la tempête apaisée. Aquilée était alors un port particulièrement célèbre (*portu celeberrima* dit Ausone) en relation avec l'Asie Mineure, l'Égypte et l'Afrique du nord.

Les sources habituelles du commentaire de Chromace, à savoir Hilaire et Ambroise, *In Lucam* pour les passages parallèles, n'ont, en ce qui concerne la portée typologique de la tempête apaisée, qu'un très bref exposé. Que trouvait l'évêque d'Aquilée dans les commentaires de Victorin de Poetovio et de son prédécesseur Fortunatien? Nous l'ignorons.

Oratio discipulorum. Nous trouvons mention de la prière des saints chez Hilaire, mais il s'agit uniquement des apôtres; Chromace parle, lui, de « tous les saints ». Il ne s'agit pas de la prière des saints apôtres et martyrs mais de ces « saints » vivants ici-bas en Église. L'expression *fides deuota* de ces orants et le *omnium credentium in ecclesia constituti* quelques lignes plus bas désignent en effet on ne peut plus clairement cette prière des fidèles. Telle était l'interprétation de Tertullien dans le *De baptismo* où nous trouvons aussi la mention de la patience du Seigneur signifiée par son sommeil au temps de la persécution (*CCSL* I, p. 288).

La description du navire de l'Église rappelle celle d'Hippolyte dans le *De Antichristo* : le Christ est le pilote, le mât est la figure de la croix, les rameurs sont les anges. Cette interprétation est déjà celle que nous trouvons dans l'écrit du pseudo-Clément, l'*epistola Clementis ad Iacobum* dont la traduction a pu être faite par Rufin a Aquilée même.

Dans cette interprétation typologique de Chromace notons l'importance donnée a la foi. C'est elle le gouvernail (chez Hippolyte ce sont les deux Testaments); le navire qu'est l'Église évite le naufrage en restant ferme et indestructible dans la foi (*in fide firma et indissolubilis*). Les voiles sont celles de la foi évangélique (expression chère a Chromace).

Quant au souffle de l'Esprit saint, Ambroise l'envisageait dans son *De Virginitate* en ces termes *nauis ecclesia est quae pleno dominicae crucis uelo Sancti Spiritus flatu in hoc bene nauigat mundo* (XVIII, 118; *PL* 16, 297). Chromace a pu s'inspirer de ce passage d'Ambroise. Dans la deuxième partie de son exposé, Chromace oppose a l'Église « navire de Dieu » cet autre navire, « navire du monde » (*nauis saeculi*) qu'est l'assemblée des hérétiques. Chromace vise ici principalement les Ariens et Photiniens, et d'apporter le témoignage de deux citations d'Isaïe (2, 12 et 16, 33, 23), la deuxième particulièrement imagée, témoin de la *Vetus Latina,* en usage dans l'église d'Aquilée.

Quand bien même le mystère de la croix serait-il proclamé, cette proclamation serait sans efficacité en n'étant pas basée sur le fondement de la vraie foi: *ubi non est ueritas fidei, infirma crucis assertio est.*

L'accent est mis — on ne peut plus clairement — sur la vraie foi, celle proclamée a Nicée, thème particulièrement cher a l'évêque d'Aquilée. Son commentaire sur Matthieu est en quelque sorte « Défense de la vraie foi ».

Joseph Lemarié
(Chartres)

Conloquebamur ergo soli ualde dulciter et praeterita obliuiscentes in ea quae ante sunt extenti quaerebamus inter nos apud praesentem ueritatem, quod tu es, qualis futura esset uita aeterna sanctorum ...

Augustinus, *Confessiones*, IX, 10, 23, l. 7-10
(Corpus Christianorum, Series Latina 27)

Das Gespräch   Toni Zenz

Sanctus Aurelius AVGVSTINVS
Retractationum libri II

Contra Hilarum liber unus (II, xi).

Inter haec Hilarus quidam uir tribunitius laicus catholicus nescio unde aduersus dei ministros − ut fieri assolet − inritatus morem, qui tunc esse apud Carthaginem coeperat, ut hymni ad altare dicerentur de Psalmorum libro, siue ante oblationem siue cum distribueretur populo quod fuisset oblatum, maledica reprehensione ubicumque poterat lacerabat, asserens fieri non oportere. Huic respondi iubentibus fratribus, et uocatur liber ipse Contra Hilarum. *Hic liber sic incipit:* Qui dicunt mentionem ueteris testamenti.

Contra quod attulit Centurius a Donatistis liber unus (II, xix).

Cum aduersus partem Donati multa crebris disputationibus ageremus, attulit ad ecclesiam quidam laicus tunc eorum nonnulla contra nos dictata (var. *dicta*) *uel scripta in paucis uelut testimoniis, quae suae causae suffragari putant; his breuissime respondi. Huius libelli titulus est* Contra quod attulit Centurius a Donatistis. *Et incipit sic:* Dicis eo quod scriptum est a Salomone: Ab aqua aliena abstine te.

Expositio epistulae Iacobi ad duodecim tribus (II, xxxii).

Inter opuscula mea reperi expositionem epistulae Iacobi, quam retractans aduerti adnotationes potius expositorum quorundam eius locorum in librum redactas fratrum diligentia, qui eas in frontibus codicis esse noluerunt. Adiuuant ergo aliquid, nisi quod ipsam epistulam, quam legebamus quando ista dictaui, non diligenter ex Graeco habebamus interpretatam. Hic liber sic incipit: Duodecim tribubus quae sunt in dispersione salutem.

(ed. A. Mutzenbecher, 1984: *Corpus Christianorum, Series Latina* 57, p. 98, l. 1-10; p. 105, l. 1-8; p. 116, l. 1-9)

Contre Hilarus en un livre

Sur ces entrefaites, un certain Hilarus, un ancien tribun, laïque et catholique, était pour je ne sais quelle raison fâché — comme cela arrive régulièrement — contre les ministres du culte divin. À Carthage, on venait alors d'adopter l'usage de chanter à l'autel des hymnes tirés du livre des Psaumes, soit juste avant l'offrande, soit durant la distribution au peuple de ce qui avait été offert. Avec des propos acerbes, Hilarus fustigeait cet usage, partout où il le pouvait, en affirmant qu'il n'avait pas lieu d'être. Je lui répondis à la demande instante des frères, et le livre même est appelé *Contre Hilarus*. Ce livre débute ainsi : *Ceux qui disent que la mention de l'Ancien Testament...*

Contre l'ouvrage qui fut apporté par Centurius de chez les Donatistes en un livre.

Alors que nous nous dépensions beaucoup et disputions souvent contre les partisans de Donat, un laïque apporta à l'église un opuscule que l'un d'eux avait contre nous dicté (*var.* prononcé) ou écrit sur quelques citations bibliques censées appuyer leur cause ; j'y répondis très brièvement. Le titre de ce livret est *Contre l'ouvrage qui fut apporté par Centurius de chez les Donatistes*. Et il débute ainsi : *Tu affirmes, en raison du verset de Salomon : Abstiens-toi de l'eau d'autrui* (Prov. 9, 18c selon la Septante)...

Explication de l'Épître de Jacques aux douze tribus (d'Israël).

Parmi mes opuscules, j'ai trouvé une Explication de l'Épître de Jacques. En la révisant, j'ai constaté qu'il s'agissait plutôt de notes explicatives sur certains passages, organisées en livre par les soins de frères qui n'avaient pas voulu les laisser dans les marges du manuscrit. Elles ne sont pas inutiles, sauf que l'Épître même que nous lisions quand je les dictais offrait une traduction peu soignée du grec. Ce livre débute ainsi : *Aux douze tribus qui vivent dans la dispersion, salut...*

AU PREMIER ABORD, ces notices des *Révisions* sont d'une sécheresse rébarbative. Elles correspondent pourtant à un projet autobiographique non moins novateur que celui des *Confessions* : un écrivain s'y penche, sans complaisance ni bavardage, sur son passé littéraire. Augustin, conscient de l'autorité attachée à son nom, veut épurer ses œuvres de toute erreur ou impropriété, pour laisser à la postérité un héritage sans dissonance et comparaître, au jour du jugement, lavé des péchés de plume ; il entend aussi se défendre contre les critiques qui exploitent des contradictions entre ses textes de jeunesse et ceux de l'âge mûr. Le projet initial, médité de longue date, concernait l'ensemble de sa production : livres, lettres et sermons, mais durant son exécution, en 427, Augustin fut interrompu par d'autres urgences, au moment où, après avoir relu ses lettres, il allait en commencer la critique. À sa mort, en 430, les *Révisions* restaient donc inachevées et ne traitaient que des livres. Elles connurent néanmoins un grand succès, à la fois en transcription continue et sous forme de chapitres isolés servant d'introduction aux traités eux-mêmes. Utilisé comme répertoire bibliographique, l'ouvrage contribua beaucoup à la diffusion des livres d'Augustin et transmit aux lettrés médiévaux l'usage antique d'identifier un texte par ses premiers mots (ou incipit).

Les 93 livres recensés sont répartis en deux séries de 26 et 67 entrées : l'une antérieure, l'autre postérieure à l'ordination épiscopale d'Augustin. Un ouvrage déjà manquait à la collection de l'auteur. Dix autres se sont égarés depuis, dont les trois présentés plus haut. Les notices correspondantes ont donc fait rêver des générations de bibliothécaires et de philologues : un moine de Cîteaux au Moyen Âge, le premier imprimeur des *Opera omnia* d'Augustin, les éditeurs mauristes au XVIIᵉ siècle, d'autres encore, en ont extrait, mais en vain, des listes de *desiderata*.

En dépit de leur sécheresse, les *Révisions* sont fascinantes, car elles introduisent dans la communauté, voire dans le bureau d'Augustin. « Parmi mes opuscules, j'ai trouvé une Explication de l'Épître de Jacques » : l'auteur découvre que des notes informelles, dictées lors d'une lecture biblique faite en commun, ont été ensuite organisées à son insu sous forme de livret. Il faut s'imaginer Augustin au milieu de ses frères : l'un d'eux tient le livre sacré qu'il lit à haute voix ; le maître commente les passages difficiles à la demande des auditeurs ; le lecteur devient secrétaire et note les explications en sténographie dans les marges du *codex*. Dans un second temps, les gloses marginales sont transformées en commentaire suivi de type lemmatique. Le procédé se laisse souvent entrevoir dans la production scolaire de l'Antiquité tardive et du Moyen Âge latin. Cette notice des *Révisions* en est l'une des rares attestations explicites. Aux modernes, elle révèle combien la frontière est ténue entre l'oral et l'écrit.

Augustin, comme écrivain, est le porte-parole d'une communauté et se doit de répondre aux sollicitations des fidèles. Vers 398, un laïque déblatère contre une réforme liturgique du primat de Carthage ; un autre apporte, en 400-401, un factum donatiste à la cathédrale d'Hippone. Voilà le type d'urgences qui ralentissent Augustin dans la rédaction de ses ouvrages majeurs, car tous attendent la réplique décisive qui arrêtera la propagation du mal. On aimerait en savoir davantage sur le pamphlet donatiste, un recueil de citations bibliques détournées à des fins partisanes. Malgré la brièveté de sa réponse, Augustin dut apprécier la méthode polémique, puisque, durant l'hiver 403-404, il prêcha sur le thème inverse : « Des témoignages scripturaires utilisables contre les donatistes et les païens » (*Sermon* 360A). La situation était plus délicate encore, quand l'attaque venait du sein même de l'Église catholique. L'affaire d'Hilarus, qui s'opposait violemment à une innovation liturgique, inspire à Augustin une réflexion amère : « Il était pour je ne sais quelle raison fâché — comme cela arrive régulièrement (*ut fieri assolet*) — contre les ministres du culte ». L'auteur se souvient ici de toutes les tensions survenues, depuis le début de sa carrière, entre clergé et fidèles : agressions verbales, procès, scandales de tous ordres, auxquels lui et ses collègues dans l'épiscopat avaient été confrontés, sans oublier les péchés de langue dont, avant la prêtrise, il n'avait pas été exempt, comme il le confessait dans une lettre de 391 à son évêque Valerius (*Lettre* 21).

François Dolbeau
(Paris)

Sanctus Aurelius AVGVSTINVS
Confessionum libri XIII

*Magnus es, domine, et laudabilis ualde: magna uirtus tua, et sa-
pientiae tuae non est numerus. Et laudare te uult homo, aliqua portio
creaturae tuae, et homo circumferens mortalitem suam, circumferens
testimonium peccati sui et testimonium, quia superbis resistis: et tamen
laudare te uult homo, aliqua portio creaturae tuae. Tu excitas, ut laudare te delectet, quia fecisti nos ad te et inquietum est cor nostrum,
donec requiescat in te.*

(ed. L. Verheijen, ed. alt. 1990: *Corpus Christianorum, Series Latina* 27, p. l, l. 1-7)

" 'Great are you, Lord, and highly to be praised (Ps. 47,2; 95,4; 144,3): great is your power, and your wisdom is beyond measure' (Ps. 146,5). And man desires to praise you; man, but a particle of your creation; man, carrying about with him his mortality (cf. 2 Cor. 4,10), carrying about with him the testimony of his sin and the testimony that you 'resist the proud' (Prov. 3,34 VL; 1 Pet. 5,5; Jas. 4,6). Yet, man desires to praise you; he, but a particle of your creation. You inspire man to delight in praising you; for you have made us towards you, and our heart is restless until it rests in you."

S ELDOM IN WORLD HISTORY has a passage in a book become so well known: seldom at the same time is it still so enigmatic. Augustine commences his thirteen books of the Confessions by quoting from the biblical Psalms. This fact is already puzzling: why does he quote from the Psalms? And why, precisely, does he quote these particular verses? The author begins by addressing God, and this mode of speech is continued from beginning to end. Moreover, he emphatically uses words like 'great' and 'praise' and 'testimony'. He goes on to emphasize that man is but a 'particle' of God's creation. In conclusion, he professes that human beings like us are on the move; we have been made 'towards God', in whom we can find rest. But, why does Augustine use that distinctive literary form of a long and confessional prayer? Why does he deliberately use a typical word like 'praise' which occurs no less than four times: and in the whole opening paragraph of his work as many as seven times? Why does he articulate the idea of man as a 'particle'; and, last but not least, why does he stress the theme of 'rest'?

Nobody will doubt that the author of these sentences is a littérateur par excellence. His phrasing and articulation, his language and lexis ('lyrico-meditative'; 'ritmo prosaico'; 'plástico'; 'une sorte de ballet verbal') have all been highly praised [1]. Moreover, his exuberant religious emotion is evident and impressive: 'Man mag die unzähligen Bücher durchforschen, die über die Religion geschrieben sind, und man wird (...) keine Stelle finden, in der auf zehn Zeilen so Vieles und so Wahrhaftiges gesagt ist! Es ist wie eine Offenbarung!' [2].

---

(1) See the various commentaries in e.g. *BA*, *BAC*, *NBA*; cf. C. Mohrmann, 'The Confessions as a literary Work of Art', in Mohrmann, *Études sur le latin des chrétiens*, I, Roma 1958, 371-381.

(2) A. von Harnack, 'Die Höhepunkte in Augustins Konfessionen', in Harnack, *Aus der Friedens- und Kriegsarbeit*, Giessen 1916, 72.

Little by little, and thanks to new discoveries, some forgotten meaning of the well-known passage can now be recovered. Once its author was an adherent of Manichaeism, and we know for sure that several of his readers still were ([3]). Like so many other contemporaries, they will have been able to read between the lines and discern a particular hidden meaning. Newly found texts from the (in essential part Christian!) Gnosis of Manichaeism, in concert with recently re-edited Manichaean Psalms and fresh fragments of the Gospel of its founder Mani, appear to point towards an interpretation which allows these overtones to be heard. 'Great are you, Lord, and highly to be praised: great is your power, and your wisdom is beyond measure'. Throughout his Manichaean period, Augustine venerated the Father of Greatness ('The Father of Greatness is worthy of all glory'; 'Glory and honour to Amen, the Father of Greatness' ([4])), the Manichaean God whose 'power' (uirtus) and 'wisdom' (sapientia) all the Manichaeans praised in particular, and who was confessed to be 'immeasurable' ('The Father of Greatness, the blessed one of glory, the one who has no measure in his greatness' ([5])). And the reason that man must not only praise God, this God, but also repeatedly and profoundly confess his sins and restlessly seek for the true rest (*anapausis*) had already penetrated to the very depths of his soul during the time he was a Manichaean auditor.

Here, Augustine, the Everyman who is not a particle of Light, but of God's creation, professes his new Christian confession. Biblical, classical, Neo-Platonic philosophical, and perhaps even Hermetic tones can be heard ([6]). But a fresh and authentic disclosure of the

---

(3) Cf. P. Courcelle, *Recherches sur les Confessions de saint Augustin*, Paris 1950 (1968gfe1043²), 236-238.

(4) E.g. C.R.C. Allberry (ed.), *A Manichaean Psalm-Book,* Part II, Stuttgart 1938, 133 and 191; S.G. Richter, *Psalm Book*, Part II, Fasc. 2, *Die Herakleides-Psalmen* (Corpus Fontium Manichaeorum, Series Coptica, I), Turnhout 1998, 67.

(5) E.g. I. Gardner, *The Kephalaia of the Teacher*, Leiden-New York-Köln 1995, 38.

(6) See e.g. O'Donnell's commentary, Oxford 1992, 8 sqq.

multi-layered literary masterpiece which is deliberately called *Confessiones* seems to be found when one discovers its anti-Manichaean overtones. As a kind of cantus firmus, they can now be heard from the beginning to the end of the work (^{7}). New love drives out the old.

J. van Oort
(Nijmegen & Utrecht)

---

(7) J. van Oort, *Augustinus' Confessiones*, Turnhout 2001.

Sanctus Aurelius AVGVSTINVS

Contra Academicos libri tres

Tum ego : Rem ipsam paulisper consideremus et quasi ante oculos constituamus. Ecce fac illum nescio quem hominem, quem describimus, esse praesentem ; aduenit alicunde frater tuus. Ibi iste : cuius hic pater filius ? Respondetur : cuiusdam Romaniani. At hic : quam patris similis est ! quam non temere hoc ad me fama detulerat ! Hic tu uel quis alius : nosti enim Romanianum, bone homo ? Non noui, inquit ; tamen similis eius mihi uidetur. Poteritne quisquam risum tenere ? — Nullo modo, inquit.

(ed. W. M. Green, 1970: *Corpus Christianorum, Series Latina* 29, p. 28, l. 78-86)

Then I said:"Let's consider this matter briefly — set it before our eyes, so to speak. Suppose that this man we've been describing, whoever he is, is present. Your brother arrives from somewhere. Then the man asks: 'Whose son is this boy?' He receives this answer: 'The son of a certain Romanianus.' The man remarks: 'How like his father he is! How accurately rumor has reported this to me!' At this point you or someone asks: 'Do you know Romanianus, my good man?' 'I don't know him,' he replies, 'but this boy seems like him to me.' Will anyone be able to keep from laughing?'" "Certainly not!" he replied.

(trans. P. King, *Against the Academicians* II.7.9, in *Augustine, Against the Academicians and The Teacher* [Indianapolis IN: Hackett Publishing Co. Inc., 1995], p. 43)

T HE ABOVE PASSAGE MAY BE OF SOME INTEREST to the professional philosopher, or logician. I am not sure. This clever attack on the notion of 'verisimilitude' as the only truth attainable must surely have had a precedent somewhere in the history of Greek philosophy. The Greeks seem to have invented almost every conceivable argument — and counter-argument. I imagine that we might find a 'deconstructionist' argument against scepticism in some wonderful hoary old Greek thinker like Sextus Empiricus.

What interests me most about the above passage is not the clever logic, but the notion that Augustine was willing to have a good laugh, and encouraged his pupils to join in. We do not think of Augustine as the sort of chap who laughed very much. His remorse for his own boyhood pranks — the doings of the eversores and the gang of pear thieves — is all too-well known from the *Confessiones*, as is his stern censorship of his own sentimental feelings for Dido. Today one would expect a smile or a chuckle from a middle-aged man looking back on his youth. One can only wonder how Augustine coped with the coming of age of Adeodatus.

In *Contra academicos*, however, we meet a young man who is seriously engaged in the examination of his own life, but has not yet lost all sense of life's pleasures and charm. In this early work Augustine shows himself reading Vergil with his students as a form of relaxation from the rigours of philosophical argument. He smiles tolerantly at the attempts of his pupil Licentius to write poetry, and only gently chides another student Trygetius who is enamoured with Vergil's poems. He occasionally must remind both of them that philosophy is the most important branch of learning. [III, i, 1]

What strikes us most about *Contra academicos* is Augustine's unrepressed fondness for his students, the pleasure he takes in teaching, his obvious enjoyment in being able to 'hold class' on the meadow during good weather. When did he stop laughing? When did he change so much, and why? Many today would say that giving up physical love too early is not good for a man. This is almost certainly true. But Augustine gave up more besides. He gave up a career as a teacher at about the same time. Not a wise move − rather like having all your wisdom teeth out at once.

I must confess that my fondness for *Contra academicos* (and Augustine's early works) in contrast to my feelings for the *Confessiones* and what followed may be conditioned to my having been trained as a classicist rather than as a patrologist. I am not sure. I can only say that what I have read about Augustine's contemporary Jovinian leaves a favourable impression, and one that contrasts sharply with early fifth-century Christian opinion. But few in that unhappy time seemed willing to believe that it was possible to be a good Christian and enjoy the licit pleasures of life on earth.

Michael HERREN
(North York, Ont.)

Sanctus Aurelius AVGVSTINVS
Quaestiones euangeliorum

Homo quidam descendebat ab Hierusalem in Hiericho, *ipse Adam intellegitur in genere humano;* Hierusalem *ciuitas pacis illa caelestis, a cuius beatitudine lapsus est;* Hiericho *luna interpretatur et significat mortalitatem nostram propter quod nascitur, crescit, senescit et occidit;* latrones *diabolus et angeli eius,* qui eum spoliauerunt *immortalitate* et plagis inpositis *peccata suadendo* reliquerunt semiuiuum, *quia ex parte qua potest intellegere et cognoscere deum uiuus est homo, ex parte qua peccatis contabescit et premitur mortuus est, et ideo semiuiuus dicitur.* Sacerdos *autem* et leuita qui eo uiso praeterierunt *sacerdotium et ministerium ueteris testamenti significant, quod non poterat prodesse ad salutem.* Samaritanus *custos interpretatur, et ideo ipse dominus significatur hoc nomine.* Alligatio uulnerum *est cohibitio peccatorum;* oleum *consolatio spei bonae propter indulgentiam datam ad reconciliationem pacis;* uinum *exhortatio ad operandum feruentissimo spiritu.* Iumentum eius *est caro in qua ad nos uenire dignatus est.* Inponi iumento *est in ipsam incarnationem Christi credere.* Stabulum *est ecclesia, ubi reficiuntur uiatores de peregrinatione in aeternam patriam redeuntes.* Altera dies *est post resurrectionem domini.* Duo denarii *sunt uel duo praecepta caritatis, quam per spiritum sanctum acceperunt apostoli ad euangelizandum ceteris, uel promissio uitae praesentis et futurae, secundum enim duas promissiones dictum est:* accipiet in hoc saeculo septies tantum, et in futuro saeculo uitam aeternam consequetur. Stabularius *ergo est apostolus.* Quod supererogat *aut illud consilium est quod ait:* De uirginibus autem praeceptum domini non habeo, consilium autem do, *aut quod etiam manibus suis operatus est, ne infirmorum aliquem in nouitate euangelii grauaret, cum ei liceret pasci ex euangelio.*

(ed. A. Mutzenbecher, 1980: *Corpus Christianorum, Series Latina* 44B, p. 62-63, l. 2-30)

Ein Mensch ging hinab von Jerusalem nach Jericho. Dieser Mensch ist Adam und er verkörpert das menschliche Geschlecht; *Jerusalem* ist jene himmlische Stadt des Friedens, von deren Glückseligkeit er abgefallen ist; *Jericho* wird als Mond angesehen und bezeichnet unsere Sterblichkeit, weil der Mond aufgeht, zunimmt, abnimmt und untergeht; *die Räuber* stehen für den Teufel und seine Engel, *die ihn* der Unsterblichkeit *beraubten und ihm*, da sie ihm die Sünde schmackhaft machten, *Schläge versetzten, um ihn dann halbtot liegen zu lassen*; denn durch den Teil, mit dem der Mensch Gott einsehen und erkennen kann, ist er lebendig, durch den Teil, der ihn mit Sünden immer mehr auszehrt und niederdrückt, ist er sterblich. Deshalb heißt er halbtot. *Der Priester* aber *und der Levit, die ihn sahen und dann trotzdem vorübergingen*, bezeichnen das Priestertum und das Amt des Alten Testamentes, das zum Heil nicht nützen konnte. Der *Samaritaner* wird als Wächter verstanden, und deshalb wird mit diesem Namen der Herr selbst bezeichnet. *Das Verbinden der Wunden* ist das Zurückhalten der Sünden. *Das Öl* ist die Tröstung guter Hoffnung wegen der Vergebung, die zur Wiederherstellung des Friedens gewährt worden ist. *Der Wein* ist die Ermahnung zur Arbeit in feurigem Geiste. *Sein Joch* ist das Fleisch, in dem er geruht hat, zu uns zu kommen. *Die Auferlegung des Jochs* heißt, an eben diese Menschwerdung Christi zu glauben. *Der Stall* ist die Kirche, wo die Wanderer, die aus der Fremde in das ewige Vaterland unterwegs sind, erquickt werden. *Der nächste Tag* heißt: nach der Auferstehung des Herrn. *Die zwei Denare* sind entweder die zwei Liebesgebote, die die Apostel durch den Heiligen Geist zur Verkündigung des Evangeliums für die anderen erhielten, oder die Verheißung gegenwärtigen und zukünftigen Lebens, so wie es ja die beiden Verheißungen sagen: *Er wird in dieser Welt siebenfachen Lohn erhalten, und in der zukünftigen das ewige Leben.*

Der Wirt nun ist der Apostel. *Was darüber hinausgeht*, entweder ist jener Rat, den er gibt, gemeint: *Über die Jungfrauen aber habe ich keine Vorschrift des Herrn, ich gebe aber einen Rat*, oder gemeint ist, was er sogar mit seinen eigenen Händen bewirkt hat, dass nämlich nicht ein Schwacher in der Neuheit des Evangeliums bedrückt werde, wenn es ihm gestattet war, das Evangelium zur Speise zu erhalten.

N ACH DEN *RETRACTATIONES* 2,12 wird *quaest. ev.* wahrscheinlich um 400 entstanden sein, denn (retr.) (2,13) bietet einen Bezug auf das Gesetz des Kaisers Honorius gegen die heidnischen Kulte vom Jahre 399. Da die *quaest. ev.* innerhalb eines längeren Zeitraums zwischen 395-399 entstanden sind, legt sich eine Datierung auf 399/400 nahe.

Die Beispielerzählung vom barmherzigen Samariter versucht, einem orthodox denkenden Gesetzeslehrer die Frage nach dem Nächsten zu beantworten. Jesus nimmt die Frage des Gesetzeslehrers auf, beantwortet sie aber nicht auf der theoretischen Ebene. Stattdessen erzählt er ein praktisches Beispiel, der Alltagserfahrung.

Der nackt ausgeplünderte Mensch ist anschaulich geschildert. An einer solchen Elendsgestalt konnte eigentlich niemand vorbeigehen, jeder musste sich durch die Schilderung angesprochen fühlen. Es geht in der Erzählung Jesu nicht abstrakt um die Feindesliebe (Lk 6,27f). Vielmehr werden die „Goldene Regel" (Lk 6,31) und die Barmherzigkeit konkret in der Erzählung veranschaulicht. Die Erzählung ist in sich stimmig, man muss nicht auf Einzelzüge, Worte oder Bilder rekurrieren, um den Text zu verstehen. Ein moderner Exeget würde mit Hilfe der historisch-kritischen Methode die angedeuteten Ergebnisse herausarbeiten können.

Doch was macht die Exegese Augustins aus diesem Text? Zunächst denkt man, Augustin allegorisiere den Text, obwohl nicht die geringste Notwendigkeit dafür besteht. Damit scheint er einem modernen Exegeten, dessen Exegese oben knapp skizziert wurde, Recht zu geben und dessen Abscheu vor der Allegorese zu vermehren. Denn dem historisch-kritisch arbeitenden Exegeten geht es um den eigentlichen Schriftsinn, den er durch die Allegorese verfehlt sieht.

Die Allegorese – in unterschiedlicher Weise von den Kirchenvätern angewandt – wird zu Unrecht als eine „alchemistische Denkform" (Harnack) verunglimpft.

Damit ist das Anliegen der Allegorese in keiner Weise getroffen. Deren Ziel – den eigentlichen Schriftsinn herauszuarbeiten – ist mit dem Harnackschen Urteil überhaupt nicht avisiert. Denn Allegorese will etwas anderes als das historisch-kritische Textverständnis.

Allegorese wird immer dort eingesetzt, wo ein heiliger Text scheinbare oder offensichtliche Widersprüche aufweist, die es der Heiligkeit des Textes wegen zu beseitigen gilt.

Die Allegorese bringt aber auch wie in einem Prisma die Vielfältigkeit eines Textes hervor. Ein heiliger Text ist nie eindimensional literarisch zu verstehen, sondern mehrdimensional. Er enthält in sich die Aufforderung, hinter dem wörtlichen noch nach einem tieferen Sinn zu suchen. Deswegen enthält die Bibel – nach der Meinung Augustins – Rätsel und dunkle Stellen, damit der Verstand des Menschen sich auf die Suche begibt, um den verborgenen Sinn zu finden.

Allegorese ist so gesehen nicht von vorneherein falsch. Allegorese versucht, die Vielfältigkeit des Textes sprechen zu lassen. Die spätere Theologie hat daraus die Theorie vom vierfachen Schriftsinn entwickelt.

Augustin kennt die Allegorese und wendet sie an. Aber neben ihr verwendet er noch eine weitere Form des Umgangs mit der heiligen Schrift, die an unserem Textbeispiel anschaulich wird.

Bei dem vorliegenden Text findet keine Allegorisierung im strengen Sinne statt. Augustin nimmt wie ein Regisseur die Bibel und betrachtet sie als ein Regiebuch. Wie ein Regisseur adaptiert er den Bibeltext auf die Gegenwartssituation hin. Die Unheilssituation des unter die Räuber Gefallenen mag möglicherweise eine Anspielung auf die Anschläge der donatistischen Circumcellionen sein, von denen Augustin und Possidius berichten. Der Hinweis auf die Kirche als „Wirtshaus" mag der seit Nizäa üblichen Praxis der Fremdenbewirtung gelten. Das paulinische Zitat über die Empfehlung der Ehelosigkeit entspricht sicher der Hochschätzung des Mönchtums seiner Zeit. Solche Anspielungen finden sich im augustinischen Predigtwerk oft.

Aber Augustin geht noch über die zeitgenossischen Anspielungen und aktuellen Anwendungen hinaus und sieht im biblischen Text eine menschliche Grundsituation angesprochen. Es geht ihm um immer geltende Daseinsanalyse.

Bereits im ersten Satz, wo der unter die Räuber gefallene Mann, als Adam bezeichnet wird, tritt das Auslegungsziel Augustins deutlich hervor. Die Bibel spricht in ihren Gleichnissen von menschlichen Grundsituationen, die zu allen Zeiten gelten. Adam ist die Chiffre der gesamten Menschheit, so wie Christus für die neue Menschheit steht. Der Mensch ist immer in der Rolle Adams, der barmherzige Samariter ist immer Christus, die Kirche ist immer das rettende Hospiz.

Die Bibel muss folglich in den Augen Augustins als Chiffre für menschliches Dasein gelesen und verstanden werden.

Neben der zeitgenössischen – praktischen Umsetzung ist es ein bevorzugtes Anliegen Augustins, diese Allgemeingültigkeit herauszuarbeiten. Augustins Schriftinterpretation ist also die eines guten Regisseurs, der Verständlichkeit der Zeitgenossenschaft und Allgemeingültigkeit zugleich herausarbeitet. Sein Schriftverständnis ist darum dramatisch zu nennen.

Augustin ist der Dramaturg, der die Anweisung des Regiebuches Bibel für die Gegenwart umsetzt.

W. GEERLINGS
(Bochum)

BEDA VENERABILIS
In Lucae euangelium expositio

Et respondens dicet uobis: Nescio uos unde sitis. *Quomodo ne-scit unde sint cum psalmus dicat,* Dominus nouit cogitationes hominum quoniam uanae sunt, *et alibi scriptum sit,* Ipse nouit decipientem et eum qui decipitur, *nisi quia scire Dei ali-quando cognoscere dicitur aliquando approbare:* Quoniam nouit dominum uiam iustorum; *qui* autem ignorat ignorabi-tur. *Et scit ergo reprobos quos cognoscendo iudicat neque enim iudicasset quos minime cognosceret et tamen quodammodo nescit eos un-de sint apud quos fidei et dilectionis suae caracterem non approbat.*

Tunc incipietis dicere: Manducauimus coram te et bibimus, et in plateis nostris docuisti. *Vel simpliciter intellegendum quod fi-dei mysteria sperantes Iudaei eo se domino notos arbitrentur, si solum uictimas ad templum deferant coram domino epulentur prophetarum lec-tionem auscultent, nescientes illud apostoli,* Non est regnum Dei esca et potus sed iustitia et pax et gaudium in spiritu sancto, *et alibi,* Quorum deus uenter est et gloria in confusione ipsorum, *id est in circumcisione carnali, uel mystice sentiendum manducare eos et bibere coram domino qui uerbi pabulum digna auiditate suscipiunt. Vnde ipsi qui haec dicunt uelut exponendo subiungunt,* et in plateis no-stris docuisti. *Scriptura enim sacra aliquando nobis cibus est aliqando potus. In locis obscurioribus cibus est quia quasi exponendo frangitur et mandendo gluttitur. Potus uero est in locis apertioribus quia ita sorbetur sicut inuenitur. Et occulta ergo mandata sacri eloquii et aperta se intelle-xisse testantur qui reprobanti se iudici quia manducauerint coram illo et biberint conqueruntur. Sed timendum est ualde quod additur:*

Et dicet uobis: Nescio uos unde sitis; discedite a me omnes operarii iniquitatis. *Non, inquit, legalium festiuitatum epulatio iuuat quem fidei pietas non commendat, non scientia scripturarum Deo notum facit quem operum iniquitas obtutibus eius ostendit indignum.*

(ed. D. Hurst, 1960: *Corpus Christianorum, Series Latina* 120, p. 271-272, l. 1627-1660)

Et il vous répondra: « J'ignore d'où vous êtes. » Comment ignore-t-il d'où ils sont, alors que le psaume dit: « Le Seigneur sait que les pensées des humains sont vaines », et qu'il est écrit ailleurs: « Lui-même connaît celui qui trompe et celui qui est trompé », si ce n'est que le savoir de Dieu veut dire tantôt connaître, tantôt approuver: « Car le Seigneur connaît la voie des justes »; « mais » celui « qui ignore sera ignoré ». Et il connaît donc les réprouvés qu'il juge en connaissance de cause; et en effet il n'aurait pas jugé ceux qu'il ne connaîtrait pas du tout, et pourtant, d'une certaine manière, il ignore d'où sont ceux chez lesquels il n'approuve pas le caractère de la foi et de l'amour envers lui.

« Alors, vous commencerez à dire: Nous avons mangé en ta présence et nous avons bu, et tu as enseigné sur nos places. » Soit il faut comprendre au sens littéral que les Juifs, mettant leur espoir dans les mystères de la foi, pensent qu'il leur suffit, pour être connus du Seigneur, de présenter des victimes au temple, de manger en présence du Seigneur et d'écouter l'enseignement des prophètes, ignorant cette sentence de l'apôtre: « Nourriture et boisson ne font pas le royaume de Dieu, mais justice et paix et joie dans l'Esprit saint, » et ailleurs « ceux-là ont pour dieu leur ventre et leur gloire réside en leur confusion », c'est-a-dire dans la circoncision charnelle. Soit il faut entendre au sens mystique que mangent et boivent en présence du Seigneur ceux qui accueillent la nourriture de la Parole avec l'avidité qui en est digne. C'est pourquoi ceux qui disent cela ajoutent en guise d'explication: « et tu as enseigné sur nos places ». L'Écriture sainte, en effet, est pour nous tantôt une nourriture, tantôt une boisson. Dans les passages les plus obscurs, elle est une nourriture, parce qu'en l'expliquant on la rompt et qu'en la mâchant on la déglutit. En revanche elle est une boisson dans les passages les plus clairs, où telle elle est trouvée, telle elle est absorbée. Ils attestent donc qu'ils ont compris les commandements soit cachés soit évidents de la parole sacrée, ceux qui, face au juge qui les réprouve, se plaignent en disant qu'ils ont mangé et bu en sa présence. Mais il faut avoir grand peur de ce qui est ajouté : "Et il vous dira : J'ignore d'où vous êtes ; éloignez-vous de moi, tous les fauteurs d'iniquité." Non, dit-il, les festins prescrits par la Loi n'aident pas celui que ne recommande pas la piété de la foi ; la science des Écritures ne rend pas connu de Dieu celui que l'iniquité des oeuvres révèle indigne à ses regards.

UN COURANT DE L'EXÉGÈSE CONTEMPORAINE ne se contente plus de situer le texte évangélique dans son temps, ni de le comprendre en remontant de la rédaction aux traditions antérieures. Il tient compte aussi de l'histoire de l'interprétation et tente de percevoir les effets que le passage biblique a provoqués.

Pour faire droit a cette exigence nouvelle, la série dans laquelle mon Commentaire de l'Évangile de Luc paraît, l'« Evangelisch-katholischer Kommentar zum Neuen Testament », tient a intégrer la Wirkungsgeschichte dans l'interprétation. Or, il se trouve que l'interprétation de Lc 13, 22-30, à laquelle je suis parvenu, rejoint celle de Bède le Vénérable. C'est donc en tant qu'exégète du Nouveau Testament que j'ai lu l'*Expositio* de cet auteur.

Les commentateurs récents de ce passage ne s'accordent pas. D'un côté, Franz Mussner estime qu'en Lc 13, 22-30 l'évangéliste regroupe ses matériaux pour dessiner les étapes de l'histoire du salut. De l'autre, Gerhard Schneider insiste sur le caractère parénétique de ces versets. Personnellement, je me suis refusé à opposer ces deux perspectives: en ce passage de son évangile, Luc interpelle sa communauté aussi bien qu'il situe la vie chrétienne dans la dernière étape d'un plan divin incluant l'énoncé de la Loi et la constitution d'Israël.

Pour ma joie, j'ai découvert que tel est aussi le double message que Bède entend à la lecture de Lc 13, 22-30, le double sens qu'il en extrait. Au sens littéral (*simpliciter*), il découvre la relation tendue entre Jésus et le peuple d'Israël. Au sens figuré (*mystice*), il lit la relation risquée entre le Christ et son Église.*

François Bovon
(Cambridge, MA)

---

* Je remercie mes amis Françoise Morard et André Schneider qui ont accepté de relire, de corriger et d'améliorer ma traduction.

Nam sicut quidam uidentes non uident et audientes non audiunt ita etiam tangentes non tangunt qui non fideliter Christum tangunt. Vnde cuidam amanti quidem sed nondum plene credenti dicit, Noli me tangere, nondum enim ascendi ad patrem meum, aperte docens quid sit eum ueraciter tangere patri scilicet aequalem credere.

Beda Venerabilis, *In Lucam euangelium expositio*, III, 8, l. 965-971;
In Marcum euangelium expositio, II, 5, l. 360-365.
(Corpus Christianorum, Series Latina 120)

Noli me tangere   Toni ZENZ

ADOMNANVS
De locis sanctis libri tres

Arculfus sanctus episcopus gente Gallus diuersorum longe remotorum peritus locorum uerax index et satis idoneus in Hierusolimitana ciuitate per menses nouem hospitatus et loca sancta cotidianis uisitationibus peragrans mihi Adomnano haec uniuersa quae infra craxanda sunt experimenta diligentius percunctanti et primo in tabulis describenti fideli et indubitabili narratione dictauit; quae nunc in membranis breui textu scribuntur.

(ed. L. Bieler, 1965: *Corpus Christianorum, Series latina* 175, p. 183, l. 3-10)

Der heilige Bischof Arculf, der Abstammung nach ein Gallier, Kenner verschiedener weit entfernter Plätze, ein wahrheitsgetreuer und sehr geeigneter Berichterstatter, der sich in der Stadt Jerusalem neun Monate aufgehalten und die heiligen Plätze in täglichen Besichtigungen durchwandert hatte, diktierte mir, Adomnan, alle diese Erfahrungen, die im Folgenden beschrieben werden, in einem getreuen und zweifelsfreien Bericht, wobei ich ihn sehr sorgfältig ausfragte und zunächst alles auf Wachstafeln niederschrieb, was jetzt auf Pergament kurz zusammenfaßt geschrieben ist.

M IT DIESEN WORTEN wird ein auch in Fachkreisen kaum bekannter, in mehrfacher Hinsicht interessanter Text aus dem Frühmittelalter eingeleitet: er ist abgedruckt im Band 175 der *Series Latina* des *Corpus Christianorum*, der unter dem Titel 'Itineraria et alia geographica' verschiedenartige Pilgerberichte aus Spätantike und Frühmittelalter zusammenstellt, vor allem von Fahrten ins Heilige Land. Von diesen Berichten findet heute die meiste Beachtung die unvollständig erhaltene 'Peregrinatio ad loca sancta' der adeligen, wohl galizischen Klosterfrau Egeria aus dem späten 4. Jh.,([1]) die allerdings nur in einer einzigen Handschrift bewahrt ist; auch drei andere 'Itineraria Hierosolymitana' aus dem 4. bzw. 6. Jh. sind wenig bezeugt. Dagegen wurde Adomnans Werk aus dem späten 7. Jh. und die von ihm abhängige gleichnamige Schrift Bedas aus dem frühen 8. Jh. das ganze Mittelalter hindurch gelesen, abgeschrieben und

---

(1) Früher auch als Silvia oder Aetheria bezeichnet; die einzige Handschrift liegt heute in Arezzo (VI 3) und wurde im 11. Jh. in Monte Cassino geschrieben, Anfang und Ende sind verloren. Ihre Pilgerreise fand wohl zwischen 381 und 384 statt, vgl. P. Maraval (ed.), Égérie, Journal de voyage, Paris 1982 (Sources chrétiennes, 296), 38.

benützt. (²) Dieses kleine Werk muß also einem gewissen Bedarf entsprochen haben.

Anders als die 'Pilgerfahrt' der Egeria, der Bericht über eine selbst erlebte Reise ins Heilige Land, schildert hier, wie aus den Einleitungsworten hervorgeht, ein (sonst unbekannter) weitgereister gallischer Bischof dem Autor auf dessen eindringliche Fragen seine *experimenta*, seine persönlichen Eindrücke und Erfahrungen, bei einem längeren Aufenthalt im Heiligen Land. Diese notierte der Autor zunächst auf Wachstafeln — *in tabulis,* zu ergänzen ist *ceratis* — und ließ sie dann kurz zusammengefaßt auf Pergament übertragen: *membrana* ist der in der Antike übliche Ausdruck für Pergament, eine speziell behandelte Tierhaut, die von der Spätantike bis ins Spätmittelalter als Schreibmaterial für Bücher üblich war. Auffällig ist in der kurzen Einleitung die zweimalige Versicherung, daß der Bischof einen wahrheitsgetreuen und zuverlässigen Bericht gegeben hat.

Der darauf folgende Reisebericht gliedert sich in drei Bücher. Das erste ist Jerusalem gewidmet und beschreibt verschiedene, meistens mit Kirchen überbaute Gedenkstätten und manche Gegenstände der Erinnerung. Das zweite behandelt zunächst die für Christen wichtigen Stätten in Palästina, beginnend mit Bethlehem, der Geburtsstadt Christi, und endet mit einer ausführlichen Schilderung der Stadt Alexandria, die Arculf von Jerusalem aus in vierzig Tagen erreichte, und einem Bericht über den Nil samt seinen gefräßigen Bewohnern, den *corcodrilli* (Krokodile). Das dritte Buch handelt von der Stadt Konstantinopel, die als die eigentliche Hauptstadt des römischen Reiches bezeichnet wird (seit 476 gab es bekanntlich im römischen Westreich keinen Kaiser mehr); dorthin gelangte Arculf über einen kurzen Aufenthalt in Kreta. Der Bericht schließt mit der Schilderung der optisch und akustisch auffälligen Aktivität des nahe bei Sizilien gelegenen

---

(2) Zu Adomnans Werk sind über zwanzig und zu Bedas gekürzter Fassung sogar über vierzig Handschriften vom 9. bis zum 15. Jh. erhalten.

Mons Vulcanus, die der Pilger bei einem kurzen Aufenthalt auf Sizilien erlebte anläßlich seiner Rückfahrt nach Rom.

Der Berichterstatter Arculf ist nicht weiter bekannt, wohl aber der Verfasser dieser Schrift, Adomnan ([3]). Geboren 623/624 in der irischen Grafschaft Donegal, wirkte er von 679 bis 704 als 9. Abt von Iona, ([4]) einer Klostersiedlung auf der kleinen, einsamen Insel Hy westlich von Schottland, die der irische Mönch Columba nach Klostergründungen in seiner Heimat im Jahr 563 gestiftet hatte. ([5]) Zusammengestellt hat Adomnan diese Beschreibung vor 686: in diesem Jahr überreichte er sie König Aldfrid, seinem ehemaligen Schüler in Iona, bei einem politisch bedingten Besuch am angelsächsischen Königshof; man setzt daher die Pilgerfahrt Arculfs auf die Jahre um 680. Zu diesem Zeitpunkt war sowohl das Heilige Land als auch Alexandria schon seit einigen Jahrzehnten in den Händen der Araber, die arabische Flotte bedrohte außerdem in den Siebzigerjahren dieses Jahrhunderts mehrfach Konstantinopel; Arculf konnte jedoch unbehelligt die heiligen Stätten besichtigen und herumreisen. ([6]) Die Bauten Jerusalems traf Arculf nicht mehr in der Gestalt und Ausstattung an, die Egeria zu Ende des 4. Jh. beschrieben hatte: Im Jahr 614 war Jerusalem von den Persern eingenommen und durch Brand stark zerstört worden; nach der Rückeroberung durch den byzantinischen

---

(3) Im Mittelalter meistens Adamnan genannt.

(4) Eigentlich Ioua; die moderne Bezeichnung Iona beruht auf einem Schreibfehler des 14. Jh. (*u*/*n*-Vertauschung).

(5) Bekannt ist Adomnan vor allem als Verfasser einer umfangreichen Vita des Columba (irisch *Colum-cille*); sie ist eine der ältesten irischen Heiligenviten lateinischer Tradition und die ausführlichste Quelle zur Frühzeit monastischen Lebens in Irland. Diese Vita ist allerdings erst nach *De locis sanctis* entstanden.

(6) Er erwähnt die *Saracini* genannten Araber nur dreimal: bei der Beschreibung Jerusalems vermerkt er, daß sie auf dem Platz, wo einst der prachtvolle Tempel stand, ein auf Ruinen errichtetes viereckiges, dreitausend Menschen fassendes Gebetshaus frequentieren (1,1,14); im Kapitel über das Schweißtuch Christi (*sudarium*) erwähnt er den *Saracinorum rex nomine Mauias* (1,9,11) und für die von einem sarazenischen König beherrschte Stadt Damaskus nennt er eine *Saracinorum eclesia incredulorum* (2,28,2).

Kaiser Herakleios wurden die heiligen Stätten wiederhergestellt, allerdings in bescheidener Ausstattung, bevor die Stadt 638 an den Kalifen Omar übergeben werden mußte. Arculf liefert somit ein interessantes Bild von der heiligen Stadt nach dem Wiederaufbau im frühen 7. Jahrhundert.

Die kurze Einleitung des Adomnan gibt einen interessanten Einblick in die Arbeitsweise des irischen Abtes: er notierte sich die Antworten des Bischofs auf seine gezielten Fragen zunächst auf (wiederverwertbaren) Wachstafeln, wie sie seit der Antike reichlich in Verwendung waren;(⁷) ein solches um 600 mit einigen Psalmen beschriebenes, aus sechs Tafeln gebildetes Buch hat sich etwa auch in einem irischen Moor erhalten. (⁸) Auf Wachstafeln ritzte Arculf auch Grundrißzeichnungen verschiedener Gebäude, die Adomnan in seine Zusammenstellung aufnahm. (⁹) Verbreitet wurde das Werk dann, wie damals üblich, in Pergamentbüchern.

Adomnans Einleitung verrät allerdings nicht, wie und aus welchen Gründen der gallische Bischof auf der Rückfahrt aus dem Osten gerade zu diesem entlegenen, nicht leicht erreichbaren Kloster kam. Nach Beda Venerabilis, der dieses Werk lobend hervorhebt und zur Grundlage einer eigenen Darstellung *De locis sanctis* machte, wurde Arculf durch ein heftiges Unwetter abgetrieben und gelangte erst

---

(7) Sie bestanden aus Holzbrettern mit erhöhtem Rand, in deren Vertiefung meist dunkles Wachs gegossen war, und wurden mit einem Griffel beschrieben, mit dessen breitem Ende die Schrift wieder gelöscht werden konnte. Da die meist schmalen Tafeln nur wenige Zeilen faßten, wurden mehrere beidseitig mit Wachs bestrichene Tafeln — ausgenommen die beiden äußeren — zu einem Buch verbunden. Von diesem aus beschriebenen Tafeln gebildeten 'Holzblock' leitet sich bekanntlich die Bezeichnung 'Codex' ab, abgebildet etwa bei R. Marichal, Les tablettes à écrire dans le monde romain, in: Élisabeth Lalou (ed.), Les tablettes à écrire de l'Antiquité à l'Époque Moderne, Bibliologia 12, Turnhout 1962, 165-185, Fig. 1. 2.

(8) Heute in Dublin, aus dem Springmount Bog, vgl. CLA S 1684 (Ps. 30-32).

(9) Diese sind allerdings in *CC* 175 nicht wiedergegeben, vgl. P. Geyer (ed.), *CSEL* 39, Wien 1898, 231. 244. 250. 271.

nach längerer Irrfahrt dorthin. ([10]) Das kann wohl nicht zutreffen; auf einer Fahrt nach Gallien, der Heimat des Bischofs, wird man üblicherweise nicht auf eine westlich von Schottland gelegene Insel verschlagen. Vielmehr ist anzunehmen, daß Arculf ganz bewußt zu der einsamen Insel Hy gesegelt ist: das Kloster Iona hatte sich bald nach seiner Gründung zum bedeutendsten Bildungszentrum ganz West- und Mitteleuropas entwickelt; diese Vorrangstellung wurde ihm erst von jenem angelsächsischen Doppelkloster genommen, in dem Beda Venerabilis tätig war. ([11])

Es muß somit, wie Arculfs Reise zeigt, in jener Zeit rege Beziehungen Irlands zum Osten gegeben haben; anders ließen sich auch die deutlichen Berührungen der irischen mit der armenischen Kunst (man denke etwa an die Gestaltung der Kreuze und der sog. 'Teppichseiten') oder die syrisch-koptischen Einflüsse in der frühen insularen Buchmalerei kaum erklären. Das älteste Zeugnis dafür ist das Book of Durrow, ein um 670/680 entstandenes, prachtvoll illustriertes Evangeliar, in dem sich der Vermerk findet, Columba, der Gründer von Iona, habe es innerhalb von zwölf Tagen vollendet. Dieser Zusatz ist aus seiner Vorlage übernommen, da das Buch erst knapp hundert Jahre nach Columbas Wirken geschrieben ist, es muß aber im Kreis der *familia Columbae* entstanden sein, vielleicht sogar in Iona selbst: ([12]) geschrieben ist es jedenfalls in der Zeit, als Adomnan als Mönch und Abt von Iona wirkte. ([13])

---

(10) Beda, loc. sanct. 19,5.

(11) Wearmouth und Jarrow südöstlich von Newcastle in Northumbrien, gegründet 672 bzw. 681 vom northumbrischen Adeligen Benedict Biscop Baducing. Von seinen mindestens fünf Romreisen hatte er zahlreiche Bücher, Reliquien und Kunstschätze zur Ausstattung seiner Klöster mitgebracht; ohne diese großen, aus Rom und Italien herbeigeschafften Bücherschätze hätte sein Schüler Beda (672/673–735) niemals seine vielen Werke schreiben können.

(12) Der Codex liegt heute in Dublin, Trinity College 57 (A. 4. 5), die erwähnte Subscriptio findet sich f. 12^v; Entstehung auf Iona vertritt G. Henderson, From Durrow to Kells. The Insular Gospel-books 650–800, London 1987 (55). – Syrisch-kop-

Aus diesen östlichen Beziehungen ist auch das besondere Interesse Adomnans an den beschriebenen Orten und Stätten zu erklären, stellt er doch immer ganz gezielte Fragen an Arculf; ([14]) er begnügte sich aber nicht mit den Angaben des gallischen Bischofs, der ihm bildungsmäßig sicher unterlegen war, sondern prüfte sie an Hand der im Kloster verfügbaren Literatur nach und übernahm manche Schilderungen, die sich mit Arculfs Bericht deckten, aus der zur Überprüfung herangezogenen Literatur.

So liefert dieses kleine, im Mittelalter beliebte Werk nicht nur ein interessantes authentisches Bild der heiligen Stätten im späten 7. Jh. und bestätigt die Möglichkeit von Pilgerreisen in dieser 'dunklen' Zeit, in welcher es wohl mehr Pilgerreisende gab als man allgemein annehmen möchte, es ist auch ein wertvolles Zeugnis für die sonst nur aus Kunstgegenständen und Buchmalerei und aus der strengen Bußdisziplin des irischen Mönchtums erschlossenen Beziehungen der Iren zum christlichen Orient.

Michaela ZELZER
(Wien)

---

tischen Einfluß im Book of Durrow betont L. Bieler, Irland, Wegbereiter des Mittelalters, Olten-Lausanne-Freiburg 1961, 25ff.

(13) Wie das Diatessaron, die Evangelienharmonie des Syrers Tatian (2./3. Jh. n. Chr.), beginnt das Book of Durrow mit einer Teppichseite, vgl. C. Nordenfalk, Insulare Buchmalerei, München 1977, 22ff. mit Abb. VII und Tafel 2. – Unverständlich erscheint allerdings, warum diese deutlichen Berührungen und Einflüsse in der Literatur vielfach ignoriert werden.

(14) Vgl. *diligentius percunctanti* in der Einleitung, was auch im Text immer wieder betont wird.

Acta Andreae

« Ὅτι μέν, ὦ Στρατοκλῆ, κεκίνησαι ὑπὸ τοῦ γεγονότος εὖ οἶδα. Ὅτι δὲ καὶ τόν ἐν σοὶ νῦν ἡσυχάζοντα ἐχρῆν ἄνθρωπόν με εὐθῦναι εἰς τοὐμφανὲς καὶ τοῦτο ἐπίσταμαι. Τὸ γὰρ ὅλως διαπορεῖν σε καὶ ἐννοεῖν τὸ γεγονὸς ὁπόθεν ἢ πῶς γέγονεν δεῖγμα μέγιστον ὑπάρχει τῆς ἐν σοὶ ψυχῆς τεταραγμένης. Κἀμὲ εὖ διατίθησιν ἡ ἐν σοὶ ἀπορία καὶ ἐποχὴ καὶ θάμβωσις. Ἀποκύησον δὲ τέκνον ὃ ἔχεις, καὶ μὴ μόνον ὠδῖσιν σεαυτὸν παραδίδου. Οὔκ εἰμι ἀμύητος μαιευτικῆς, ἀλλ᾽ οὐδὲ μαντικῆς. Ἔστι <τι> ὃ ἀποτίκτεις, <ὃ> ἐγὼ φιλῶ. Ἔστι τι ὃ σιγᾷς, ὃ ἐγὼ ἐρῶ· ὃ καὶ εἰς ἔνδον ἐγὼ ἀναθρέψω. Οἶδα τὸν σιγῶντα· οἶδα τὸν ποθοῦντα. Ἤδη μοι λαλεῖ ὁ καινός σου ἄνθρωπος· ἤδη μοι ἐντυγχάνει ἃ πέπονθε πολλοῖς χρόνοις ἀεί· αἰσχύνεται τὴν πρὶν αὐτοῦ θεοσέβειαν· λυπεῖται ἐπὶ τῇ πρώτῃ αὐτοῦ πολιτείᾳ· μάταια τὰ πρὶν αὐτοῦ θρησκεύματα ἅπαντα τίθεται. διαπορεῖ τίς ἡ ὄντως θεοσέβεια· ἀπονειδίζει σιγῶν τοῖς αὐτοῦ πρὶν θεοῖς ματαίοις· πάσχει ἀλήτης γεγονὼς παιδείας ἕνεκεν. Τίς ἡ πρὶν αὐτοῦ φιλοσοφία; νῦν ἔγνω ὅτι ματαία, ὁρᾷ ὅτι κενὴ καὶ χαμαιριφής· νῦν μανθάνει ὅτι οὐδὲν τῶν δεόντων ὑπισχνεῖται· νῦν ὁμολογεῖ ὅτι οὐδὲν τῶν χρησίμων ἐπαγγέλλεται. Τί γάρ; οὐ ταῦτα λέγει, Στρατοκλῆ, ὁ ἐν σοὶ ἄνθρωπος; »

(ed. J.-M. Prieur, 1989: *Corpus Christianorum, Series Apocryphorum* 6, p. 451; traduction, p. 450)

« Je sais bien, Stratoclès, que tu as été ébranlé par ce qui est arrivé. Mais je sais aussi qu'il me faudrait amener au jour l'homme qui repose maintenant en toi. Car l'incertitude complète dans laquelle tu te trouves, et le fait que tu réfléchisses sur ce qui s'est passé, d'où et comment cela est arrivé, sont le signe évident que l'âme qui se trouve en toi est troublée. Quant à moi, l'embarras, le doute et la stupeur qui sont en toi me disposent favorablement. Mets donc au monde l'enfant que tu portes, et ne te contente pas de te livrer aux douleurs de l'enfantement. Je ne suis pas inexpert en matière d'accouchement, pas plus qu'en matière de divination. Ce que tu enfantes, moi je l'aime ; ce que tu tais, moi j'en suis épris ; ce qui est à l'intérieur, moi je le ferai grandir. Je connais celui qui se tait. Je connais celui qui désire. Déjà ton homme nouveau me parle. Déjà il m'entretient de ce qu'il a enduré sans cesse, depuis de longues années. Il a honte de sa précédente religion. Il s'afflige de sa conduite antérieure. Il regarde comme vaines toutes ses précédentes pratiques religieuses. Il se demande ce qu'est la véritable religion. Il invective en silence ses dieux précédents qui sont vains. Il souffre, devenu vagabond à force d'instruction. Ce qu'était sa précédente philosophie ? Il a maintenant reconnu qu'elle est vaine ; il voit qu'elle est vide et basse. Il se rend compte maintenant qu'elle n'offre rien d'essentiel. Il admet maintenant qu'elle ne promet rien d'utile. Eh bien, Stratoclès, n'est-ce pas là ce que dit l'homme qui est en toi ? »

L
E DISCOURS QUE L'APÔTRE ANDRÉ TIENT À STRATOCLÈS se clôt par une invitation à prendre conscience de l'erreur que représentent ses pratiques religieuses antérieures et de la vanité de la philosophie qui ne lui aurait rien offert d'utile ou d'essentiel. Nous trouvons apparemment là un topos de la littérature chrétienne ancienne qui critique volontiers l'ensemble des écoles philosophiques pour avoir égaré les hommes en quête de la vérité. Seule la révélation apportée par un apôtre ou un disciple serait en mesure de répondre à l'attente de ceux qui cherchent la vraie sagesse ou la contemplation de la divinité. Justin martyr, par exemple, raconte sa recherche désespérée auprès des philosophes comme un triste chapitre de son autobiographie[1]; de même, le Roman pseudo-clémentin attribue à Clément un semblable parcours auprès de diverses philosophies antiques, toutes décevantes[2]. Toutefois, les Actes d'André paraissent avoir une rapport moins polémique, peut-être plus ambigu, avec la philosophie.

En effet, nous voyons André pratiquer une maïeutique de type socratique dont les étapes rappellent très évidemment celles que décrit Platon dans le Théétète[3]. L'apôtre compare l'incertitude et le trouble de Stratoclès aux douleurs de l'enfantement et le presse de faire naître « l'homme nouveau » qu'il porte déjà en lui sans le savoir. Comme Socrate, André ne donne aucun enseignement traditionnel ou nouveau. Il lui suffit de rendre possible la découverte que Stratoclès doit faire par lui-même de l'être véritable qui est en lui. Il est clair que l'auteur de ces Actes apocryphes prête à l'apôtre André sa propre culture grecque (paideia) et habille à la grecque le message chrétien auquel Stratoclès va adhérer.

---

(1) *Dialogue avec Tryphon*, 2--5.
(2) *Homélies clémentines*, I, 3, 1-4.
(3) *Théétète*, 148-151.

Mais qui est Stratoclès, ce personnage de roman, frère d'un pro-consul ? Comme son nom l'indique, il devrait servir Rome comme soldat. Or, le premier renseignement qui nous est donné est qu'il vient d'obtenir de César de ne pas aller dans l'armée « pour se tourner vers la philosophie ». Puis, nous apprenons qu'en philosophe compatissant, il est à ce point lié à l'un de ses proches serviteurs qu'il est bouleversé de le voir gravement atteint, privé de sens. Enfin, en réponse au discours d'André, il invoque, comme le ferait le disciple d'un philosophe, le précepte delphique et socratique : « Je ne me séparerai pas de toi jusqu'à ce que je me connaisse moi-même » (4). Puis, une fois entré dans le compagnonnage d'André, Stratoclès rompt avec certaines pratiques comme le ferait un philosophe néo-pythagoricien ou néo-platonicien : il n'a plus de serviteurs, porte lui-même son huile au gymnase, fait seul ses achats, s'alimente sobrement de pain et de légumes, partage avec le "frères" convertis une vie d'ascèse raisonnable et abandonne tout ce qui était lié à sa condition sociale élevée.

Les Actes d'André seraient alors, à la fin du second siècle, le témoin d'une forme de christianisme sans christologie et sans ecclésiologie, un christianisme marqué par la culture grecque à un point tel que la philosophie, loin d'être un obstacle à la progression de "l'homme intérieur" dans l'union avec Dieu, en serait la meilleure propédeutique. C'est du moins ce que donne à penser le personnage de Stratoclès, modèle du païen converti.

P. Geoltrain
(Paris)

---

(4) *Actes d'André*, 8

AMPHILOCHIVS ICONIENSIS

Epistula Synodalis

Τίς οὖν ἡμῶν ἡ τῆς πίστεως τελειότης; Ἡ τοῦ κυρίου παράδοσις ἣν μετὰ τὴν ἐκ νεκρῶν ἀνάστασιν τοῖς ἁγίοις αὐτοῦ μαθηταῖς ἐνετείλατο προστάξας· *Πορευθέντες μαθητεύσατε πάντα τὰ ἔθνη βαπτίζοντες αὐτοὺς εἰς τὸ ὄνομα τοῦ πατρὸς καὶ τοῦ υἱοῦ καὶ τοῦ ἁγίου πνεύματος.* Δῆλον ὅτι τὴν ἐντολὴν ἐδεξάμεθα οὐ μόνον εἰς τὸ βαπτίζειν οὕτως, ἀλλὰ καὶ εἰς τὸ μαθητεύειν οὕτως, ὡς διὰ ταύτης τῆς ἐντολῆς καὶ τὴν Σαβελλίου νόσον ἀποκλεισθῆναι τῶν τριῶν ὑποστάσεων καθαρῶς ἡμῖν παραδοθεισῶν, καὶ τῶν Ἀνομοίων καὶ τῶν Ἀρειανῶν καὶ τῶν Πνευματομάχων ἐμφραγῆναι τὰ στόματα τῶν μὲν προσώπων καὶ τῶν ὑποστάσεων τριῶν δηλουμένων, τῆς δὲ φύσεως καὶ τῆς θεότητος μιᾶς ὁμολογηθείσης. Ἀνάγκη τοίνυν οὕτως ἡμᾶς βαπτίζειν ὡς ἐδιδάχθημεν, καὶ οὕτω πιστεύειν ὡς ἐβαπτίσθημεν, καὶ οὕτω δοξάζειν ὡς ἐπιστεύσαμεν. Πολλὰ γὰρ τῇ διανοίᾳ περισκοποῦντες καὶ πανταχοῦ στραφέντες τοῖς λογισμοῖς οὐδὲν ἐπινοῆσαι δυνάμεθα μεταξὺ τοῦ κτίστου καὶ τῆς κτίσεως, ὥστε εἰ τῆς θεότητος τὸ πνεῦμα χωρίζομεν, ἀνάγκη μετὰ τῶν κτισμάτων αὐτὸ καταριθμεῖν. Εἰ δὲ κτίσμα τολμήσοιμεν εἰπεῖν, πῶς δυνατὸν ἐν τῷ βαπτίσματι μιχθῆναι; Τὴν πολυθεΐαν οὕτως ὡς καὶ τὴν ἀθεΐαν κακίζομεν· καὶ οὔτε τρεῖς ἀρχὰς οὔτε τρεῖς θεοὺς οὔτε τρεῖς διαφόρους καταγγέλλομεν φύσεις, ἀλλὰ ἀρχὴν τῶν ὅλων τὸν πατέρα γινώσκοντες οὔτε τινὰ τῶν τριῶν ὑποστάσεων ἀθετοῦμεν καὶ τὸ σεμνὸν τῶν θείων γραφῶν καὶ τὰς ἐφ᾽ ἕκαστον μαρτυρίας προσάγοντες.

(ed. C. Datema, 1978: *Corpus Christianorum, Series Graeca* 3, p. 220, l. 46-68)

What then is the perfection of our faith? The tradition of the Lord handed down by Him to His holy apostles after His resurrection from the dead. He ordered: 'Go to make all nations to my disciples, by baptizing them in the name of the Father, and of the Son, and of the Holy Spirit' (Matt 28, 19). It is clear that we have received that command not only to baptize in that way, but also to teach in that way, so that by this command the Sabellians can no more threat the purely transmitted (belief) in the three Hypostases. Also the mouth of the Anomaeans, the Arians and the Pneumatomachians is shut, as the three persons and their hypostases are demonstrated, together with the confession of the divine nature. It is necessary that we baptize as we are instructed, and we believe as we are baptized, and we give praise as we believe. Though our mind might consider many possibilities, and our reasoning might turn in every direction, it is impossible that we can think something between Creator and creation. As a consequence, if we separate the Spirit from the divine being, it is necessary to count Him among the created things. But, if we should dare to consider Him as a creature, how can He be joined to baptism? Let us reject polytheism just like atheism. So we shall not speak about three beginnings, or three gods, or three divine natures, but let us recognise the Father as the beginning of everything; and let us not disregard one of the three hypostases, but put forward the solemn testimony of the divine Scriptures about each one (of the three Persons).

A MPHILOCHIUS OF ICONIUM (°ca. 340 - † after 398) is mainly known as an homilist. Some other writings of his hand are preserved, among which an *Epistula Synodalis* (= *ES*) he wrote as the result of a synod summoned by him to support the neo-Nicene doctrine (in this case pneumatology) of his friend and mentor Basil of Caesarea. Thus, the *ES* documents an important event in the history of doctrine and is putting us in the middle of theological controversy. Indeed, Amphilochius contributes to the spread of Basil's ideas on a particular moment of the conflict about the Trinity, in a situation that the neo-Nicene position was far from evident. As we learn from the introduction (*ES* 1), Basil should have been present at the synod, but illness prevented him. Yet, the bishop of Caesarea had lately finished his treatise on the Holy Spirit, so the synod could profit immediately from his insights! As he devoted his *De Spiritu Sancto* to Amphilochius, the latter must have been well informed about its contents, and it is clear that *ES* summarises the Basilian position fairly well. All this points to the situation of the years 375-376, when Basil was (rather shortly before his death) still fighting the Macedonian and Pneumatomachian heresies.

Amphilochius himself continued to play a considerable role in defending the neo-Nicene doctrine, also after Basil had disappeared. He was influential at the famous Council of Constantinopel (381), in the context of which he probably wrote the (fragmentarily preserved) *De recta Fide*. The bishop of Iconium penned himself also a (lost) treatise on the Holy Spirit, shortly before Jerome finished his book *On Illustrious Men* (= ca. 393; *De Viris Inl. 133*).

Amphilochius shares with Basil the conviction that the Nicene creed is sufficient, but that the ongoing 'Arian' heresy necessitated some qualifications, in particular with regard to the Spirit (*ES* 2). The main elements of the translated passage can be summarised as follows:

1. The divine nature of the Spirit is biblically based on the command to baptize in Mat. 28,19: the enumeration of the persons excludes a subordinate position of the Spirit.

2. This implies a teaching that avoids the Sabellian modalism as well as the « Arian » extreme, orthodoxy being the royal road in the middle (comp. Amphilochius, *Iambi ad Seleucum* 193-213).

3. The teaching on the Spirit is highly doxological as is Basil's: doxology implies that there is no difference in honour given to one of the three persons (cf. again *ES* 4).

4. Hence, it is impossible to consider the Spirit as a *ktisma*, a created being, as He belongs Himself to the creating Trinity. So there is no room for polytheism (= three gods), nor atheism (the fact that the Spirit be bereft of His divine status).

Boudewijn Dehandschutter
(Leuven)

MAXIMVS CONFESSOR
Quaestiones ad Thalassium 22

Ποιοῦμεν γὰρ ἡμεῖς, ἐφ' ὅσον τήν τε τῶν ἀρετῶν ποιητικὴν φύσει λογικὴν ἔχομεν δύναμιν ἐνεργουμένην καὶ τὴν πάσης γνώσεως
δεκτικὴν νοερὰν ἀσχέτως δυνάμει πᾶσαν τῶν ὄντων καὶ γινωσκο-
μένων φύσιν διαβαίνουσαν καὶ πάντας κατόπιν ἑαυτῆς τοὺς αἰῶνας
ποιουμένην· καὶ πάσχομεν ἡνίκα, τῶν ἐξ οὐκ ὄντων τελείως τοὺς
λόγους περάσαντες, εἰς τὴν τῶν ὄντων ἀγνώστως ἔλθωμεν
αἰτίαν καὶ συγκαταπαύσομεν τοῖς φύσει πεπερασμένοις τὰς οἰκείας
δυνάμεις, ἐκεῖνο γινόμενοι ὅπερ τῆς κατὰ φύσιν δυνάμεως οὐ-
δαμῶς ὑπάρχει κατόρθωμα, ἐπειδὴ τοῦ ὑπὲρ φύσιν ἡ φύσις κατα-
ληπτικὴν οὐ κέκτηται δύναμιν. Θεώσεως γὰρ οὐδὲν γενητὸν κατὰ
φύσιν ἐστὶ ποιητικόν, ἐπειδὴ μηδὲ θεοῦ καταληπτικόν. Μόνης γὰρ
τῆς θείας χάριτος ἴδιον τοῦτο πέφυκεν εἶναι τὸ ἀναλόγως τοῖς οὖσι
χαρίζεσθαι θέωσιν, καὶ λαμπρυνούσης τὴν φύσιν τῷ ὑπὲρ φύσιν
φωτὶ καὶ τῶν οἰκείων ὅρων αὐτὴν ὑπεράνω κατὰ τὴν ὑπερβολὴν
τῆς δόξης ποιουμένης.

Οὐκοῦν τὰ τέλη τῶν αἰώνων εἰς ἡμᾶς εἰκότως κατήντησε τοὺς
ὅσον οὐδέπω διὰ τῆς ἐν Χριστῷ χάριτος ληψομένους τῶν ὑπὲρ
αἰῶνας καὶ φύσιν ἀγαθῶν τὴν δωρεάν, ὧν τύποι καὶ προχαράγματα
καθεστήκασιν οἱ τρόποι τῶν ἀρετῶν καὶ τῶν γνωσθῆναι φύσει δυ-
ναμένων οἱ λόγοι, δι' ὧν ὁ θεὸς ἀεὶ θέλων ἐν τοῖς ἀξίοις ἄνθρωπος
γίνεται. Μακάριος οὖν ὁ μετὰ τὸ ποιῆσαι διὰ σοφίας ἐν ἑαυτῷ τὸν
θεὸν ἄνθρωπον καὶ τοῦ τοιούτου μυστηρίου πληρώσας τὴν γένεσιν,
πάσχων τὸ γενέσθαι τῇ χάριτι θεός, ὅτι τοῦ ἀεὶ τοῦτο γίνεσθαι
πέρας οὐ λήψεται.

(ed. C. Laga & C. Steel, 1980: *Corpus Christianorum, Series Graeca* 7, p. 141-143, l. 82-108)

We act, after all, to the extent that we have, active within us, the natural power of reason, productive of all virtues and open to receive all knowledge — the power of the intellect, endlessly transcending, in its potentiality, the nature of all that is and is known, and bringing all ages together into its field of vision. And we undergo, when, passing completely beyond the intelligible limits of what has been created from nothing, we arrive, in our ignorance, at the cause of being, and there, along with all beings that are limited in their nature, allow our own powers to come to their end. Then we shall become that which there is no chance of our becoming by our own natural powers, since nature has never gained the power to grasp what is above nature. Nothing that has come to be, after all, can naturally bring about divinization, since it cannot grasp God. This is proper to God's grace alone: to grant divinization to beings, in proportional measure, illuminating nature by supernatural light and making it exist above and beyond its own limits, through the superabundance of glory.

So the end of the ages has, in truth, come upon us who presently, through the grace that is ours in Christ, will lay hold of the good things that are beyond the ages and beyond nature, as a gift. Types and foreshadowings of these good things, which now lie at hand, are the virtuous patterns of our lives and the intelligible characteristics of the things that we can naturally know. Through them, God is always willing to become human in worthy people. Blessed, then, is the person who, after making God human in himself through wisdom, and after bringing to fulfillment the birth of such a Mystery, undergoes the experience of becoming, by grace, divine; he will never reach a limit in constantly becoming this.

I T IS OFTEN SAID that the central way in which the Greek theological and spiritual tradition conceives of redemption in Christ has been in terms of "divinization": the eventual participation by the human believer, through the gift of the Holy Spirit, in the very life and inner relationships of the Holy Trinity, "so that," as Gregory of Nazianzus puts it (Or 29.19), "I might be made God insofar as he" – God the Son – "has been made human." As synthesizer of the great tradition of Origen, the Cappadocian Fathers, Evagrius, and Pseudo-Dionysius, the seventh-century monk and theologian Maximus the Confessor echoes this eschatological hope in a number of his works as a kind of refrain, and integrates it solidly into his theological vision.

This passage, from one of his *Answers to Thalassius* (written in North Africa, 630-633), is part of Maximus's attempt to explain the apparent tension within Christian hope between the conviction that the event of salvation is already complete, in the person and work of Christ, and the Church's continuing longing for fulfillment, as something still in the future. His correspondent, the presbyter Thalassius, has asked Maximus to comment on the apparent contradiction between two verses in the Pauline Epistles: the hope that God "in ages to come will reveal the immeasurable riches of his grace... in Christ Jesus" (Eph 2.7), and the confession that for the Christian community, "the end of the ages has come" already (I Cor 10.11).

In his densely-argued answer, Maximus distinguishes two movements or "ages" in the divine plan of salvation: a movement of humanization or incarnation, by which God the Word has himself become present in human reality, and a movement of divinization, by which he offers to "make the human person divine through union with himself". In the person of Jesus, Maximus contends, the first of those movements has reached its historical goal; the enfleshment of God in Jesus is indeed the end of the growing Mystery of divine "descent" or self-communication that characterized all earlier human history, particularly the history of Israel. The second phase of this plan, however – what Maximus calls "humanity's ascent towards God" – still goes on in the Church and in our own lives. Maximus characterizes this latter age as itself having two phases, analogous to these periods of sacred history: an age of "doing," the time of this present life, in which much of the labor of "enfleshing" the life of God must be ours, and a future age of "undergoing," in which our divinization will continue beyond all our efforts, as the endless work of the Holy Spirit. In the present passage, Maximus characterizes the "doing" of our present life of faith in terms that recall the earlier ascetical tradition: as the labor of the conscious mind both to order our actions in virtue (what Evagrius calls *praktikē*) and to discover in the natural world the intelligible order that reveals God's creative presence (*theoria physikē*).

As a Patristic theologian, I have always been struck by the concise, yet comprehensive summary of the Christian vision of hope that Maximus offers us in this passage: a vision combining a sense of our total dependence on the gracious work of God in us with an urgent awareness of the Christian's call to the daily labor of opening oneself to that grace. As a Jesuit, I find in Maximus's fusion of mystical theology and intense intellectuality, exhibited in passages such as this, a spirit that anticipates, in many ways, the Ignatian tradition: a spirit combining a rich cultural humanism, and an emphasis on sharing the "labor" of God's work in history, with the unquenchable desire simply to find union with Christ by giving him "all that I have and possess," in return for his endless gifts to me. Perhaps we Jesuits, too, ought to speak of the final goal of our faith and our labors as the gift of "divinization".

Brian DALEY
(Notre Dame, IN)

Cum igitur omnia uirtutum mandata perficeret, unum ei deerat, ut etiam flagellatus agere gratias sciret. Notum erat quia seruire Deo inter dona nouerat sed dignum fuerat ut districtio seueritatis inquireret utrum deuotus Deo et inter flagella permaneret. Poena quippe interrogat, si quietus quis ueraciter amat.

Gregorius Magnus, *Moralia in Iob*, Praef. III, 7, l. 13-18
(Corpus Christianorum, Series Latina 143)

Hiob   Toni Zenz

IOHANNES SCOTTVS ERIVGENA
Periphyseon

O domine Iesu, nullum aliud praemium, nullam aliam beatitudinem, nullum aliud gaudium a te postulo, nisi ut ad purum absque ullo errore fallacis theoriae uerba tua, quae per tuum sanctum spiritum inspirata sunt, intelligam. Haec est enim summa felicitatis meae finisque perfectae contemplationis, quoniam nihil ultra rationabilis anima etiam purissima inueniet, quia nihil ultra est.

Vt enim non alibi aptius quaereris quam in uerbis tuis, ita non alibi apertius inueniris quam in eis. Ibi quippe habitas et illuc quaerentes et diligentes te introducis, ibi spirituales epulas uerae cognitionis electis tuis praeparas, illic transiens ministras eis. Et quis est, domine, transitus tuus, nisi per infinitos contemplationis tuae gradus ascensus? Semper enim in intellectibus quaerentium et inuenientium te transitum facis. Quaereris enim ab eis semper, et semper inueniris et non inueniris.

Semper inueniris quidem in tuis theophaniis, in quibus multipliciter, ueluti in quibusdam speculis, occurris mentibus intelligentium te eo modo, quo te sinis intelligi, non quid es, sed quid non es et quia es. Non inueniris autem in tua superessentialitate, qua transis et exsuperas omnem intellectum uolentem et ascendentem comprehendere te. Ministras igitur tuis praesentiam tuam ineffabili quodam modo apparitionis tuae, transis ab eis incomprehensibili excelsitudine et infinitate essentiae tuae.

(ed. É. A. Jeauneau, 2003: *Corpus Christianorum, Continuatio Mediaeualis* 165, p. 210-211, l. 6818-6841)

Seigneur Jésus, je ne te demande aucune autre récompense, aucune autre béatitude, aucune autre joie que celle de parvenir — sans tomber jamais dans l'erreur des exégèses fallacieuses — à la pure intelligence de tes paroles, de ces paroles qui ont été inspirées par ton Esprit Saint. Tel est bien le comble de ma félicité et le but d'une parfaite contemplation. L'âme rationnelle, même la plus pure, ne trouvera rien au-delà, puisqu'il n'y a rien au-delà.

Nulle part on ne saurait plus adéquatement te chercher, nulle part on ne saurait plus évidemment te trouver que dans tes paroles. C'est là que tu habites, là que tu introduis ceux qui te cherchent et qui t'aiment, là que tu prépares à tes élus les mets spirituels de la vraie connaissance, là que tu « passes » pour les servir. Et qu'est-ce que ton « passage », Seigneur, sinon l'ascension de l'échelle infinie de ta contemplation ? Sans cesse, en effet, tu opères ce passage dans les intellects de ceux qui te cherchent et te trouvent. Sans cesse ils te cherchent ; sans cesse ils te trouvent et ne te trouvent pas.

Sans cesse ils te trouvent en tes théophanies : à travers elles, comme en des miroirs, tu te manifestes de maintes façons aux esprits de ceux qui te saisissent par l'intellect, dans la mesure où tu permets qu'un intellect saisisse, non ce que tu es, mais seulement ce que tu n'es pas, et que tu existes. Tu demeures introuvable dans ta sur-essence : par elle tu passes et surpasses tout intellect qui voudrait s'élever jusqu'à te comprendre. Tu sers aux tiens ta présence en leur apparaissant d'une manière ineffable ; tu passes à côté d'eux par l'incompréhensible sublimité et l'infinité de ton essence.

B ARTHÉLEMY HAURÉAU (1812-1896) déclarait que Jean Scot Érigène avait été un « très libre penseur ». Ce faisant, comme le remarquait finement Étienne Gilson, il lui décernait « le plus grand éloge qu'il eût à sa disposition ». En réalité, ce titre n'est pas aussi inadéquat qu'on pourrait le croire. Érigène fut incontestablement un penseur original. Comment eût-il pu l'être, s'il n'avait eu la liberté de penser ou si, par complaisance envers ce qui était le « politiquement correct » de son temps et de son milieu, il avait renoncé à en faire usage ? Libre penseur oui, mais à condition d'ajouter que cet Irlandais, qui vécut à la cour de Charles le Chauve dans le troisième quart du neuvième siècle, exerçait sa liberté de pensée dans des limites bien définies. Sa démarche allait de la foi à l'intelligence de la foi, de la lettre de l'Écriture à son interprétation spirituelle. Le passage reproduit ci-dessus met cela en évidence. Le fil conducteur en est biblique (Luc, 12, 37) : « Heureux les serviteurs que leur maître, à son retour, trouvera éveillés. En vérité, je vous le dis, il se ceindra, les fera mettre à table et passant parmi eux (*transiens*), il les servira (*ministrabit*) ». Les mots-clefs sont *transiens* et *ministrabit*. Le premier permet d'introduire la notion de *transitus,* une figure de rhétorique qu'Érigène à la suite du donatiste Tyconius, relayé par saint Augustin, applique à l'exégèse biblique. Cette figure de rhétorique permet de passer du genre à l'espèce, d'interpréter une parabole évangélique — celle de l'enfant prodigue par exemple — de deux façons différentes, en l'appliquant tantôt au genre humain tout entier, tantôt au peuple juif. Érigène vante les mérites et l'efficacité de cette méthode d'exégèse, grâce à laquelle, dit-il, le « nectar divin » jaillit du texte sacré. L'autre mot-clef (*ministrabit*) évoque la récompense promise à ceux qui labourent le vaste champ des textes sacrés : « La récompense de ceux qui travaillent dans la Sainte Écriture en est l'intelligence pure et parfaite ». C'est cette récompense que l'auteur du *Periphyseon* sollicite dans les lignes qu'on vient de lire, véritable *Prière pour obtenir l'intelligence des Écritures.*

Cette prière est aussi un morceau de rhétorique, tissu précieux, dont les verbes *transire* et *ministrare* sont comme la trame et la chaîne. Sur ce tissu Érigène a brodé quelques thèmes philosophiques qui lui sont chers et qu'il emprunte à ses auteurs favoris, notamment Denys l'Aréopagite et Maxime le Confesseur. Nous ne connaissons pas Dieu directement, mais seulement à travers ses théophanies, manifestations créées de la Nature incréée. Nous connaissons non ce que Dieu est, mais ce qu'il n'est pas; nous savons qu'il existe (*quia est*), mais nous ne savons pas vraiment ce qu'il est (*quid sit*). Cette dernière distinction remonte aux Pères cappadociens; saint Thomas d'Aquin la diffusera largement. Quant au désir de dépassement, qu'exprime l'ascension de l'échelle infinie, il évoque l'epectasis de Grégoire de Nysse.

La *Prière pour obtenir l'intelligence des Écritures* illustre bien la démarche érigénienne. Jean Scot aborde le texte sacré avec une piété sincère, certes, mais aussi avec un outillage intellectuel sophistiqué, forgé à la pratique des Arts libéraux et à la lecture assidue des Pères de l'Église, tant grecs que latins. Sa piété s'allie à une haute estime de l'intelligence, et sa définition de la béatitude est celle-là même qu'en donnait saint Augustin: *gaudium de ueritate* (979B).

Édouard A. JEAUNEAU
(Paris-Toronto)

SEDVLIVS SCOTTVS
Carmina

Tempora iam uolitant cyclicis fugientia pennis,
Ceu scit plaustrigeri concaua sphaera poli ;
Fugit September, properans October anhelat,
Autumnus finem tendit ad usque suum,
Cana hiemps celerat glacialibus horrida crustis
Et fert nubigenis nubila tristis aquis.
Tu solamen eras, spes nobis, inclite praesul,
Aduersus tumidi flamina dira Noti.
Heu, bruchus timidus fors hic torpebo latebris,
Visere dilectum non ualeoque meum!
Horrida plus aspris sunt haec mihi tempora ramnis,
Quod mihi sophistae pastor amoenus abest.
Pro tenebris lucem reputo, pro nocte lucernas,
Heu, quia nec claram lampada cerno meam.
At cum parebit cunctis praedulcior ille,
Cedite uos ramni, nox et abito nocens!
Nubila tristitiae tunc linquent corda piorum,
Tunc pax et requies paschaque mentis erit.
Gratia uos domini multis comitetur in annis,
Gratis glorificet gratia uos domini.
Sum memor ecce tui − testatur parua Camena −.
Sis memor, oro, mei : sum memor ecce tui.

(ed. I. Meyers, 1991: *Corpus Christianorum, Continuatio Mediaeualis* 117, p. 113)

Carmen 70

The seasons take flight and leave on whirling wings;
The cupped sphere of the starry heaven knows it all too well.
September hurries off. October, with puffing breath, runs in;
Autumn ever swelling to its own completion and demise.
Hoar-haired Winter with crackling ice hurries on the shivering;
Brings with it cloud-piled skies and all their sadness of rain.

My famous teacher, once you would be my comfort, my springing
                                                                    [hope
Against these awful blasts of gusting wind.
Pity me. Here I lie sluggish, like some cricket in a hole,
Not even strong enough to stir, to see my dear one.
I find this awful thorny time more bitter than ever,
For my charming shepherd, my sophist, has gone away.
Light has become as shadow for me. Lamplight is as night.
Ah, pity me. I can no longer look upon my own bright lamp.
But soon he shall come back again, ever more delightful in our
                                                                    [sight,
And all the thorns will then give way; noxious gloom shall leave,
Then will clouds of sorrow clear from the hearts of the just;
For we shall have peace again, and good repose: an Easter in our
                                                                    [breast.

May the grace of the Lord be with you many years to come.
May the Lord's grace exalt you greatly.

See I have not forgotten you. This little poem bears witness.
My prayer is that you have not forgotten me. For indeed I have
                                                                    [not forgotten you.

I FOUND SEDULIUS WHEN I WAS FIFTEEN, or he found me, I am not sure of which. Five years of school Latin grammar had brought me to the point of terminal tedium with ancient Rome and all its Stoic values which English schools thought, somehow, would be good for a young boy's character. The panoply of 'stiff upper lips' and soldiers burning their hands off 'pro patriae gloria' had not touched me, except to make me laugh, like a child, at the *machismo* of it all. The sweet resonance of the Latin we sang at our largely Irish Catholic local church stirred me in another way. Its rolling poetry of Christian hymns (my first unknowing encounter with Prudentius and Ambrose and the rest) touched chords somewhere inside, and stiffened my resolve to stand up for it when the Latinists on the school staff mocked this tawdry tin, compared to the glories of their gold and silver songs. The meeting with Sedulius came on a dark, windy, rain-lashed night in the farthest flung garrison town of the Empire, where I lived out my childhood days – Segedunum, or Wallsend. I found an old book of Latin poetry in a shop smelling of damp and had just enough money for it. I was emboldened to buy it because of the translations on the facing page. I was sure that with a guide to lead me I could make sense of all these rare medieval wonders which, even the first few lines told me, were about the 'dark waters of the Moselle', the aching sorrow of lost friendship, and the sweet smelling incense in the Easter church. So it was that with Helen Waddell as my *Praesul* (*Medieval Latin Lyrics*. London. 1929) I was introduced to Sedulius. It took months for my schoolboy self to realise that her translations bore a rather loose relation to the text (doubtless readers will say the same of me) for she was poet in her own right, and soon I felt the fire to be so myself. Not more than a mile away, across the fog-filled river Tyne, was the cold stone Saxon Church of Bede, my father's parish. Visits to the absent saint (he was long since transferred to Durham) filled my head with visions of wind blowing through the windows on that bleak monastic headland at Jarrow: imaginations of the book

satchels soughing in the drafts as they swayed hanging from their lea-
ther straps in the library. I could feel centuries of cold in those holy
buildings. Sedulius, knew it all too well. Knew it in his bones. His
poetry is filled with complaints about the rude Northern winters. In
summer he wrote his drinking songs for his friends, but winter was
one endless, dreary, gloom to be endured. His year began at Easter
when the flowers came back in his fields and in his head. Reading his
Poem to Tado at Easter Time in Waddell's collection I knew then I
would spend much of my life with Christian writers. Years later I re-
translated it in a small collection as an *hommage* to him (McGuckin. *At
the Lighting of the Lamps*. Harrisburg. Pa. 1997). I found his Irish soul
most attractive. Over the years since, I have also come to understand
much of why that was so. The cherishing of friendship is all the more
precious as one approaches his own age when he wrote. His sense of
life as an exile, such an Irish poetic 'starting point' for a comprehen-
sion of the world, but one that was illuminated with the
'homecomings' of finding fresh minds and open hearts along the way,
is something that has guided and heartened me on many a long journey, both in terms of life, and scholarship, and even standing in the
Church − all things which Sedulius knew about intimately and could
express so well. This present Irishman who writes, also a priest and
scholar like Sedulius, has himself gone East, and passed from singing
Latin hymns in the Church, to singing the Greek Liturgy in a slightly
different, Byzantine, world. The hymnographers on my desk these
days are far more likely to be talking of the heat of the Bosphorus,
rather than the need to shelter from the glacial winds that blew
through the Carolingian court. But to have grown up as a '*Mag Eo-
chain*' in the Saxon culture of England in the late 1950's was an exile of
another kind, even in the heartland of one's origins, and maybe there
lay the connective link with Sedulius the Irishman. The sense of exile
remains, perhaps is even compounded for me as an Anglo-Irish Orthodox theologian in modern America, and it remains significant as
an intellectual and religious spur to the pilgrim's pursuit of insight,
and understanding, and even (dare we say it?) truth, which are (or

should be) the guiding compass points of a scholar's quest. But, as the wandering Irish scholars themselves demonstrated, the exile need not be a sorrowing one; though if we are wise we shall learn from Paul and Sedulius always to remember that 'here we have no abiding city.' In the meantime his poetry sang of Christ, the star by which he set his own compass, and his writings were a remembrance to his friends, and other lovers of the things he loved, that he was still thinking of them, still joined in a scholar's communion with them that gave him hope and courage for that part of the journey still ahead. Sedulius in his winter monastery might have felt like a torpid cricket in a hole, but he certainly knew how to come out and sing. The cherishing of that ability is something he taught me. 'See: I have not forgotten you.' This little essay bears witness.

John A. McGuckin
(New York, NY)

RVPERTVS TVITIENSIS
Commentaria in Evangelium S. Iohannis

HIC VENIT IN TESTIMONIVM

Quia uidelicet cum sit cursoris officium uel tantillum exspectare donec uideat, quid nuntiet eis, ad quos recursurus est, illi prius hinc per uiam uniuersae carnis recurrerunt, quam praestolatum domini uidere mererentur aduentum. Hic autem eo tempore missus est, quo illum uidere posset, ita ut eundem uiuens uiuentibus digito ostenderet, mortuus mortuis apud inferos paulo post adfuturum nuntiaret. Deinde sic missus est, ut supra naturam ueniret natus ex utero senectutis et sterili, quod non naturae usus sed solius dei est opus, ut nasciturum nascendo praeueniret, praedicaturum praedicando praecurreret, baptizaturum baptizando praeiret, moriturum moriendo praecederet. Singulariter ergo missus est, cui nusquam subsistere, nusquam diuertere, nullum uacauit cum saeculo sermonem habere, non domum, non agrum possidere nec affines cognoscere, sed urgente sermone domini, urgente negotio mittentis pariter et subsequentis nudus et expeditus currere habebat ante faciem eius, uelut qui ad hoc solum factus erat et natus, ut pararet coram eo uias eius.

(ed. Rh. Haacke, 1969: *Corpus Christianorum, Continuatio Mediaeualis* 9, p. 19-20, l. 408-425)

Obwohl ein Bote alsowenigstens so lange verharren sollte, bis er sieht, was er denen melden kann, zu denen er zurückkehrt, kehrten die Propheten alle den Weg allen Fleisches zurück, noch bevor sie die erwartete Ankunft des Herrn sehen durften. Dieser aber war zu einer Zeit gesandt, da er ihn sehen konnte: lebend zeigte er ihn den Lebenden mit seinem Finger, tot kündete er den Toten unter der Erde sein baldiges Kommen. Ferner geboren aus dem unfruchtbaren Schoß des Greisenalters − was nicht der Natur entspricht, sondern allein Gottes Werk ist − war er in einer die Natur überbietende Weise so gesandt, daß er in seiner Geburt dem alsbald Geborenen voranging, in seiner Predigt dem alsbald Predigenden voranschritt, in seiner Taufe dem alsbald Taufenden voranlief, in seinem Tod dem alsbald Sterbenden vorauseilte. Einzig war seine Sendung; er durfte nicht verharren, durfte nicht abschweifen, durfte mit dieser Welt nicht müßig reden, kein Haus, keinen Acker besitzen, seine Verwandten nicht kennen; sondern getrieben von der Rede Gottes, doppelt getrieben zugleich von dem, der ihn sandte, und von dem, der ihm folgte, blieb ihm nur, nackt und ungerüstet zu laufen vor seinem Angesicht wie einer der nur dazu geschaffen war und geboren, daß er vor ihm die Wege bereite.

I N DER *HISTOIRE LITTÉRAIRE DE LA FRANCE* HEIßT ES, bei Rupert von Deutz gebe es « une infinité de beaux morceaux ». In der Tat kann man bei Rupert immer wieder einzelne Textstellen aus dem Kommentar isolieren und es ergibt sich ein rundes geschlossenes Bild. Obiges Stück könnte man mit einer Textminiatur wie Franz Kafkas «Die kaiserliche Botschaft» vergleichen.

Was ein Bote war, wußte man im frühen XII. Jahrhundert sehr genau. Er legte unter Umständen enorme Strecken zurück und war, wenn es nötig war, bis zu einem Jahr unterwegs[1]. Der Bote war wichtig; denn die politischen Organismen der Zeit waren zum Teil größer, als sie heute in Europa sind, und ohne ein Botensystem waren diese Staaten nicht zu regieren. Auch waren die Boten Presse und Rundfunk der damaligen Zeit.

Dieses seiner Zeit geläufige Bild wendet Rupert auf die Propheten des Alten Bundes an und stellt damit die Besonderheit Johannes des Täufers heraus. Alle Propheten *vor* Johannes haben als Boten ihren Auftrag verfehlt, weil sie das nicht gesehen haben, was sie melden sollten. Der Täufer aber sieht es und ist deshalb ein besonderer Bote. Das sagt Rupert in der für ihn charakteristischen Breite des Ausdrucks, die manchmal den Eindruck von gesprochenem Latein erweckt. Von den drei Wörtern *Quia uidelicet cum* am Anfang unseres Abschnitts sind zwei überflüssig. *Quia* oder *Cum* hätten als einleitende Konjunktion genügt. Das Adverb *uidelicet* ist so kolloquial, wie ein deutsches «also» wirkt. Dann fällt die Verwendung der Pronomina auf (*illi – hic, eo – quo, eundem*), die dem Text einen demonstrativen Charakter verleihen, wie wenn er mit Gesten untermalt würde. Die Didaktik dieser Rede steigert sich im Kernstück zu Rhetorik: Der

---

(1) z.B. wenn er als *rolliger* einen Rotulus durch mehr als 200 Klöster und Domstifte Galliens und Südenglands zu transportieren hatte, um die Kondolenzen für eine verstorbene Tochter Wilhelms des Eroberers zu sammeln, cf. L. DELISLE, *Rouleaux des morts du IX* au XV* siècle*, Paris 1866, Nr. 36, S. 177-279 (a. 1113).

Herr, von dem Johannes der Täufer melden soll, kommt direkt hinter ihm her. Johannes ist von Gott gesandt,

> *ut nasciturum nascendo praeueniret*
> *praedicaturum praedicando praecurreret*
> *baptizaturum baptizando praeiret*
> *moriturum moriendo praecederet*

Das ist ein Lehrbuchstück der Isokolie ([2]), die durch drei Reime in jedem Kolon *(-turum, -ndo, -ret)* unterstrichen ist. Durchgängig ist ein Polyptoton eingebaut, in dem viermal das Partizip Futur (für den Messias: *nasciturum, praedicaturum, baptizaturum, moriturum*) direkt hinter dem Gerundium steht (für Johannes: *nascendo, praedicando, baptizando, moriendo*). Schließlich sagt Rupert in demselben Satz noc in vierfacher Variatio, daß Johannes ein Vor-Läufer ist (*prae*uenire, *prae*currere, *prae*ire, *prae*cedere). Mit einer zu dieser Zeit nur lateinisch zu leistender Intensität hat Rupert die dicht auf dichte Aufeinanderfolge von Bote und Herr sprachlich gestaltet.

Ein Bote, dem sein Herr derart auf den Fersen ist, ist in einer einzigartigen Lage *(singulariter)*. Seine ganze Existenz ist Bote-sein, dem drängenden Herrn *(urgente sermone domini, urgente negotio mittentis)* vorauszulaufen. Am Schluß wird der Täufer unbiblisch-antik gesehen: *nudus et expeditus* „nackt und ohne Gepäck" läuft er seinem Herrn voraus. Die Junktur war dem Mittelalter durch die Ambrosiusvita des Paulinus v. Mailand vertraut (*nudus atque expeditus miles*, c. 38). Dennoch bedeutet die Anwendung auf Johannes den Täufer eine Verfremdung. Da wird mit dem Bild eines nackt rennenden Menschen Römisch-Griechisches in die Welt der Bibel projiziert.

---

(2) Vergleichbare artistische Prosastücke finden sich bei Paulus Albarus v. Córdoba *(Vita B. Eulogii)* und in der hochmittelalterlichen *Vita S. Isidori*, cf. W. B., *Biographie und Epochenstil im lateinischen Mittelalter* t. 2, Stuttgart 1988, S. 217 und t. 4/2, 2001, S. 554.

Am Schluß läßt Rupert das stilistische Niveau wieder sinken: *currere habebat* „er mußte laufen" ist bequemes Kirchenlatein, das freilich längst unauffällig geworden war, ebenso wie die biblische Junktur *ante faciem eius* (für *ante eum*). Hier sucht Rupert den Anklang an die Bibel (cf. *praeibis enim ante faciem domini* Lc 1,76 = Canticum Zachariae) ebenso wie in dem sprachlich rudimentären *factus erat* (cf. *et uerbum caro factum est* Io 1,14) des letzten Satzes.

Walter Berschin
(Heidelberg)

AELREDVS RIEVALLENSIS

De spiritali amicitia

AELREDVS. ... Osculetur me, *ait*, osculo oris sui; *ut iam terrenis affectibus mitigatis, et omnibus quae de mundo sunt cogitationibus desideriisque sopitis, in solius Christi delecter osculo, et quiescam amplexu, exultans et dicens:* Laeua eius sub capite meo, et dextera illius amplexabitur me.

GRATIANVS. *Amicitia haec, ut uideo, non est popularis, nec qualem eam somniare consueuimus. Nescio quid hic Galterus hactenus senserit; ego aliud nihil amicitiam esse credidi, quam inter duos uoluntatum identitatem, ut nihil uelit unus quod alter nolit; sed tanta sit inter utrosque in bonis malisque consensio, ut non spiritus, non census, non honor, nec quidquam quod alterius sit, alteri denegetur, ad fruendum pro uoto et abutendum.*

GALTERVS. *Longe aliud in priori dialogo memini me didicisse, ubi ipsa diffinitio amicitiae posita et exposita, merito ad eius fructum altius inspiciendum me uehementius animauit. De qua sufficienter instructi, certam nobis metam, quatenus debet amicitia progredi, cum diuersorum diuersa sententia sit, petimus praefigi. Sunt namque quidam qui contra fidem, contra honestatem, contra commune bonum uel priuatum, fauendum putant amico. Quidam solam fidem detrahendam iudicant, caetera non cauenda.*

(ed. A. Hoste, 1971: *Corpus Christianorum, Continuatio Mediaeualis* 1, p. 308, l. 199-220)

De spiritali amicitia II, 27-29

AELRED. ..."*Let him kiss me*, [the soul] says, *with the kiss of his mouth*, so that, now that earthly affections have been calmed, and all thoughts and desires which are concerned with the world have been stilled, I may take pleasure in the kiss of Christ alone and may rest in his embrace, rejoicing and saying, *His left hand is under my head, and his right hand shall embrace me.*"

GRATIAN. This friendship, as I see it, is not that of most people, nor the kind of which we are accustomed to dream. I do not know what opinion Walter here has expressed up to now; I believed friendship to be nothing other than an identity of wills between two people, so that one would wish nothing that the other did not wish; on the contrary, that the unanimity between the two of them would be so great when things were good and bad that neither life, wealth, honor, nor anything that belonged to the one would be denied to the other, to enjoy and use as he willed.

WALTER. I remember that I learned something far removed from that in the earlier dialogue, when the definition itself of friendship, set down and expounded, inspired me quite powerfully (and rightly so) to examine more profoundly its fruit. Having been adequately furnished in this regard, we are seeking to establish for ourselves a boundary up to which friendship should extend, since the thinking of different people varies. Indeed, there are some who think that a friend is to be indulged even against faith, honor, and private or public good. Some judge that faith alone should be excluded, but that the rest should not be avoided.

W HEN HANDLING TOMES in the *Corpus Christianorum*, readers can easily be knocked over by the formidable philology enshrined within them. In the case of the passage quoted and translated above, those who consult the first volume devoted to the writings of Aelred of Rievaulx discover that substantially more pages are occupied by the three columns that juxtapose the *De spiritali amicitia* with five abbreviated versions (pp. 351-634) than are covered by the text itself (pp. 279-350). Even within the section where the *De spiritali amicitia* itself is printed, a quick thumbing of the pages confirms that more than a quarter of each one is filled with textual notes and identification of sources.

The information that surrounds the actual words of an author's composition can take on a life of its own as scholars go about the legwork of citing the proper book, chapter, and section of a medieval text by the right volume, page, and line numbers of its modern edition. Sometimes the toils necessary to meeting the rigors of what is now twenty-first-century scholarship — laboring in a vineyard that can involve computer keyboards and screens as much as books — may cause us to lose sight of such medieval realities as manuscripts and (in this case) monks. But that is the worst-case scenario. Used sensitively, all the details function as paving stones that form a path through the vineyard that leads closer to the people in the Middle Ages who inspired, produced, and received the works that attracted us to our various areas of teaching and research.

In this instance, the resources that the Benedictine A. Hoste provided — first and foremost the Latin itself, but also the references that bracket it — can guide us back through time toward the abbot of Rievaulx whose image appears on a plate that is found between the title page and the introduction. A detail from a manuscript folio, this reproduction shows a man labeled *Ailredus monachus*, perched in the concavity of the initial V in the first word of the preface to his *Liber de speculo caritatis*: 'Vere sanctorum uera et discreta humilitas uirtus est; mea autem et mei similium defectus uirtutis.' This cowled figure, staring serenely but intently heavenward, holds a scroll more than a meter long on which no words are visible. It is through the painstaking work of editors that we can make an approach toward those invisible words, the words of the medieval authors.

The passage quoted captures a few of the major qualities that make the Middle Ages compelling to me. One is an engrossment in the age-old paradox of human existence, the fraught relationship between body and spirit, which manifests itself here as a tension between sexuality and spirituality. The quotation from the Song of Songs, so familiar in its own right as well as in Bernard of Clairvaux's exegesis of it, culminates a lengthy explication of the difference between the corporeal kiss and the spiritual kiss, both of which may seem oddly out of place in a treatise concerned about friendships between men (and celibates) – except that the union with Christ that is evoked has been present in the dialogue since the very first line of the first dialogue.

Another characteristically medieval feature of the passage is the complex interaction between an intense orality and an equally intense textuality. Aelred, Gratian, and Walter share a dialogue that purports to be "live." We are encouraged to experience the exchange of words as a drama unfolding before our very eyes and ears. Yet, in this second dialogue Walter reveals in his first utterance that he has been inspired by *reading* the first dialogue, and since that first dialogue purports no less than the second to be happening as we read it, we are left disconcerted by the uncertainty of what has been said and what has been written, to say nothing of the confusion between what has happened and what has been invented or imagined – and even over who actually existed, since *Gratian* may be an invention to embody *gracious* superficiality. And what of Aelred's speech? The whole passage calls for quotation marks, since it is spoken by the writer himself, and yet it contains within it a speech by the soul, which begins in the third-person (*ait*) and ends in the first (*delecter*) and which has boxed inside it verbatim quotations from the Vulgate.

The textuality is bound up (and not just figuratively!) in a third medieval quality, a density of allusion that was enabled by a shared culture of contemplate reading and well-practiced memory. Not a single Cistercian in Aelred's original readership would have failed both to recognize the Song of Songs and to remember what Bernard of Clairvaux had made of it. Whether any of them would have known that the second allusion to the Song is also echoed amusingly near the end of the *Waltharius* is a different matter, one interesting mainly as an additional confirmation of the thoroughness with which this book of the Bible permeated consciousnesses in the Middle Ages.

Like the whole of the *De spiritali amicitia*, these words of Aelred's not only raise timeless questions but even lay out responses which are at once challenging and soothing to readers who are willing and able to reflect upon them. The words provide the only access we can have on this earth to the humanity of an extraordinary human being who died more than eight centuries ago. Such access to the minds and hearts of the past is what texts allow, and for the writings of the Latin Middle Ages the *Corpus Christianorum* is the series of such texts par excellence. May it prosper well beyond when it celebrates its next great birthday, upon becoming a centenarian!

J. M. ZIOLKOWSKI
(Cambridge, MA)

PETRVS BLESENSIS

Dialogus inter regem Henricum et abbatem Boneuallis

- Filios enutrivi et exaltavi, ipsi autem spreverunt me, amici mei et proximi mei adversum me steterunt, quosque domesticos ac familiares habueram crudeles inimicos et impios proditores inveni. Veruntamen deus ultionum dominus, deus ultionem michi faciat de inimicis meis eosque qui confusionem meam desiderant destruat et confundat; posuerunt michi mala pro bonis et odium pro dilectione mea: constituat super eos dominus angelum percussorem et diabolus stet a dextris eorum, cum iudicantur exeant condempnati, dies eorum fiant pauci filiique eorum orphani et uxores eorum vidue, fiant nati eorum in interitum! [...]*

- Quid est hoc, prudentissime princeps, que est hec tue mentis turbatio, ut creature dei maledicas et maxime homini qui est dei forma et imago Altissimi? [...] *Si vis, o rex, esse imitator David, profitearis et dicas quia* misit istos dominus ad maledicendum michi.

- Si isti missi sunt ad malefaciendum michi, quare non sum ego missus ad malefaciendum vel maledicendum malefactoribus meis? Si non possum eis malefacere quantum volo, maledicam tamen quantum potero, nam maledictio ipsa quodammodo species ultionis michi est et grata consolatio in adversis. [...] *Quicquid in evangelica vel alia scriptura invenias, illud in corde meo invenire non possum, ut persecutori meo benefaciam aut diligam inimicum: hoc vite perfectioris est. Video quod agnus in agnum, columba in columbam quandoque irascitur et percutiendo ille cornibus, illa pennis, suam sicut possunt iracundiam profitentur: michi autem non licebit irasci, cum iracundia sit quedam virtus anime et potentia naturalis? Non videtur illicitum quod michi est a natura permissum: natura sum filius ire, quomodo igitur non irascar? Deus ipse irascitur ...*

(ed. R.B.C. Huygens, 2000: *Corpus Christianorum, Continuatio Mediaeualis* 171, p. 387-390, l. 1-11, 21-43, 88-97)

— (*Le roi*) J'ai élevé des fils, je les ai exaltés, et eux m'ont méprisé, mes amis et mes proches se sont opposés à moi, tous ceux que je tenais pour mes familiers et mes serviteurs, je les ai trouvés des ennemis cruels et des traîtres impies. Cependant que le Seigneur dieu des vengeances, que Dieu tire vengeance pour moi de mes ennemis et qu'il détruise et confonde ceux qui désirent que je sois confondu ! Ils m'ont rendu le mal pour le bien, et la haine pour l'affection que j'avais pour eux : que le Seigneur place au-dessus d'eux un ange pour les frapper et que le diable se tienne à leur droite, qu'au Jugement ils en sortent condamnés, que leurs jours soient courts, leurs fils orphelins et leurs épouses veuves, que leurs enfants soient à la mort [...]

— (*L'abbé*) Qu'est-ce donc, prince très avisé, quel est à présent le trouble de ton esprit, pour que tu maudisses une créature de Dieu, surtout un homme, qui est forme de Dieu et image du Très-Haut ? [...] Si tu veux, o roi, imiter David, proclame et dis comme lui que "c'est le Seigneur qui a envoyé ces méchants pour me maudire".

— (*Le roi*) Si ceux-là sont envoyés pour me faire du mal, pourquoi ne suis-je pas envoyé, moi, pour faire du mal à ceux qui m'en font et pour les maudire ? Si je ne peux pas leur faire du mal autant que je voudrais, au moins que je les maudisse autant que je pourrai, car cette malédiction me tient lieu en quelque sorte de vengeance et m'est une consolation appréciable dans mes malheurs. [...] Tu peux bien trouver ce que tu veux dans l'Évangile ou ailleurs, je ne peux pas trouver dans mon cœur la force de faire du bien à qui me persécute ou d'aimer qui me hait : cela, c'est le propre d'une vie plus proche de la perfection que la mienne. Je vois bien qu'il arrive à l'agneau de s'emporter contre l'agneau, et à la colombe contre la colombe, et en frappant l'un avec ses cornes, l'autre avec ses ailes, de proclamer leur colère comme ils le peuvent ; et à moi, il ne sera pas permis de me fâcher, alors que la

colère est une propriété vertueuse de l'âme, une puissance naturelle? Je n'arrive pas à sentir comme interdit ce qui m'est permis
par la nature : par nature je suis "fils de colère", donc comment ne
pas me mettre en colère? Dieu lui-même se met en colère [...]

L E *DIALOGUS* DE PIERRE DE BLOIS me semble de ces textes qui
posent un rapport spécialement vivant entre l'histoire et la littérature. Il s'agit d'une situation historique et de personnages
connus, de sentiments d'exaspération et de désespoir qui ne font aucun doute. Pourtant il est bien évident que ce ne sont pas les mots
exacts des deux interlocuteurs, en particulier du roi Henri II Plantage-
nêt, qui sont ici reportés. On ne sait si l'œuvre, écrite en 1188, en
pleine débâcle pour le souverain anglais pris entre la révolte de ses fils
et l'avancée de Philippe Auguste, a été demandée à Pierre de Blois par
le roi, dont il était secrétaire, ou par l'abbé, ou s'il l'a rédigée de lui-
même, mais la possibilité d'une entrevue de ce genre est tout-à-fait
vraisemblable. Qu'il y ait assisté ou non, reportant le dialogue entre le
souverain aux abois et l'abbé de Bonneval, qui cherche à l'apaiser,
Pierre de Blois fait œuvre littéraire. Et pourtant, ce dialogue est d'une
vraisemblance interne profonde, et il est probable que si le roi l'a lu,
dans les quelques mois qui précèdent sa mort (6 juillet 1189), il pouvait s'y reconnaître. Et l'on y voit aussi le travail long et ingrat des
ecclésiastiques cherchant inlassableent à proposer des paroles d'apaise-
ment, à retisser le fil social qui est alors un fil religieux, à contrôler la
violence native et hautement revendiquée des grands personnages em-
pêtrés dans les conflits politiques. Sont en jeu la légitimité de la
vengeance, la défense des droits royaux et de sa dignité, face à un idéal
de maîtrise de soi fondé sur le retour sur soi-même et le pardon.
    Les deux voix du roi et de l'abbé sont très différentes. Cependant
l'Écriture sainte nourrit les arguments de l'abbé, mais également, à
côté d'appels à la loi de nature, ceux du roi : simplement il ne choisit

pas les mêmes passages et ne réagit pas de la même façon. La Bible, inépuisable réservoir de modèles et de contre-modèles, est leur commune référence. David, en fuite à cause de la révolte de son fils Absalon, est inévitablement l'un des premiers exemples que l'abbé montre au roi, sans vraiment le convaincre, la douceur évangélique étant d'abord sans effet sur cet homme d'action, emporté et sûr de son droit, et prêt à défendre sa colère comme naturelle et légitime. Pourtant, plus loin, le roi petit à petit, aiguillé par l'abbé vers ses propres manquements, parlera moins de ses griefs.

Plus concrètement que bien des documents, la forme littéraire met en valeur la façon dont les clercs se voient, comprennent leur propre rôle, comprennent avec une certaine empathie et traduisent les réactions des grands seigneurs, pris dans un système social de prestige et de violence auquel eux-mêmes pensent échapper en contrôlant leurs passions et en mettant leur but au-delà du monde.

Pascale BOURGAIN
(Paris)

Amarae fuerant et Heliae, cum persecutionem Hiezabelis
per deserta fugiens, uimque patiens clamaret: Sufficit mi-
hi, Domine, tolle, quaeso, animam meam; neque enim
melior sum quam patres mei.

Ambrosius Autpertus, *Homelia de Transfiguratione Domini*, 12, l. 75
(Corpus Christianorum, Continuatio Mediaeualis 27B)

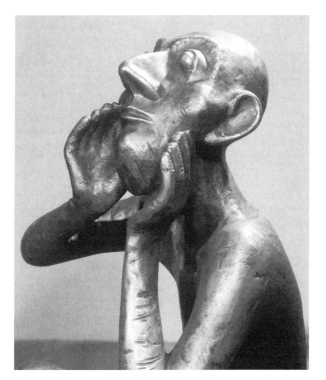

Elia   Toni Zenz

IACOBVS DE VITRIACO

Epistolae

Sarraceni (…) adventum peregrinorum valde metuunt, nos vero cum desiderio et exultatione expectamus auxilium de sancto et fidelium peregrinorum adventum oportunum ad succursum terre sancte, ut hereditas domini ab impiis liberetur et in partibus Orientalibus ecclesia dei reparetur et Sarraceni, qui adhuc timore aliorum detinentur, ad dominum secure convertantur et Christiani nostri, qui in partibus Orientis sub paganorum dominio comprimuntur, liberentur. Credo autem, sicut multorum relatione didici, quod fere tot sunt Christiani inter Sarracenos quot sunt Sarraceni, qui cotidie cum lacrimis dei ⟨ex⟩pectant auxilium et peregrinorum succursum. Ego vero terram promissionis, terram desiderabilem et sanctam, nondum intravi, licet civitas Acras non distet a loco habitationis Iesu Christi, ubi ipse conceptus et nutritus fuit et angelus Gabriel Virgini gaudium singulare adnunciavit, scilicet a Nazareth, nisi per octo miliaria, et a monte Carmeli, ubi Elyas propheta vitam duxit heremiticam, nisi per tria miliaria, quem respicio cum suspiriis quociens fenestram domus mee aperio.

Propter metum Sarracenorum nondum loca sancta visitavi, sed quasi habens aquam ad mentum nondum bibi, sed divinum expecto subsidium, quod mittet nobis in tempore oportuno.

(ed. R.B.C. Huygens, 2000: *Corpus Christianorum, Continuatio Mediaeualis* 171, p. 569-570, l. 263-286)

Epistola II

Or les Sarrasins redoutent beaucoup l'arrivée des pèlerins. Quant à nous, en revanche, nous attendons avec impatience et joie du secours du lieu saint et l'arrivée opportune de fidèles pèlerins au secours de la Terre sainte, de sorte que l'héritage du Seigneur soit libéré des impies, que l'Église de Dieu soit restaurée en Orient, et que les Sarrasins retenus jusqu'alors par la peur des autres, se convertissent en sécurité au Seigneur, et que nos chrétiens, opprimés sous la domination des païens dans les pays d'Orient, soient enfin libérés. Je crois cependant, comme je l'ai appris de la bouche de beaucoup, qu'il y a presque autant de chrétiens parmi les Sarrasins, que de Sarrasins, attendant chaque jour avec des larmes l'aide de Dieu et le secours des croisés. En ce qui me concerne à dire vrai, je n'ai pas encore foulé la terre de la promesse, la terre désirable et sainte; pourtant, la ville d'Acre n'est pas à plus de huit milles du lieu où a demeuré Jésus-Christ, où il a été conçu et élevé, où l'ange Gabriel a annoncé la joyeuse et singulière nouvelle à la Vierge, c'est-à-dire de Nazareth; Acre, de même, n'est pas à plus de trois milles du mont Carmel, où le prophète Élie a vécu en ermite : ce mont que je regarde avec des soupirs chaque fois que j'ouvre la fenêtre de ma maison.

Par crainte des Sarrasins je n'ai pas encore visité les lieux saints : en quelque sorte, je me trouvais dans la situation d'un homme qui n'a pas encore bu, alors qu'il a de l'eau jusqu'au menton, mais j'attends le secours de Dieu, qu'il nous enverra en temps opportun.

(trad. G. Duchet-Suchaux, *Jacques de Vitry, Lettres de la Cinquième Croisade* [Sous la règle de saint Augustin, 5], Turnhout, Brepols, 1998, p. 57-59)

POURQUOI JACQUES DE VITRY M'EST-IL SI CHER et pourquoi avoir choisi ce morceau-ci? La réponse n'est pas celle que l'on pourrait attendre: pour des raisons philologiques, car la lettre n'en présente pas. Il y a, dans ce choix, un peu de nostalgie, la collection de ses lettres a fourni la matière de ma thèse (en décembre 1960) et me servait d'introduction dans un monde qui ne devait cesser de me fasciner, celui des Croisades (ou plutôt: de la géographie historique des États des Croisés), et dans celui du Moyen Orient actuel, en particulier Israël, la Syrie et la Turquie. L'auteur lui-même m'est devenu sympathique: il est pieux, un peu naïf aussi. Venant de chez les religieuses flamandes, le voici transplanté dans cette ville de Saint-Jean-d'Acre, capitale de fait de ce qui restait du royaume de Jérusalem et un véritable gouffre de vices les plus variés. Cette situation apparemment inattendue met à rude épreuve ses convictions et, surtout, ses illusions; en outre, la plus grande partie de ce qui, pour lui, aurait dû être la terre sainte, y compris les villes de Jérusalem et de Bethléem, lui était inaccessible, et même dans son propre diocèse il ne pouvait guère se déplacer sans escorte armée. Les lignes que j'ai choisies proviennent d'une lettre (n° 2), écrite entre novembre 1216 et février 1217, adressée à des amis parisiens et à l'abbesse Lutgarde et au couvent d'Aywières. Tout son désenchantement y perce et nous montre le côté humain d'« une source », un important écrivain, destiné à mourir, une bonne vingtaine d'années plus tard, comme cardinal-évêque de Tusculum/Frascati.

R.B.C. HUYGENS
(Leiden)

SALIMBENE DE ADAM
Cronica

De montibus qui corruerunt in terra comitis Sabaudie et VII parochias cooperuerunt et IIII milia hominum occiderunt, anno Domini MCCXLVIII.

Item in predicto millesimo in valle Morienne, que est a Sagusia Lombardie usque Lugdunum, inter Gracinopolim civitatem et Cambariacum castrum, prope Cambariacum, ad unam leucham est planicies quedam, que proprie appellatur vallis Sabaudie; super quam mons altissimus eminebat, qui de nocte cadens replevit totam vallem illam. Et durat ruina in longitudine per unam leucam et in latitudine per unam et dimidiam. Et erant ibi VII parochie, que omnes cooperte sunt. Et mortui sunt ibi IIII milia hominum. Tunc impletum est quod dicitur in Iob XIIII: Mons cadens defluit, et saxum transfertur de loco suo. Lapides excavant aque, et aluvione paulatim terra consumitur. Et homines ergo similiter perdes. *Et iterum:* Multiplicat gentes et perdit eas et subversas in integrum restituit. *Et iterum Iob IX:* Qui transtulit montes, et nescierunt hi quos subvertit in furore suo. *Eo anno quo hec facta sunt, habitabam in conventu Ianuensi, ubi huiusmodi rumores audivi, et sequenti anno per contratam illam transivi, scilicet per Gracinopolim, et certius intellexi. Et processu temporis, post multos annos, cum habitarem in conventu Ravenne, interrogavi fratrem Guillielmum, ministrum Burgundie, qui transibat per Ravennam et ibat ad quoddam generale capitulum, de casu montis istius, et sicut habui ab ore suo, sic fideliter et veraciter scripsi.*

(ed. G. Scalia, 1998: *Corpus Christianorum, Continuatio Mediaevalis* 125, p. 487, l. 27 - p. 488, l. 15)

Les montagnes qui s'écroulèrent dans la terre du comte de Savoie et recouvrirent sept paroisses et tuèrent quatre mille hommes, l'an du Seigneur 1248.

Item, l'année déjà citée [1248], dans la vallée de la Maurienne, qui va de Suse en Lombardie jusqu'à Lyon, entre la ville de Grenoble et la cité de Chambéry, à une lieue de Chambéry, se trouve une plaine qui est appelée exactement vallée de Savoie ; elle est dominée par une montagne très élevée qui, tombant une nuit, remplit toute cette vallée. L'éboulement s'étend sur une lieue de long et une lieue et demi de large. Il y avait là sept paroisses qui furent toutes recouvertes. Y sont morts quatre mille hommes. Ainsi s'accomplit ce qui est dit dans Job 14 (18-19) : « Une montagne finit par s'écrouler, un rocher par changer de place, l'eau par user les pierres, l'averse par emporter les terres. Ainsi donc tu anéantis de façon semblable les hommes. » Et de nouveau (Job 12, 23) : « Il élève une nation, puis la ruine ; il fait s'étendre un peuple, puis le supprime. » Et encore, Job 9 (51) : « Il déplace les montagnes à leur insu et les renverse dans sa colère. » L'année où ces choses se sont passées, j'habitais dans le couvent de Gênes où j'entendis des rumeurs de ce genre. L'année suivante je passais par cette contrée, c'est-à-dire par Grenoble, et je me fis de l'événement une idée plus claire. Le temps passant, de nombreuses années plus tard alors que j'habitais dans le couvent de Ravenne, j'interrogeai le frère Guillaume, ministre de Bourgogne, qui passait par Ravenne et se rendait à un chapitre général, sur la chute de cette montagne ; et c'est exactement ce que j'ai recueilli de sa bouche que j'ai écrit fidèlement et en toute vérité.

A LA FIN DE L'ANNÉE 1248, dans le massif alpin de la Chartreuse, près de Chambéry, le mont Granier s'effondre. Ce gigantesque éboulement fait au moins un millier de victimes. L'événement a un retentissement considérable et immédiat en Occident. Parmi ses chroniqueurs on compte Étienne de Bourbon, Matthieu Paris, Martin le Polonais et Géraud de Frachet. Le franciscain Salimbene de Adam (1221-v. 1288) relate aussi scrupuleusement les faits dans sa *Chronique*. Si Salimbene rédige sa chronique vers les années 1282-1288, ses sources sont proches de l'événement : la nouvelle lui est parvenue sous forme de rumeurs ; il les vérifie lors d'un passage à Grenoble. Plus tard, il interroge un frère qui lui semble être un témoin digne de foi.

Ce qui frappe dans cette courte description de la chute du mont Granier, c'est la finesse des propos de Salimbene et la densité des informations qu'il fournit. Les indications géographiques quant au lieu du drame sont détaillées, et exactes. Son moment (la nuit) est fourni. La description des dégâts et de leur étendue est précise. Les récents travaux des géologues en montrent la justesse : la surface recouverte par les éboulis (20 km^2) est précisément celle donnée par le franciscain. Sept paroisses furent détruites, dit Salimbene. Ce qui n'est pas faux : cinq le furent totalement et deux presque entièrement. Certes les pertes humaines sont, à l'aune des recherches historiques récentes, surévaluées. Mais il s'agit là aussi (et sans doute d'abord) d'un chiffre symbolique qui tend à rendre compte (et Matthieu Paris qui, lui, se réjouit du nombre de morts savoyards, va jusqu'à parler de dix mille victimes).

Quant aux causes « surnaturelles » de l'effondrement, Fra Salimbene évoque l'inéluctable accomplissement des desseins divins, recourant − comme à son habitude − à l'Écriture sainte. Son passé joachimite l'explique sans doute : au besoin de se confronter à la Bible se lie le goût du symbolisme prophétique appliqué aux textes divins. Salimbene s'écarte dans ses explications des autres chroniqueurs. Pour Matthieu Paris, la faute en revenait aux Savoyards, accusés d'être usuriers, simoniaques et brigands. En fait Matthieu exprimait sa hargne contre le turbulent entourage savoyard de la reine d'Angleterre, Éléonor de Provence. Pour le dominicain et inquisiteur Étienne de Bourbon, la faute en revenait à un conseiller du comte de Savoie, qui s'était approprié par des intrigues politiques un riche prieuré situé sous le Granier. La montagne s'était effondrée alors que le conseiller en prenait possession. Si Fra Salimbene fait référence à la ruine d'un peuple, à travers Job 12, 23, il ne semble animé d'aucune animosité particulière contre le comte de Savoie, pourtant favorable à l'empereur Frédéric II, ce « maudit schismatique », pour reprendre ses propres termes. À la différence d'un Matthieu Paris qui voyait la cause immédiate de l'effondrement du Granier dans un tremblement de terre, Salimbene ne dit mot d'une éventuelle cause « naturelle » de la catastrophe. Ou il fait involontairement. N'explique-t-il pas en effet à travers Job 14, 18-19 la chute de la montagne par l'action de l'eau, qui l'avait érodée? Or le pied du mont Granier est formé de marnes argileuses qui, gorgées d'eau ont pu se déplacer et provoquer le drame (une autre hypothèse privilégie l'effondrement de la falaise en premier lieu).

Jacques Berlioz
(Lyon)

HVIC OPVSCVLO CAPITA CONTRIBVERVNT

J. Berlioz, Directeur de recherche, CNRS, Lyon (France).

W. Berschin, Seminar für Lateinische Philologie des Mittelalters und der Neuzeit, Ruprecht-Karls-Universität Heidelberg (Deutschland).

P. Bourgain, École Nationale des Chartes, Paris (France).

Fr. Bovon, Frothingham Professor of the History of Religion, Harvard Divinity School, Cambridge, MA (U.S.A.).

B. Daley, Catherine F. Huisking Professor of Theology, University of Notre Dame, Notre Dame, IN (U.S.A.).

B. Dehandschutter, Professor of Early Church History, Faculty of Theology, Katholieke Universiteit Leuven (Belgium).

F. Dolbeau, École Pratique des Hautes Études, Section des Scienses historiques et philologiques Paris (France).

W. Geerlings, Professor fur Alte Kirchengeschichte, Patrologie und Christliche Archäologie, Katholisch-Theologische Fakultät, Ruhr-Universität Bochum (Deutschland).

P. Geoltrain, École Pratique des Hautes Études, Section des Sciences religieuses, Paris (France).
M. Herren, Atkinson College, York University, North York, Ont. (Canada).

R.B.C. Huygens, Universiteit Leiden (The Netherlands).

É. A. Jeauneau, Pontifical Institute of Medieval Studies, Toronto (Canada).

J. Lemarié, Chartres (France).

Chr. Markschies, Arbeitsstelle „Griechische Christliche Schriftsteller", Berlin-Brandenburgische Akademie der Wissenschaften, Lehrstuhl für Historische Theologie Ruprecht-Karls-Universität Heidelberg (Deutschland).

J. A. McGuckin, Professor of Early Church History, Union Theological Seminary, New York, NY (U.S.A.).

J. van Oort, Professor of Christianity and Gnosis, Katholieke Universiteit Nijmegen and Senior Lecturer in Early Church History, University of Utrecht (The Netherlands).

B. de Vregille s.j., Institut des Sources chrétiennes, Lyon (France).

M. Zelzer, Österreichische Akademie der Wissenschaften, Vienna (Österreich).

J. M. Ziolkowski, Professor of Medieval Latin and Comparative Literature, Department of Comparative Literature, Harvard University, Cambridge, MA (U.S.A.).

—

TONI ZENZ wurde 1915 in Köln geboren und wuchs mit dem romanischen Erbe seiner Heimat auf, bevor Ernst Barlach († 1938) und Käthe Kollwitz († 1945) die Entwicklung seiner Kunst bestimmten. Die Kirchenräume seiner Heimat, ihre Skulpturen, beeinflussten wohl in prägender Weise seine Erfahrung des mittelalterlichen "ordo", des ausgewogenen Maßes, wie auch sein Gefühl für die Grenze des Aussagbaren: Seine für den Bronzeguss modellierten Plastiken sind in der Form auf ein Mindestmaß reduziert. "Die Stille ist fast mit den Händen greifbar." Der Künstler verschweigt es nicht: Der sich selbst offenbarende Gott des Alten und Neuen Testamentes ist ihm die Orientierung für den Menschen. (Frei nach: *Und wenn ich falle... Begegnung mit Werken des Bildhauers Toni Zenz,* herausgegeben von F. Hemmes, Einführung von F. Hofmann, Texte und Textauswahl von Th. Hemmes, Freiburg-Basel-Wien, 1986, S. 5-6).

© Fotos Marc Roseeuw (Roeselare, Belgien)
Auswahl und Begleittexte von A. Davids (Nijmegen, Nederland)

onomastica

The *Onomastica* have been drawn up by R. Demeulenaere, L. Jocqué, R. Vander Plaetse and C. Vande Veire, with the assistance of J. Noret for the Greek writers. In general, the author names and titles as given in the different *Claves* have been used. The following abbreviations are used:

CANT   M. GEERARD, *Clauis Apocryphorum Noui Testamenti* (Turnhout, 1998).
CCCM   *Corpus Christianorum, Continuatio Mediaeualis* (Turnhout, 1966-).
CCSA   *Corpus Christianorum, Series Apocryphorum* (Turnhout, 1983-).
CCSG   *Corpus Christianorum, Series Graeca* (Turnhout, 1977-).
CCSL   *Corpus Christianorum, Series Latina* (Turnhout, 1953-).
CPL   E. DEKKERS, *Clavis Patrum Latinorum,* third edn (Turnhout, 1995).
CPG   M. GEERARD, *Clavis Patrum Graecorum,* 5 vols (Turnhout, 1974-1987);
        J. Noret & M. Geerard, *Supplementum* (Turnhout, 1998).

SCRIPTORES LATINI

Accessus ad auctorem Bedam (CCSL 123C)
Adalboldus Traiectensis
  « *Mittelalterliche Kommentare zum O qui perpetua* » (CCCM 171)
Adelmannus Leodiensis
  « *Lettre à Bérenger de Tours* » (CCCM 171)
  « *Lettre à Hermann II de Cologne* » (CCCM 171)
Ademarus Cabannensis
  Chronicon (CCCM 129)
Adomnanus abbas Hiensis
  De locis sanctis (CCSL 175) (CPL 2332)
Adso Deruensis
  De ortu et tempore antichristi (CCCM 45)
  Opera hagiographica (CCCM 198)
Aelredus Rieuallensis
  Abbreuiationes de spiritali amicitia (CCCM 1)
  Compendium Speculi caritatis (CCCM 1)
  De Iesu puero duodenni (CCCM 1)
  De institutione inclusarum (CCCM 1)
  De speculo caritatis (CCCM 1)
  De spiritali amicitia (CCCM 1)
  Dialogus de anima (CCCM 1)
  Oratio pastoralis (CCCM 1)
  Sermo de dilectione Dei (CCCM 1)
  Sermones (CCCM 2A-B)
Aenigmata Laureshamensia (CCSL 133) (CPL 1561a)
Agobardus Lugdunensis
  Opera omnia (CCCM 52)
Aldhelmus episcopus Scireburnensis
  Aenigmata (CCSL 133) (CPL 1335°)
  De laudibus uirginitatis (CCSL 124A) (CPL 1332)
Ambrosius Autpertus
  Expositionis in Apocalypsin libri X (CCCM 27-27A)
  Homilia de transfiguratione Domini (CCCM 27B)
  Libellus de conflictu uitiorum atque uirtutum (CCCM 27B)
  Oratio contra septem uitia (CCCM 27B)
  Sermo de adsumptione sanctae Mariae (CCCM 27B)
  Sermo de cupiditate (CCCM 27B)
  Sermo in purificatione sanctae Mariae (CCCM 27B)
  Vita sanctorum patrum Paldonis, Tatonis et Tasonis (CCCM 27B)
Ambrosius episcopus Mediolanensis
  De officiis ministrorum (CCSL 15) (CPL 144)

Ascelinus Carnotensis

    « Les lettres de Bérenger de Tours et d'Ascelin de Chartres » (CCCM 171)

Asterius episcopus Ansedunensis

    Liber seu epistula ad Renatum monachum de fugiendo monialium colloquio et uisitatione (CCSL 85) (CPL 642a)

Augustinus episcopus Hipponensis

    Ad Orosium contra Priscillianistas et Origenistas (CCSL 49) (CPL 327)

    Breuiculus Collationis cum Donatistas (CCSL 149A) (CPL 337)

    Confessiones (CCSL 27) (CPL 251)

    Contra Academicos (CCSL 29) (CPL 253)

    Contra aduersarium Legis et Prophetarum (CCSL 49) (CPL 326)

    De beata uita (CCSL 29) (CPL 254)

    De catechizandis rudibus (CCSL 46) (CPL 297)

    De Ciuitate Dei (CCSL 47-48) (CPL 313)

    De diuersis quaestionibus ad Simplicianum (CCSL 44) (CPL 290)

    De diuersis quaestionibus LXXXIII (CCSL 44A) (CPL 289)

    De doctrina christiana (CCSL 32) (CPL 263)

    De fide rerum inuisibilium (CCSL 46) (CPL 292)

    De haeresibus (CCSL 46) (CPL 314)

    De libero arbitrio (CCSL 29) (CPL 260)

    De magistro (CCSL 29) (CPL 259)

    De octo quaestionibus ex ueteri Testamento (CCSL 33) (CPL 277)

    De ordine (CCSL 29) (CPL 255)

    De sermone Domini in monte l. II (CCSL 35) (CPL 274)

    De Trinitate (CCSL 50-50A) (CPL 329)

    De uera religione (CCSL 32) (CPL 264)

    De VIII Dulcitii quaestionibus (CCSL 44A) (CPL 291)

    Enarrationes in psalmos (CCSL 38-39-40) (CPL 283)

    Enchiridion ad Laurentium, seu de fide et spe et caritate (CCSL 46) (CPL 295)

    Epistula 37 (CCSL 37) (CPL 262 n. 37)

    Epistulae 128-129 (CCSL 149A) (CPL 262, n. 128-129)

    Epistula 171A (CCSL 92) (CPL 262, n. 171A)

    Epistula 174 (CCSL 50) (CPL 262, n. 174)

    Epistula 219, Epistula de Leporio (CCSL 64) (CPL 262, n. 219)

    Epistulae, 221 (CCSL 46, 60) (CPL 262, n. 221)

    Epistulae, 222 (CCSL 46) (CPL 262, n. 222)

    Epistulae, 223 (CCSL 46, 60) (CPL 262, n. 223)

    Epistulae, 224 (CCSL 46) (CPL 262, n. 224)

    Locutionum in Heptateuchum libri VII (CCSL 33) (CPL 269)

    Quaestiones Euangeliorum (CCSL 44B) (CPL 275)

    Quaestiones XVII in Matthaeum (CCSL 44B) (CPL 276)

    Quaestionum in Heptateuchum libri VII (CCSL 33) (CPL 270)

    Retractationes (CCSL 57) (CPL 250)

    Sermo de disciplina christiana (CCSL 46) (CPL 310)

    Sermo de symbolo ad catechumenos (CCSL 46) (CPL 309)

Bernardus Grandimontensis
> *Epistola* (CCCM 8)

Bernoldus Constantiensis
> *De Beringerii haeresiarchae damnatione multiplici* (CCCM 171)

Boethius
> *De institutione arithmetica* (CCSL 94A) (CPL 879)
> *Philosophiae consolatio* (CCSL 94) (CPL 878)

Bonifatius episcopus Moguntinus
> *Aenigmata* (CCSL 133) (CPL 1564a)
> *Ars grammatica* (CCSL 133B) (CPL 1564b)
> *Ars metrica* (CCSL 133B) (CPL 1564c)

Bouo Corbeiensis
> « *Mittelalterliche Kommentare zum O qui perpetua* » (CCCM 171)

Breuiarium Hipponense (CCSL 149) (CPL 1764)

Breuiarius de Hierosolyma (CCSL 175) (CPL 2327)

Brunehildis regina, uide Childebertus II rex

Burchardus abbas Belleuallis
> *Apologia de barbis* (CCCM 62)

Caesarius episcopus Arelatensis
> *Sermones* (CCSL 103-104) (CPL 1008)

Caesarius episcopus Arelatensis (dub.)
> *Sermo in dedicatione ecclesiae* (CCSL 101B) (CPL 1017a)

Caesarius Heisterbacensis
> « *Commentaire sur la séquence Aue, praeclara maris stella* » (CCCM 171)

Canones paenitentiales B. Hieronymi (CCSL 156A) (CPL 1894)

Carmen Campidoctoris (CCCM 71)

Cassiodorus
> *De anima (= Variarum l. XIII)* (CCSL 96) (CPL 897)
> *Expositio psalmorum* (CCSL 97-98) (CPL 900)
> *Variarum l. XII* (CCSL 96) (CPL 896)

Catalogus prouinciarum Italiae (CCSL 175) (CPL 2340a)

Childebertus II rex et Brunehildis regina
> *Epistulae* (CCSL 117) (CPL 1057)

Christanus Campililiensis
> *Opera poetica* (CCCM 19A-B)

Chrodebertus episcopus Turonensis
> *Epistula ad Boham abbatissam* (CCSL 117) (CPL 1307)

Chromatius episcopus Aquileiensis
> *Fragmenta* (CCSL 9) (CPL 218a)
> *Sermo de octo beatitudinibus* (CCSL 9) (CPL 217)
> *Sermones XLIII* (CCSL 9A + Suppl.) (CPL 217)
> *Tractatus LXI in euangelium Matthaei* (CCSL 9-9A + Suppl.) (CPL 218)

Chromatius episcopus Aquileiensis (dub.)
> *Praefatio orationis dominicae ad catechumenos* (CCSL 9) (CPL 219)

Chronica Aldefonsi imperatoris (CCCM 71)

Chronica Hispana (CCCM 71-71A; 73)

Chronica Latina Regum Castellae (CCCM 73)

Chronica Naierensis (CCCM 71A)

Cimiteria totius Romanae Vrbis (CCSL 175) (CPL 2335)

Claudius Marius Victorius

    Alethia (CCSL 128) (CPL 1455)

Codex Canonum Ecclesiae Africanae (CCSL 149) (CPL 1765)

Collectio Andegauensis (CCSL 148) (CPL 1778)

Collectio Arelatensis (CCSL 148) (CPL 1777)

Collectio canonum in V libris (CCCM 6)

Commentarius in epistolas catholicas (CCSL 108B) (CPL 1123a)

Commentarius in Iohannem (CCSL 108C) (CPL 1121d)

Commentarius in Lucam (CCSL 108C) (CPL 1121c)

Commentaria in Ruth (CCCM 81)

Commodianus

    Carmen de duobus populis (seu Carmen apologeticum) (CCSL 128) (CPL 1471)

    Instructiones (CCSL 128) (CPL 1470)

Concilia aeui Merouingici ab a. 511 ad a. 695 (CCSL 148A) (CPL 1785)

Concilium Agathense a. 506 (CCSL 148) (CPL 1784)

Concilium Andegauense a. 453 (CCSL 148) (CPL 1780)

Concilium Arausicanum a. 441 (CCSL 148) (CPL 1779b)

Concilium Arelatense a. 314 (CCSL 148) (CPL 1176a)

Concilium Arelatense a. 455 (?) (CCSL 148) (CPL 1777a)

Concilium Carthaginense a. 345-348 (CCSL 149) (CPL 1765a)

Concilium Carthaginense a. 390 (CCSL 149) (CPL 1765c)

Concilium Carthaginense a. 418 (CCSL 149) (CPL 1765f)

Concilium Carthaginense a. 424-425 (CCSL 149) (CPL 1765g)

Concilium Carthaginense a. 525 (CCSL 149) (CPL 1767)

Concilium Carthaginense a. 536 (CCSL 149) (CPL 1767a)

Concilium Coloniae Agrippinae habitum a. 346 (CCSL 148) (CPL 1786)

Concilium Hipponense a. 393 (CCSL 149) (CPL 1765d)

Concilium Hipponense a. 427 (aliter: Carthaginense a. 421) (CCSL 149) (CPL 1766)

Concilium Nemausense a. 394 (CCSL 148) (CPL 1779)

Concilium Parisiense a. 360/361 (CCSL 148) (CPL 1776b)

Concilium Regense a. 439 (CCSL 148) (CPL 1779a)

Concilium Taurinense a. 398 (CCSL 148) (CPL 1773)

Concilium Thelense (CCSL 149) (CPL 1765e)

Concilium Turonense a. 453 (CCSL 148) (CPL 1781)

Concilium Turonense a. 461 (CCSL 148) (CPL 1782)

Concilium Valentinum a. 374 (CCSL 148) (CPL 1776c)

Concilium Vasense a. 442 (CCSL 148) (CPL 1779c)

Concilium Veneticum inter a. 461 et 491 (CCSL 148) (CPL 1783)

Conradus Eberbacensis

    Exordium Magnum Cisterciense (CCCM 138)

Constitutiones canonicorum regularium ordinis Arroasiensis (CCCM 20)
Consuetudines canonicorum regularium Springiersbacenses-Rodenses (CCCM 48)
Cyprianus episcopus Carthaginensis
  Ad Demetrianum (CCSL 3A) (CPL 46)
  Ad Donatum (CCSL 3A) (CPL 38)
  Ad Fortunatum (CCSL 3) (CPL 45)
  Ad Quirinum (CCSL 3) (CPL 39)
  De bono patientiae (CCSL 3A) (CPL 48)
  De catholicae ecclesiae unitate (CCSL 3) (CPL 41)
  De dominica oratione (CCSL 3A) (CPL 43)
  De lapsis (CCSL 3) (CPL 42)
  De mortalitate (CCSL 3A) (CPL 44)
  De opere et eleemosynis (CCSL 3A) (CPL 47)
  De zelo et liuore (CCSL 3A) (CPL 49)
  Epistula ad Siluanum et Donatianum (CCSL 3C) (CPL 51)
  Epistulae (CCSL 3B-3C) (CPL 50)
Cyrillus Alexandrinus
  Epistula Cyrilli (CCSL 149) (CPL 2304°)
De altercatione Ecclesiae et Synagogae (CCSL 69A) (CPL 577)
De dubiis nominibus (CCSL 133A) (CPL 1560)
De locis sanctis martyrum quae sunt foris ciuitatis Romae (CCSL 175) (CPL 2339)
De nominibus locorum uel cursu ribulorum (CCSL 175) (CPL 2346)
De terminatione prouinciarum Italiae (CCSL 175) (CPL 2340)
De urbibus Gallicis (CCSL 175) (CPL 2343)
Defensor monachus Locogiacensis
  Scintillarum liber (CCSL 117) (CPL 1302)
Desiderius Cadurcensis episcopus
  Epistulae (CCSL 117) (CPL 1303)
Desiderius Cadurcensis episcopus (app.)
  Vita S. Desiderii (CCSL 117) (CPL 1304)
Dies dominica, I-III (CCSL 108B) (CPL 1155ee)
Dinamius Patricius
  Epistulae II (CCSL 117) (CPL 1058)
Dionisius Exiguus
  Epistula ad Hormisdam papam seu Praefatio in Canonum Graecorum translationem alteram (CCSL 85) (CPL 653)
  Epistula ad Ioannem [Maxentius] et Leontium seu Praefatio in Cyrilli Alexandrini epist. II (CCSL 85) (CPL 653a)
  Praefatio ad Eugippium presbyterum in uersionem libri Gregorii Nysseni de conditione hominis (CCSL 85) (CPL 652a)
  Praefatio ad Felicianum et Pastorem in Procli Constantinopolitani Tomum ad Armenos (CCSL 85) (CPL 653c)
  Praefatio ad Gaudentium abbatem in Marcelli Archimandritae relationem de inuentione capitis Ioannis Baptistae (CCSL 85) (CPL 653d)

Praefatio ad Iulianum presbyterum in Collectionem Decretorum Romanorum Pontificum (CCSL 85) (CPL 652c)

Praefatio ad Pastorem abbatem in Vitam sanctae Thaisis (CCSL 85) (CPL 653e)

Praefatio ad Petrum episcopum in Epistulam encyclicam Cyrilli Alexandrini (CCSL 85) (CPL 653b)

Praefatio ad Stephanum episcopum in Canonum Graecorum translationem primam (CCSL 85) (CPL 652b)

Praefatio in uitam S. Pachomii (CCSL 85) (CPL 653f)

Donatus ortigraphus

Ars grammatica (CCCM 40D)

Egeria

Itinerarium seu Peregrinatio ad loca sancta (CCSL 175) (CPL 2325)

Elogia priorum Grandimontis (CCCM 8)

Epistula ad regem (CCSL 117) (CPL 1306)

Epistulae ad Ruricium scriptae (CCSL 64) (CPL 985°)

Eterius Oxomensis

Aduersus Elipandum libri duo (CCCM 59)

Euagrius monachus

Altercatio legis inter Simonem Iudaeum et Theophilum Christianum (CCSL 64) (CPL 482)

Eucherius Lugdunensis (Ps.)

De situ Hierosolimae (CCSL 175) (CPL 2326)

Eusebius [Hwaetberhtus] abbas Wiremuthensis

Aenigmata (CCSL 133) (CPL 1342)

Eusebius episcopus Vercellensis

De Trinitate (CCSL 9) (CPL 105)

Epistula ad Constantium Augustum (CCSL 9) (CPL 106)

Epistula ad Gregorium episcopum Spanensem [seu Illiberitanum] (CCSL 9) (CPL 108)

Epistula ad presbyteros et plebem Italiae, una cum Libello facto ad Patrophilum cum suis (CCSL 9) (CPL 107)

Eusebius episcopus Vercellensis (app.)

Epistulae III ad Eusebium e concilio Mediolanensi a. 355 (CCSL 9) (CPL 109-111)

Epistulae IV ad Eusebium a Liberio Papa datae (CCSL 9) (CPL 111a-d)

Epitaphium Eusebii (CCSL 9) (CPL 111e)

Eusebius Gallicanus (Ps.), uide Faustus episcopus Reiensis (app.)

Eustochius Turonensis, uide Leo Bituricensis

Ex dictis sancti Hieronymi (CCSL 108B)

Excerpta isagogarum et categoriarum (CCCM 120)

Excerpta Matritensia (CCSL 175) (CPL 2325°)

Excerpta seruata apud Petrum Diaconum (CCSL 175) (CPL 2325°)

Expositiones Pauli epistularum ad Romanos, Galathas et Ephesios (CCCM 151)

Facundus episcopus Hermianensis

Contra Mocianum Scholasticum (CCSL 90A) (CPL 867)

Epistula fidei catholicae in defensione trium capitulorum (CCSL 90A) (CPL 868)

Pro defensione trium capitulorum libri XII (CCSL 90A) (CPL 866)

Fulgentius episcopus Ruspensis

    Ad Monimum libri III (CCSL 91) (CPL 814)

    Ad Trasamundum libri III (CCSL 91) (CPL 816)

    Contra Fabianum (fragm.) (CCSL 91A) (CPL 824)

    Contra sermonem Fastidiosi Ariani (CCSL 91) (CPL 820)

    De fide ad Petrum (CCSL 91A) (CPL 826)

    De incarnatione filii Dei et uilium animalium auctore (CCSL 91) (CPL 822)

    De remissione peccatorum ad Euthymium l. II (CCSL 91A) (CPL 821)

    De spiritu sancto ad Abragilam presbyterum commonitorium (CCSL 91A) (CPL 825)

    De Trinitate ad Felicem notarium (CCSL 91A) (CPL 819)

    De ueritate praedestinationis ad Ioannem presbyterum et Venerium diaconum l. III (CCSL 91A) (CPL 823)

    Dicta regis Trasamundi et contra ea responsiones (seu Contra Arianos) (CCSL 91) (CPL 815)

    Epist. Ad Faustinum (fragm.) (CCSL 91A) (CPL 817a)

    Epistulae XVII, I-XIV (CCSL 91) (CPL 817, 820, 822)

    Epistulae XVII, XV-XVII (CCSL 91A) (CPL 817)

    Fragmenta IV ex opusculis ad Eugippium presbyterum contra sermonem cuiusdam Pelagiani directis (CCSL 91A) (CPL 825a)

    Psalmus abecedarius (CCSL 91A) (CPL 827)

    Sermo I : De confessoribus seu de dispensoribus Domini (CCSL 91A) (CPL 828)

    Sermo II : In natali Domini seu De duplici Natiuitate Christi (CCSL 91A) (CPL 829)

    Sermo III : De S. Stephano [et de conuersione S. Pauli] (CCSL 91A) (CPL 830)

    Sermo IV : De Epiphania [deque Innocentium nece, et muneribus Magorum] (CCSL 91A) (CPL 831)

    Sermo V : De caritate [Dei ac proximi] (CCSL 91A) (CPL 832)

    Sermo VI : De Epiphania (CCSL 91A) (CPL 833)

    Sermo VII (CCSL 91A) (CPL 834)

    Sermo VIII (CCSL 91A) (CPL 835)

Fulgentius episcopus Ruspensis (dub. et spur.)

    Sermo IV : De eo quod ait Michaeas propheta « indicabo tibi homo quid sit bonum » (CCSL 91A) (CPL 839)

    Sermo V : In natali Domini (CCSL 91A) (CPL 840)

    Sermo VI : In circumcisione Domini (CCSL 91A) (CPL 841)

    Testimonia de fide catholica (seu Aduersus Pintam) (CCSL 90) (CPL 843)

Fulgentius Mythographus

    Mitologiarum l. III, I-II (CCSL 91C) (CPL 849a)

Galbertus notarius Brugensis

    De multro, traditione et occisione gloriosi Karoli, comitis Flandriarum (CCCM 131)

Galterus a S. Victore

    Sermones XXI (CCCM 30)

Gerardus Iterius Grandimontensis

    Opera (CCCM 8)

Gerardus Magnus

    Contra turrim Traiectensem (CCCM 192)

Iohannes de Caulibus
    Meditaciones uite Christi (CCCM 153)
Iohannes de Forda
    Sermones I - CXX (CCCM 17-18)
Iohannes Rusbrochius
    De calculo seu perfectione filiorum Dei (CCCM 110)
    De fide et iudicio (CCCM 110)
    De ornatu spiritalium nuptiarum (CCCM 103)
    De quatuor subtilibus tentationibus (CCCM 110)
    De septem gradibus amoris (CCCM 109)
    De septem custodiis (CCCM 102)
    De uera contemplatione (CCCM 107-107A)
    Epistolae (CCCM 110)
    Regnum deum amantium (CCCM 104)
    Samuel siue apologia (CCCM 101)
    Speculum aeternae salutis (CCCM 108)
Iohannes Saresberiensis
    Metalogicon (CCCM 98)
    Policraticus (CCCM 118)
Iohannes Scottus (Eriugena)
    De diuina praedestinatione liber (CCCM 50)
    Expositiones in ierarchiam coelestem (CCCM 31)
    Periphyseon (CCCM 161-165)
Iohannes Wirziburgensis
    Peregrinatio (CCCM 139)
Isaac
    De Trinitate et Incarnatione seu Fides Isatis (CCSL 9) (CPL 189)
Isaac (dub.)
    Expositio fidei catholicae (CCSL 9) (CPL 190)
Isidorus episcopus Hispalensis
    Chronica (CCSL 112) (CPL 1205)
    De ecclesiasticis officiis (CCSL 113) (CPL 1207)
    De ortu et obitu Patrum (CCSL 108E) (CPL 1191)
    Quaestiones de ueteri et nouo Testamento (CCSL 108B) (CPL 1194)
    Sententiarum l. III (CCSL 111) (CPL 1199)
    Versus s. Isidori (CCSL 113A) (CPL 1212)
Itinerarium Einsidlense (CCSL 175) (CPL 2338)
Itinerarium Malesburiense (CCSL 175) (CPL 2337)
Iulianus episcopus Aeclanensis
    De amore seu Commentarius in Canticum Canticorum (CCSL 88) (CPL 775c)
    De bono constantiae (CCSL 88) (CPL 775d)
    Dicta in quadam disputatione publica (CCSL 88) (CPL 775a)
    Epistulae (CCSL 88) (CPL 775)
    Expositio libri Iob (CCSL 88) (CPL 777)
    Libri IV ad Turbantium (CCSL 88) (CPL 774)

Theodori Mopsuesteni Expositionis in Psalmos, Iuliano interpretante (CCSL 88A) (CPL 777a)

Tractatus Prophetarum Osee, Iohel et Amos (CCSL 88) (CPL 776)

Iulianus episcopus Toletanus

De comprobatione aetatis sextae (CCSL 115) (CPL 1260)

De tribus substantiis in Christo manentibus seu Apologeticum de tribus capitulis (CCSL 115) (CPL 1259)

Historia de Wambae regis Gothorum Toletani expeditione (CCSL 115) (CPL 1262)

Prognosticum futuri saeculi, una cum epistulis praeuiis Idalii Barcinonensis episcopi (CCSL 115) (CPL 1258)

Versus ad Modoenum (CCSL 115) (CPL 1262a)

Lanfrancus

De corpore et sanguine Domini (CCCM 171)

Leo Bituricensis, Victorius, Eustochius Episcopi

Epistula ad episcopos et presbyteros infra tertiam prouinciam constitutos (CCSL 148) (CPL 483, 1781)

Leo episcopus Senonensis

Epistula ad Childebertum I regem (CCSL 117) (CPL 1075)

Leo I

Sermo (84 bis) in natali SS. Machabaeorum (CCSL 138A) (CPL 1657a)

Sermones XCVI (CCSL 138-138A) (CPL 1657)

Leodegarius episcopus Augustodunensis

Canones monastici Concilii Augustodunensis (circa 670) (CCSL 148A) (CPL 1865)

Epistula ad Sigradam (CCSL 117) (CPL 1077)

Leodegarius episcopus Augustodunensis (app.)

Passio S. Leodegarii (CCSL 117) (CPL 1079)

Passio S. Leodegarii altera (CCSL 117) (CPL 1079a)

Passio S. Leodegarii tertia (CCSL 117) (CPL 1079b)

Leodegarius episcopus Augustodunensis (dub.)

Testamentum (CCSL 117) (CPL 1078)

Leporius monachus

Libellus emendationis (CCSL 64) (CPL 515)

Liber ordinis S. Victoris Parisiensis (CCCM 61)

Liber Quare (CCCM 69)

Liber sacramentorum excarsus (CCCM 47)

Liber sacramentorum Romane ecclesiae ordine exscarpsus (CCCM 47)

Liudprandus Cremonensis

Antapodosis (CCCM 156)

Historia Ottonis (CCCM 156)

Homelia paschalis (CCCM 156)

Relatio de legatione Constantinopolitana (CCCM 156)

Logica antiquioris mediae aetatis (CCCM 120)

Lucas Tudensis

Chronicon mundi (CCCM 74)

Lucifer episcopus Calaritanus
    De non conueniendo cum haereticis (CCSL 8) (CPL 112)
    De non parcendo in Deum delinquentibus (CCSL 8) (CPL 115)
    De regibus apostaticis (CCSL 8) (CPL 113)
    Epistulae (CCSL 8) (CPL 117)
    Moriundum esse pro Dei Filio (CCSL 8) (CPL 116)
    Quia absentem nemo debet iudicare nec damnare siue De S. Athanasio l. II (CCSL 8)
        (CPL 114)
Lucifer episcopus Calaritanus (dub.)
    Fides S. Luciferi (CCSL 8) (CPL 118)
Lupus episcopus Trecensis
    Epistula ad Thalassium (CCSL 148) (CPL 988)
Magister Gregorius
    Narracio de mirabilibus urbis Rome (CCCM 171)
Magister Mauricius
    Sermones VI (CCCM 30)
Mapinius episcopus Remensis
    Epistulae II (CCSL 117) (CPL 1062)
Mappa mundi e cod. Albigensi 29 (CCSL 175) (CPL 2346a)
Mappa mundi e cod. Vat. Lat. 6018 (CCSL 175) (CPL 2346b)
Marcellinus, uide Faustinus
Margareta Porete
    Speculum simplicium animarum (CCCM 69)
Martyrologium Bedae (CCSL 123C) (CPL 2032)
Mauritius Augustus
    Epistula ad Childebertum II (CCSL 117) (CPL 1062a)
Maximinus episcopus Gothorum
    ‹*Contra haereticos*› (CCSL 87) (CPL 698)
    Contra Iudaeos (CCSL 87) (CPL 696)
    Contra paganos (CCSL 87) (CPL 697)
    De lectionibus euangeliorum [homiliae XXV] (CCSL 87) (CPL 694)
    De nominibus apostolorum (CCSL 87) (CPL 693)
    Dissertatio contra Ambrosium (CCSL 87) (CPL 692)
    Sermones XV ‹de sollemnitatibus› (CCSL 87) (CPL 695)
Maximus episcopus Caesaraugustanus
    Chronicorum reliquiae (CCSL 173A) (CPL 2267)
Maximus episcopus Taurinensis
    Sermones (CCSL 23) (CPL 219a)
Metamorphosis Golie (CCCM 171A)
Metrum ogdosillabum de uita et miraculis et obitu S. Martini (CCCM 171A)
Monumenta Arroasiensia (CCCM 175)
Monumenta Vizeliacensia (CCCM 42 + Suppl.)
Muretach
    In Donati artem maiorem (CCCM 40)

Nicetius episcopus Treuirensis
    Epistula anonyma ad Nicetium (CCSL 117) (CPL 1064)
    Epistulae II (CCSL 117) (CPL 1063)
Nomina Hispanarum sedium seu Prouinciale Visigothicum (CCSL 175) (CPL 2345)
Notitia ecclesiarum Vrbis Romae (CCSL 175) (CPL 2336)
Notitia prouinciarum et ciuitatum Galliae (CCSL 175) (CPL 2342)
Notula de olea sanctorum martyrum qui Romae corpore requiescunt seu Itinerarium Ioannis presbyteri (CCSL 175) (CPL 2334)
Nouatianus Presbyter Romanus
    De bono pudicitiae (CCSL 4) (CPL 69)
    De cibis iudaicis (CCSL 4) (CPL 68)
    De spectaculis (CCSL 4) (CPL 70)
    De Trinitate (CCSL 4) (CPL 71)
    Epistula 30 inter opera S. Cypriani (CCSL 4) (CPL 72)
    Epistula 31 inter opera S. Cypriani (CCSL 4) (CPL 73)
    Epistula 36 inter opera S. Cypriani (CCSL 4) (CPL 74)
Nouatianus Presbyter Romanus (app.)
    Ad Nouatianum (CCSL 4) (CPL 76)
Nouatianus Presbyter Romanus (spur.)
    Aduersus Iudaeos (CCSL 4) (CPL 75)
Odo frater Grandimontensis
    Epigrammata priorum Grandimontis (CCCM 8)
    Versus de uirtutibus Stephani Muretensis (CCCM 8)
Oratio S. Brandani (CCCM 47)
Orationes et praefationes e cod. Berlin, Phillipps 1667 (CCSL 159B) (CPL 1898a)
Orationes (CCSL 160-160L)
Oswaldus de Corda
    Opus pacis (CCCM 179)
Otfridus Wizanburgensis
    Glossae in Matthaeum (CCCM 200)
Paenitentiale Albeldense (Vigilanum) (CCSL 156A) (CPL 1894)
Paenitentiale Bobiense (CCSL 156) (CPL 1892)
Paenitentiale Burgundense (CCSL 156) (CPL 1891)
Paenitentiale Floriacense (CCSL 156) (CPL 1893c)
Paenitentiale Hubertense (CCSL 156) (CPL 1893d)
Paenitentiale Merseburgense (CCSL 156) (CPL 1893f)
Paenitentiale Oxoniense alterum (CCSL 156) (CPL 1893g)
Paenitentiale Oxoniense I (CCSL 156) (CPL 1893b)
Paenitentiale Parisiense [II seu simplex] (CCSL 156) (CPL 1893)
Paenitentiale Sangallense simplex (CCSL 156) (CPL 1893e)
Paenitentiale Silense (CCSL 156A) (CPL 1895)
Paenitentiale Sletstatense (CCSL 156) (CPL 1893a)
Palladius episcopus Ratiarensis
    Fragmenta (CCSL 87) (CPL 688)

Petrus Venerabilis
    Aduerus Iudeorum inueteratam duritiem (CCCM 58)
    Contra Petrobrusianos hereticos (CCCM 10)
    De miraculis libri duo (CCCM 83)
Phoebadius episcopus Agennensis
    Contra Arianos (CCSL 64) (CPL 473)
Polythecon (CCCM 93)
Potamius episcopus Olisiponensis
    De Lazaro (CCSL 69A) (CPL 541)
    De martyrio Esaiae prophetae (CCSL 69A) (CPL 543)
    Epistula ad Athanasium (CCSL 69A) (CPL 542)
    Epistula de substantia Patris et Filii et Spiritus sancti (CCSL 69A) (CPL 544)
Praefacio secundum Marcum (CCSL 108B) (CPL 1121b)
Praefationes (CCSL 161-161D)
Prebiarum de multorium exemplaribus (CCSL 108B) (CPL 1129c)
Prefatio de Almaria (CCCM 71)
Psalterium adbreuiatum Vercellense (CCCM 47)
Primasius episcopus Hadrumetinus
    Commentarius in Apocalypsin (CCSL 92) (CPL 873)
Prosper Aquitanus
    Expositio psalmorum a centesimo usque ad centesimum quinquagesimum (CCSL 68A)
        (CPL 524)
    Sententiae ex operibus S. Augustini (CCSL 68A) (CPL 525)
Prudentius
    [H]amartigenia (CCSL 126) (CPL 1440)
    Cathemerinon liber (CCSL 126) (CPL 1438)
    Contra Symmachum (CCSL 126) (CPL 1442)
    De opusculis suis seu Epilogus (CCSL 126) (CPL 1445)
    Dittochaeon seu Tituli historiarum (CCSL 126) (CPL 1444)
    Liber Apotheosis (CCSL 126) (CPL 1439)
    Peristefanon (CCSL 126) (CPL 1443)
    Praefatio operum (CCSL 126) (CPL 1437)
    Psychomachia (CCSL 126) (CPL 1441)
Quaestiones aenigmatum rhetoricae artis seu Aenigmata in Dei nomine Tullii (Aenigmata Bernensia) (CCSL 133A) (CPL 1561)
Quaestiones Euangelii (CCSL 108B) (CPL 1129b)
Quaestiones uel glossae en Euangelio nomine (CCSL 108B) (CPL 1129a)
Quoduultdeus episcopus Carthaginensis
    De promissionibus et praedictionibus Dei (CCSL 60) (CPL 413)
    Sermo 1, De symbolo I (CCSL 60) (CPL 401)
    Sermo 2, De symbolo II (CCSL 60) (CPL 402)
    Sermo 3, De symbolo III (CCSL 60) (CPL 403)
    Sermo 4, Contra Iudaeos, paganos et Arianos (CCSL 60) (CPL 404)
    Sermo 5, De cantico nouo (CCSL 60) (CPL 405)
    Sermo 6, De [ultima] quarta feria (CCSL 60) (CPL 406)

Sermo 7, De cataclysmo (CCSL 60) (CPL 407)
Sermo 8, De accedentibus ad gratiam, I (CCSL 60) (CPL 408)
Sermo 9, De accedentibus ad gratiam, II (CCSL 60) (CPL 409)
Sermo 10, Aduersus quinque haereses (CCSL 60) (CPL 410)
Sermo 11, De tempore barbarico, I (CCSL 60) (CPL 411)
Sermo 12, De tempore barbarico, II (CCSL 60) (CPL 412)
Sermo 13, De quattuor uirtutibus caritatis (CCSL 60) (CPL 412a)

Rabanus Maurus
Expositio in Matthaeum (CCCM 174-174A)
In honorem sanctae crucis (CCCM 100-100A)
Martyrologium (CCCM 44)

Radulfus phisicus
De nobilitate domni Sugerii abbatis et operibus eius (CCCM 171A)
Theorica (CCCM 171A)

Raimundus Lullus
Breuiculum seu electorium paruum Thomae Migerii (CCCM 77)
Opera latina 49-52 (CCCM 182)
Opus latinum 53 (CCCM 181)
Opus latinum 65 (CCCM 180A-180C)
Opera latina 76-81 (CCCM 79)
Opera latina 86-91 (CCCM 111)
Opera latina 92-96 (CCCM 112)
Opera latina 101-105 (CCCM 115)
Opera latina 106-113 (CCCM 113)
Opera latina 114-117 (CCCM 36)
Opera latina 120-122 (CCCM 35)
Opera latina 123-127 (CCCM 38)
Opus latinum 128 (CCCM 75)
Opera latina 130-133 (CCCM 114)
Opus latinum 134 (CCCM 39)
Opera latina 135-141 (CCCM 37)
Opera latina 156-167 (CCCM 33)
Opera latina 168-177 (CCCM 32)
Opera latina 178-189 (CCCM 34)
Opera latina 190-200 (CCCM 78)
Opera latina 201-207 (CCCM 76)
Opera latina 208-212 (CCCM 80)

Ratherius Veronensis
Dialogus confessionalis (CCCM 46A)
Exhortatio et preces (CCCM 46A)
Fragmenta nuper reperta (CCCM 46A)
Glossae (CCCM 46A)
Opera minora (CCCM 46)
Pauca de vita sancti Donatiani (CCCM 46A)

Phrenesis (CCCM 46A)

Praeloquiorum libri tres (CCCM 46A)

Registri Ecclesiae Cartaginensis Excerpta (CCSL 149) (CPL 1765h)

Reimbaldus Leodiensis

Chronicon rythmicum Leodiense (CCCM 4)

De uita canonica (CCCM 4)

Epitaphium domni Frederici episcopi (CCCM 4)

Itineraria, seu exhortatoria Dermatii cuiusdam Hyberniensis, proficiscentis Iherusalem (CCCM 4)

Libellus de schismate Anacletiano (CCCM 4)

Stromata, seu de uoto reddendo et de paenitentia non iteranda (CCCM 4)

Remigius Autissiodorensis

De nomine (CCCM 171)

Expositio super Genesim (CCCM 136)

« *Le commentaire sur Priscien, De nomine* » (CCCM 171)

« *Lettres attribuées à Remi d'Auxerre* » (CCCM 171)

Obiit Remigius (CCCM 171)

Remigius episcopus Remensis

Epistulae IV (CCSL 117) (CPL 1070)

Testamentum. Additamenta (CCSL 117) (CPL 1072)

Versus de calice (CCSL 117) (CPL 1071)

Reynardus Vulpes (CCCM 171A)

Robertus Grosseteste

Expositio in epistolam sancti Pauli ad Galatas (CCCM 130)

Glossarium in sancti Pauli epistolas fragmenta (CCCM 130)

Tabula (CCCM 130)

Rodericus Ximenius de Rada

Breuiarium historie catholice (CCCM 72A/B)

Dialogus libri uite (CCCM 72C)

Historia de rebus Hispanie siue historia Gothica (CCCM 72)

Historiae minores (CCCM 72C)

Rudolfus de Liebegg

Pastorale nouellum (CCCM 55)

Rufinus Presbyter

Apologia ⟨contra Hieronymum⟩ (CCSL 20) (CPL 197)

Apologia ad Anastasium (CCSL 20) (CPL 198)

Commentarius in Symbolum apostolorum (CCSL 20) (CPL 196)

De adulteratione librorum Origenis (CCSL 20) (CPL 198a)

De benedictionibus patriarcharum (CCSL 20) (CPL 195)

Praefatio atque epilogus in Explanationem Origenis super epistulam Pauli ad Romanos (CCSL 20) (CPL 198m)

Praefatio in Gregorii Nazianzeni Orationes (CCSL 20) (CPL 198g)

Praefatio in Omelias sancti Basilii (CCSL 20) (CPL 198c)

Praefatio in Sexti Sententias (CCSL 20) (CPL 198h)

Praefationes in libros Origenis ΠΕΡΙ ΑΡΧΩΝ (CCSL 20) (CPL 198e)

Prologus in Adamantii (Origenis) libros V aduersus haereticos (CCSL 20) (CPL 198i)

Prologus in Apologeticum Pamphili martyris pro Origene (CCSL 20) (CPL 198b)

Prologus in Clementis Recognitiones (CCSL 20) (CPL 198n)

Prologus in Explanationem Origenis super psalmos XXXVI-XXXVII-XXXVIII (CCSL 20) (CPL 198f)

Prologus in libros Historiarum Eusebii (CCSL 20) (CPL 198k)

Prologus in Omelias Origenis super Iesum Naue (CCSL 20) (CPL 198l)

Prologus in Omelias Origenis super Numeros (CCSL 20) (CPL 198o)

Prologus in Regulam sancti Basilii (CCSL 20) (CPL 198d)

Rufus episcopus Octodurensis

Epistula ad Nicetium Treuirensem (CCSL 117) (CPL 1065)

Rupertus Tuitienis

Commentaria in Canticum Canticorum (CCCM 26)

Commentaria in euangelium sancti Iohannis (CCCM 9)

De gloria et honore filii hominis super Mattheum (CCCM 29)

De sancta trinitate et operibus eius (CCCM 21-24)

Liber de diuinis officiis (CCCM 7)

Ruricius episcopus Lemouicensis

Epistulae (CCSL 64) (CPL 985)

Sacramentarium Engolismense (CCSL 159C) (CPL 1905d)

Sacramentarium Gellonense (CCSL 159) (CPL 1905c)

Saewulf

Peregrinatio (CCCM 139)

Salimbene de Adam

Cronica (CCCM 125-125A)

Scriptores Ordinis Grandimontensis (CCCM 8)

Sedulius Scottus

Carmina (CCCM 117)

Collectaneum miscellaneum (CCCM 67 + Suppl.)

In Donati artem maiorem (CCCM 40B)

In Donati artem minorem (CCCM 40C)

In Eutychen (CCCM 40C)

In Priscianum (CCCM 40C)

Sermones anonymi, De contemnenda morte (CCSL 90) (CPL 1164c)

Sermones anonymi codd. S. Vict. Paris. exarati (CCCM 30)

Sermones duo de beato Stephano confessore (CCCM 8)

Sermones in dormitionem Mariae (CCCM 154)

Sigo abbas

« Lettre de faire-part de la mort de l'abbé Sigon de Saint-Florent de Saumur » (CCCM 171)

Smaragdus

Liber in partibus Donati (CCCM 68)

Speculum uirginum (CCCM 5)

Statuta Ecclesiae antiqua (CCSL 148) (CPL 1776)

Stephanus de Borbone

Tractatus de diuersis materiis predicabilibus (Prologus, Prima pars: De dono timoris) (CCCM 124)

Stephanus de Liciaco

Regula uenerabilis Stephani Muretensis (CCCM 8)

Vita uenerabilis uiri Stephani Muretensis (CCCM 8)

Sylloge Africanorum Conciliorum in Epitome Hispanica (CCSL 149) (CPL 1769b)

Sylloge Canonum Africanorum Collectionis Laureshamensis (CCSL 149) (CPL 1769a)

Symphosius Scholasticus

Appendix quatuor aenigmatum (CCSL 133A) (CPL 1518a)

Centum epigrammata tristicha aenigmatica (CCSL 133A) (CPL 1518)

Tatuinus episcopus Cantuariensis

Aenigmata (CCSL 133) (CPL 1564)

Ars grammatica (de VIII partibus orationis) (CCSL 133) (CPL 1563)

Tertullianus

Ad amicum philosophum de angustiis nuptiarum (?) (CCSL 2) (CPL 31d)

Ad Hermogenem (CCSL 1) (CPL 13)

Ad martyras (CCSL 1) (CPL 1)

Ad nationes libri II (CCSL 1) (CPL 2)

Ad Scapulam (CCSL 2) (CPL 24)

Ad uxorem (CCSL 1) (CPL 12)

Aduersus Apelleiacos (CCSL 2) (CPL 31a)

Aduersus Marcionem (CCSL 1) (CPL 14)

Aduersus Praxean (CCSL 2) (CPL 26)

Aduersus Valentinianos (CCSL 2) (CPL 16)

Apologeticum (CCSL 1) (CPL 3)

De anima (CCSL 2) (CPL 17)

De baptismo (CCSL 1) (CPL 8)

De carne Christi (CCSL 2) (CPL 18)

De censu animae contra Hermogenem (?) (CCSL 2) (CPL 31c)

De corona (CCSL 2) (CPL 21)

De cultu feminarum (CCSL 1) (CPL 11)

De exhortatione castitatis (CCSL 2) (CPL 20)

De exstasi (CCSL 2) (CPL 31b)

De fato (CCSL 2) (CPL 31)

De fuga in persecutione (CCSL 2) (CPL 25)

De idolatria (CCSL 2) (CPL 23)

De ieiunio (CCSL 2) (CPL 29)

De monogamia (CCSL 2) (CPL 28)

De oratione (CCSL 1) (CPL 7)

De paenitentia (CCSL 1) (CPL 10)

De pallio (CCSL 2) (CPL 15)

De paradiso (?) (CCSL 2) (CPL 31e)

De patientia (CCSL 1) (CPL 9)

De praescriptione haereticorum (CCSL 1) (CPL 5)

De pudicitia (CCSL 2) (CPL 30)

Victor Tonnennensis episcopus
    Continuatio Prosperi (CCSL 173A) (CPL 2260)
Victorius Cenomanensis, uide Leo Bituricensis
Vincentius Beluacensis
    De morali principis institutione (CCCM 137)
Vincentius Lirinensis
    Commonitorium (CCSL 64) (CPL 510)
    Excerpta [e s. Augustino] (CCSL 64) (CPL 511)
Vita S. Hildegardis (CCCM 126)
Vitae S. Katharinae (CCCM 119-119A)
Vitricius episcopus Rotomagensis
    De laude sanctorum (CCSL 64) (CPL 481)
Willelmus Grandimontensis
    Reuelatio de domino Guillelmo sexto priore Grandimontensi (CCCM 8)
Willelmus Tyrensis
    Chronicon (CCCM 63-63A)
Zeno episcopus Veronensis
    Sermones seu Tractatus (CCSL 22) (CPL 208)

SCRIPTORES GRAECI

Alexander Cyprius
  Laudatio Barnabae apostoli (CCSG 26) (CPG 7400)
Amphilochius Iconiensis
  Contra haereticos (CCSG 3) (CPG 3242)
  De recta fide (CCSG 3) (CPG 3244)
  Epistula synodalis (CCSG 3) (CPG 3243)
  Fragmenta (CCSG 3) (CPG 3245, 3247, 3248)
  Fragmenta (CCSG 12) (CPG 3246)
  Orationes (CCSG 3) (CPG 3231-3241, 3249)
Amphilochius Iconiensis (Ps.)
  De spiritu sancto (CCSG 32) (CPG 3258)
Anastasius Apocrisiarius
  Acta in primo exsilio seu dialogus Maximi cum Theodosio episcopo Caesareae Bithyniae (CCSG 39) (CPG 7735)
  Aduersus Constantinopolitanos (CCSG 39) (CPG 7740)
  Epistula ad Theodosium Gangrensem (CCSG 39) (CPG 7733)
  Relatio motionis inter Maximum et principes (CCSG 39) (CPG 7736)
Anastasius Bibliothecarius, uide *Scripta saeculi VII uitam Maximi Confessoris illustrantia*
Anastasius discipulus Maximi
  Epistula ad monachos Calaritanos (latine) (CCSG 39) (CPG 7725)
Anastasius Sinaita
  Capita vi contra Monotheletas (CCSG 12) (CPG 7756)
  Homiliae de creatione hominis (CCSG 12) (CPG 7747-7749)
  Viae dux (CCSG 8) (CPG 7745)
Anonymus auctor Theognosiae
  Dissertatio contra Iudaeos (CCSG 14) (CPG 7799)
Anonymus dialogus cum Iudaeis (CCSG 30) (CPG 7803)
Basilius Minimus
  In Gregorii Nazianzeni orationem XXXVIII commentarii (CCSG 46, CCCN 13) (CPG 3023)
Catena Hauniensis in Ecclesiasten (CCSG 24) (CPG C 105)
Catena trium Patrum in Ecclesiasten (CCSG 11) (CPG C 100)
Catenae graecae in Genesim et Exodum (CCSG 2, 15) (CPG C 1, 2, 3A)
Diodorus Tarsensis
  Commentarii in Psalmos (CCSG 6) (CPG 3818)
Eustathius Antiochenus
  Commentarius in ps. 92 (CCSG 51) (CPG 3356)
  Contra Arianomanitas et de anima (CCSG 51) (CPG 3353)
  De engastrimytho contra Origenem (CCSG 51) (CPG 3350)
  De fide contra Arianos (CCSG 51) (CPG 3358(1))
  De hebraismo (CCSG 51) (CPG 3363)
  De Melchisedech (CCSG 51) (CPG 3359)
  De tentationibus (CCSG 51) (CPG 3360)

Fragmenta (CCSG 51) (CPG 3351, 3358 (2), 3366, 3367, 3369, 3385, 3386, 3387, 3388, 3389, 3390)

Homilia christologica in Lazarum, Mariam et Martham (CCSG 51) (CPG 3394)

In inscriptiones titulorum (CCSG 51) (CPG 3352)

In Ioseph (CCSG 51) (CPG 3364)

In Samaritanam (CCSG 51) (CPG 3365)

Oratio coram ecclesia, in: Verbum caro factum est (CCSG 51) (CPG 3362, 3367)

Oratio in illud: Dominus creauit me initium uiarum suarum (CCSG 51) (CPG 3354, 3369)

Oratio in inscriptiones psalmorum graduum (CCSG 51) (CPG 3355, 3369)

Oratio secunda coram ecclesia (CCSG 51) (CPG 3361)

Orationes contra Arianos (CCSG 51) (CPG 3357)

Eustathius monachus

Epistula de duabus naturis (CCSG 19) (CPG 6810)

Eustratius presbyter

Vita Eutychii (CCSG 25) (CPG 7520)

Gregorius Acindynus

Refutationes duae operis Gregorii Palamae cui titulus Dialogus inter Orthodoxum et Barlaamitam (CCSG 31)

Gregorius Nazianzenus

Orationes I. XLV. XLIV (versio arabica antiqua) (CCSG 43, CCCN 10)

Orationes I. XLV. XLIV. XLI (versio iberica) (CCSG 36, CCCN 5)

Orationes II. XII. IX (versio armeniaca) (CCSG 28, CCCN 3)

Orationes IV. V (versio armeniaca) (CCSG 37, CCCN 6)

Orationes XIII. XLI (versio syriaca) (CCSG 47, CCCN 15)

Orationes XV. XXIV. XIX (versio iberica) (CCSG 42, CCCN 9)

Oratio XXI (versio arabica antiqua) (CCSG 34, CCCN 4)

Orationes XXI. VII. VIII (versio armeniaca) (CCSG 38, CCCN 7)

Oratio XXIV (versio arabica antiqua) (CCSG 20, CCCN 1)

Oratio XXXVIII (versio iberica) (CCSG 45, CCCN 12)

Oratio XL (versio syriaca) (CCSG 49, CCCN 14)

Scholia mythologica pseudo-Nonni (graece) (CCSG 27, CCCN 2)

Scholia mythologica pseudo-Nonni (iberice) (CCSG 50, CCCN 16)

Gregorius presbyter

Laudatio Gregorii Nazianzeni (CCSG 44, CCCN 11) (CPG 7975)

Hagiographica Cypria (CCSG 26)

Hagiographica inedita decem (CCSG 21)

Iohannes Caesariensis

Aduersus Aphthartodocetas (CCSG 1) (CPG 6857)

Aduersus Manichaeos homiliae (CCSG 1) (CPG 6859-6860)

Apologia concilii Chalcedonensis (CCSG 1) (CPG 6855)

Capitula contra Monophysitas (CCSG 1) (CPG 6856)

Disputatio cum Manichaeo (CCSG 1) (CPG 6862)

In Euangelium secundum Iohannem excerpta duo (CCSG 1) (CPG 6858)

Syllogismi sanctorum Patrum (CCSG 1) (CPG 6861)

Iohannes Cantacuzenus
    Disputatio cum Paulo patriarcha latino epistulis septem tradita (CCSG 16)
    Refutationes duae Prochori Cydonii (CCSG 16)
Iohannes Chrysostomus (Ps.)
    Commentarius in Ecclesiasten (CCSG 4) (CPG 4451)
    In ramos palmarum (CCSG 17) (CPG 4643)
Iohannes Scottus Eriugena, uide Maximus Confessor (Ambigua ad Iohannem, Quae-
        stiones ad Thalassium)
Leontius presbyter Constantinopolitanus
    Homiliae I-XI (CCSG 17) (CPG 7887-7898)
    Homilia XII (CCSG 17) (CPG 7899a (4753))
    Homilia XIII (CCSG 17) (CPG 7899b (4905))
    Homilia XIV (CCSG 17) (CPG 7899 (4724))
Maximus Confessor
    Ambigua ad Iohannem (Versio latina) (CCSG 18) (CPG 7705(2))
    Ambigua ad Thomam (CCSG 48) (CPG 7705(1))
    Epistula ad Anastasium monachum discipulum (CCSG 39) (CPG 7701)
    Epistula secunda ad Thomam (CCSG 48) (CPG 7700)
    Expositio in Psalmum lix (CCSG 23) (CPG 7690)
    Liber asceticus (CCSG 40) (CPG 7692)
    Orationis dominicae expositio (CCSG 23) (CPG 7691)
    Quaestiones ad Thalassium (CCSG 7, 22) (CPG 7688)
    Quaestiones et dubia (CCSG 10) (CPG 7689)
Nicephorus Blemmydes
    Autobiographia (CCSG 13)
    Epistula uniuersalior (CCSG 13)
Nicephorus patriarcha Constantinopolitanus
    Refutatio et euersio definitionis synodalis anni 815 (CCSG 33)
Pamphilus Theologus
    Capitulorum diuersorum seu dubitationum solutio (CCSG 19) (CPG 6920)
    Encomium Soteridis (CCSG 19) (CPG 6921)
Petrus Callinicensis
    Contra Damianum (syriace) (CCSG 29, 32, 35) (CPG 7252)
Procopius Gazaeus
    Catena in Ecclesiasten (CCSG 4 + Suppl.) (CPG 7433)
Ps. Nonnus, uide Gregorius Nazianzenus, *Scholia mythologica pseudo-Nonni*
Scripta saeculi VII uitam Maximi Confessoris illustrantia (CCSG 39)
Theodorus Spudaeus
    Hypomnesticum (CCSG 39) (CPG 7968)
Theognostus
    Thesaurus (CCSG 5)
Vita Auxibii (CCSG 26)
Vita Sanctorum Bartholomaei et Barnabae e Menologio Imperiali deprompta (CCSG 26)
Vitae antiquae Athanasii Athonitae (CCSG 9)

APOCRYPHA

Andreas
Acta graeca (CCSA 6) (CANT 225.i)
Liber de miraculis auct. Gregorio Turonensi (CCSA 6) (CANT 225.ii)
Acta: fragmenta Papyrus copt. Utrecht 1 (CCSA 6) (CANT 225.iii)
Acta: fragmenta Martyrium prius (CCSA 6) (CANT 227)
Martyrium: versio armeniaca (CCSA 3) (CANT 230)
Acta: versio armeniaca (CCSA 3) (CANT 236)
Acta Andreae et Matthiae in urbe anthropophagorum: versio armeniaca (CCSA 3) (CANT 236)
Martyrium et Laudatio: excerpta iii (CCSA 6)

Apocalypses
Ascensio Isaiae: versio coptica (CCSA 7) (CANT 315)
Ascensio Isaiae: versio etiopica (CCSA 7) (CANT 315)
Ascensio Isaiae: fragmentum graecum (CCSA 7) (CANT 315)
Ascensio Isaiae: fragmenta latina (CCSA 7) (CANT 315)
Ascensio Isaiae: versio paleobulgarica (CCSA 7) (CANT 315)
Ascensio Isaiae: *Legenda graeca* (CCSA 7) (CANT 316)

Apocrypha de Nativitate et de Infantia
Libellus de Nativitate sanctae Mariae (CCSA 10) (CANT 52)
Liber de ortu beatae Mariae et de infantia Salvatoris (Ps.-Matthaei evangelium) (CCSA 9) (CANT 51)

Apostoli
Catalogus Apostolorum. Qui coniugati, qui coelibes: versio armeniaca (CCSA 4)
Catalogus Apostolorum ex « Epipanio »: versio armeniaca (CCSA 4)
Index Apostolorum e « Dorotheo »: versio armeniaca (CCSA 4)
Index Apostolorum: versio armeniaca (CCSA 4)

Bartholomaeus
Inventio: versio armeniaca (CCSA 4) (CANT 263)
Compendium Passionis: versio armeniaca (CCSA 4) (CANT 262)
Passio (Legenda armeniaca): versio armeniaca (CCSA 4) (CANT 262)

Evangelia infantiae
Apocrypha Hiberniae: *Liber Flavus Fergusiorum* (CCSA 14)
Apocrypha Hiberniae: *Leabhar Breac* (CCSA 13)
Apocrypha Hiberniae: « *The Childhood Deeds of the Lord Jesus* » (CCSA 13)
Apocrypha Hiberniae: Thirteenth-Century Irish Poem (CCSA 14)
Apocrypha Hiberniae: Hiberno-Latin Texts on the Wonders at Christ's Birth (CCSA 14)
Apocrypha Hiberniae: Short Texts relating to the Nativity of Christ (CCSA 14)
Apocrypha Hiberniae: J Compilation: Arundel Form (CCSA 14)

Apocrypha Hiberniae: J Compilation: Hereford Form (CCSA 14)
Apocrypha Hiberniae: *Protevangelium Iacobi*: versio latina (CCSA 14) (CANT 50)

Iacobus maior
Passio: versio armeniaca (CCSA 3) (CANT 272)

Iacobus minor
Passio armeniaca (CCSA 4)

Iohannes euangelista
Acta Iohannis: Compilatio cod. Par. Gr. 1468 (CCSA 1) (CANT 217)
Acta primigenia: *Acta* (CCSA 1) (CANT 215.i)
Acta primigenia: *Dormitio* (CCSA 1) (CANT 215.ii)
Acta primigenia: *Dormitio*: versio coptica (CCSA 1) (CANT 215.ii)
Acta primigenia: fragmenta seiuncta (CCSA 1) (CANT 215.iii)
Acta Romae: recensio β (CCSA 2) (CANT 216)
Acta Romae: recensio γ (CCSA 2) (CANT 216)
Acta seu peregrinationes auct. Prochoro versio armeniaca (CCSA 3) (CANT 218)
Virtutes Iohannis (CCSA 2) (CANT 219)
Laudatio Iohannis theologi auct. Ps. Ioh. Chrysostomo (CCSA 1) (CANT 224)
Historia apostolorum Iohannsi et Iacobi: versio armeniaca (CCSA 3) (CANT 223)

Matthaeus
Acta et Martyrium: versio armeniaca (CCSA 4)

Paulus
Martyrium: versio armeniaca (CCSA 3) (CANT 211.v)
Apocalypsis Pauli. Formae i-iv: versio armeniaca (CCSA 3) (CANT 325)
Nauigatio ad Romam: versio armeniaca (CCSA 3)
Martyrium: versio armeniaca (CCSA 3) (CANT 190.iv)

Petrus et Paulus
Passio apostolorum Petri et Pauli (Ps.-Marcellus): versio armeniaca (CCSA 3) (CANT 193)
Passio apostolorum Petri et Pauli (Ps.-Marcellus): abbreviatio: versio armeniaca (CCSA 3) (CANT 193)
Epistula Ps.-Dionysii ad Timotheum: versio armeniaca (CCSA 3) (CANT 197)
Martyrium: versio armeniaca (CCSA 3) (CANT 206)

Philippus
Acta Philippi: versio armeniaca (CCSA 11) (CANT 250.i)
Martyrium: versio armeniaca (CCSA 11) (CANT 250.ii)
Martyrium: Compendium versio: armeniaca (CCSA 4) (CANT 250.ii)
Martyrium: Rec. 1-2: versio armeniaca (CCSA 4) (CANT 250.ii)
Regulae Philippi: versio armeniaca (CCSA 4)

Simon
Martyrium: versio armeniaca (CCSA 4)

Thaddaeus

De resurrectione mortuorum: versio armeniaca (CCSA 4)
Inuentio Sancti Crucis: versio armeniaca (CCSA 4)

Thomas

Inventio: versio armeniaca (CCSA 4) (CANT 245.ii)
Acta graeca: versio armeniaca (CCSA 4) (CANT 245.ii)
Acta abbreviata: versio armeniaca (CCSA 4)

CONSPECTVS MATERIAE

The present edition of this book has been
typeset in Garamond, Bembo, Baskerville,
printed by Cultura Wetteren Belgium
on Gardapat 100 g/m^2 and Arches 160 g/m^2
in August 2003.